Heyne Report ...

HEYNE BÜCHER

In derselben Reihe erschienen zuletzt als Heyne-Taschenbuch:

Lea Fleischmann: *Dies ist nicht mein Land* · Band 10/11
Gudrun Lukasz-Aden: *Tiefer kannst du nicht fallen* · Band 10/12
Stephanie Sand: *Künstliche Intelligenz* · Band 10/13
Gitta Sereny: *Dann schon lieber auf den Strich* · Band 10/14
Karin Arndt: *Wir haben unheimlich viel gestritten* · Band 10/15
Ernest Bornemann: *Die neue Eifersucht* · Band 10/16
Peter Grubbe: *Alter macht frei* · Band 10/17
Gudrun Lukasz-Aden: *Ich bin so frei* · Band 10/18
Marjorie Jackson: *Ein Junge namens David* · Band 10/19
Wolfgang Wiesner: *Leben ohne Drogen* · Band 10/20
Matthias Horx: *Das Ende der Alternativen* · Band 10/22
Roland Girtler: *Der Strich* · Band 10/23
Heinrich/Schmitt: *Der Atom-Atlas* · Band 10/24
Frederic Vester: *Bilanz einer Ver(w)irrung* · Band 10/25
Das Männerwunder · Band 10/26
Rudolf Grass: *Die Alternative* · Band 10/27
Gudrun Lukasz-Aden: *Trennungen* · Band 10/28
Thomas Hauschild: *Die alten und die neuen Hexen* · Band 10/29
Keppler/Mehler: *Der sanfte Schrei* · Band 10/30
Öko-Atlas Bundesrepublik Deutschland · Band 10/31
Ingeborg Friesendorf: *Frauen im Knast* · Band 10/33
Lea Fleischmann: *Ich bin Israelin* · Band 10/34
Erich Kuby: *Der Spiegel im Spiegel* · Band 10/35
Emilio Sanna: *Affenliebe – Affenschande* · Band 10/37
Monika Goletzka: *Die schiere Lust oder*
Ist die Sexualität am Ende? · Band 10/39
Martin Ahrends: *Das große Geld* · Band 10/40
Stephanie Sand: *IBM* · Band 10/41
Karin Jäckel: *»Es kann jede Frau treffen«* · Band 10/42
Gorbatschows historische Rede · Band 10/44
Richard Manning: *»Sie können uns nicht alle umbringen«* · Band 10/45
Ursula Fassbender: *Reinkarnation* · Band 10/46
Michael Heinrich: *Sind die Alpen noch zu retten?* · Band 10/47
Karin Jäckel: *Du bist doch mein Vater . . .* · Band 10/48
Gudrun Lukasz-Aden: *Scheidung, was hat's gebracht?* · Band 10/50
Joachim Soyka: *Tatwaffe Computer* · Band 10/51
Bruno Venturi/Dorothee Thums: *Männerpremieren* · Band 10/52
Tobias Mündemann: *Die 68er* · Band 10/53
Klaus Peter Schlebusch/Hans-Christoph Scheiner/Peter Wendling:
Die Vernichtung der biologischen Medizin · Band 10/54
Karin Jäckel: *Betrug in der Partnerschaft* · Band 10/55
Leona Siebenschön: *Mutter & Tochter* · Band 10/56
Ronald M. McRae: *Parapsychologische Kriegsführung* · Band 10/57
Eva Roland-Schellack: *Die Frau über Vierzig* · Band 10/58
Frédérique Delacoste/Priscilla Alexander: *SexArbeit* · Band 10/59
Ein Staat kommt in die Jahre · Band 10/60
Barbara Franck: *Der UnGeliebte* · Band 10/61
Die Bananenrepublik · Band 10/62

Nina Bachkatov   Andrew Wilson

Die Kinder Gorbatschows – eine andere Generation?

Jugend zwischen Tradition und Perestroika

Deutsche Erstausgabe

Wilhelm Heyne Verlag
München

HEYNE REPORT
Nr. 10/63

Titel der französischen Originalausgabe
LES ENFANTS DE GORBATCHEV
Deutsche Übersetzung von Brigitte Hantke

Printed in Germany 1989
Umschlaggestaltung: Atelier Ingrid Schütz, München
Satz: Fotosatz Hopfengärtner, München
Druck und Bindung: Ebner Ulm

ISBN: 3-453-03365-5

Inhaltsverzeichnis

Für alle,
die wirklich etwas verändern wollen,
hier und anderswo

Vorwort

In der zweiten Hälfte der achtziger Jahre gab es für einen Journalisten wohl keine begehrtere Auslandskorrespondentenstelle als Moskau. So dachten jedenfall jene, die sich dort aufhielten. Denn nach Jahrzehnten der Repression und des Totschweigens, nur vorübergehend von einem Tauwetter unterbrochen (dem schon bald wieder gestürzten Regime Nikita Chruschtschows), war der erste sozialistische Staat aus seinem alptraumhaften Schlaf erwacht und schickte sich an, ins 21. Jahrhundert einzutreten. In ganz Moskau liefen die Telexe der ausländischen Korrespondenten heiß und konnten nicht genug über die erstaunlichen Veränderungen seit der Machtübernahme Michail Gorbatschows berichten.

Rückblickend muß man sagen, daß jemand, der die Jahre 1985 bis 1988 nicht in der Sowjetunion verbrachte, einen der größten historischen Vorgänge verpaßt hat. Diese Tatsache ist auch dann noch unbestritten, wenn man anführt, daß der anfängliche Optimismus hinsichtlich des Ausmaßes und des Tempos der Veränderungen in der Folge der Ereignisse gedämpft wurde.

Unmittelbar vor dieser Zeit der Umgestaltung, während der Übergangsphase zwischen dem erdrückenden Breschnew-Regime und einer neuen, von Reformplänen getragenen Führung, hielt sich einer von uns beiden (Nina Baschkatow) in der Sowjetunion auf, um eine Abhandlung über die Probleme der sowjetischen Jugend, wie sie sich in den Medien des Landes darstellten, zu verfassen. Aber erst im Jahre 1986, während unserer gemeinsamen Korrespondententätigkeit in Moskau, wurde die Idee geboren, dieses Thema in einem Buch auszuweiten und zu vertiefen.

Es bedurfte keines allzu großen Weitblicks, um vorauszusehen, daß Gorbatschows Reformvorschläge grenzüberschreitende Wirkung haben würden und das Interesse Moskaus an Stabilisierung und Kooperation die Ost-West-Beziehungen verändern würde. Erfolg oder Mißerfolg – darüber wird die jetzt erst heranwachsende Generation entscheiden! Wenn Gorbatschow ihre aktive Unterstützung nicht zu gewinnen vermag, stirbt die *Perestrojka* eines schönen Todes: Es wird weder verantwortungsbewußte Arbeiter noch innovationswillige Manager geben, und niemand wird sich dafür interessieren, den über Jahrzehnte hinweg verlorengegangenen Sinn für Eigeninitiative neu zu beleben.

Die Frage nach der sowjetischen Jugend und der *Perestrojka* scheint nicht nur im Hinblick auf die Sowjetunion, sondern auch für den übrigen Teil dieser Erde von entscheidender Bedeutung zu sein.

Gleichwohl bringt diese neue Generation, bedingt durch das Fehlen brauchbarer Vorbilder historisch gesehen, denkbar schlechte Voraussetzungen mit. Die Jahre der Stagnation unter Breschnew hatten die Generation ihrer Eltern in einem Maße verdorben, daß sie außerstande waren, Verantwortung und Verantwortlichkeit vorzuleben.

Wie hätten die ›Kinder Breschnews‹ auch dazu fähig sein sollen? Sie, denen man ausschließlich untergeordnete Aufgaben zugewiesen hatte und die vor jeder Art von Verantwortlichkeit zurückgeschreckt waren, konnten nur noch ohnmächtige Zeugen eines Überalterungsprozesses in Staat und Wirtschaft sein. Wenn Projekte speziell für sie realisiert wurden, wie zum Beispiel der Bau der BAM, verfolgte man im wesentlichen ein politisch-pädagogisches Ziel: die Farce der riesigen Baustellen sollte ihnen das Gefühl ihrer Väter vermitteln, an der Entwicklung des Landes beteiligt zu sein. Auf diese Weise wurden ihre Möglichkeiten und Fähigkeiten durch ein System fehlgeleitet, in dem es nur darum ging, ›sein Schäfchen ins Trokkene zu bringen‹. Entscheidungen wurden vermieden, man profitierte so gut es nur eben ging von einer Gesellschaft, der man sich längst nicht mehr verpflichtet fühlte.

Ihren Kindern aber, dieser jugendlichen *Perestrojka*-Generation, die uns fasziniert und interessiert, soll unsere ganze Aufmerksamkeit gelten. Doch da Jugendliche in keinem eingrenzbaren Milieu leben, werden wir auch andere Bereiche der sowjetischen Gesellschaft berühren und gegebenenfalls Probleme anschneiden, die die sowjetische Gesamtwirklichkeit betreffen. Und davon gibt es genug!

Unsere Aussagen über die Folgen der Trägheit, über die Rigidität des Systems, über das Gewicht jahrhundertealter Traditionen sowie über die Bestrebungen, jegliche Initiative zu ersticken, können eigentlich nur jene Leser betrüben, die wie wir voller Ungeduld auf eine Modernisierung des Landes warten. Wenn unser Bild von der Sowjetunion auch erheblich von der offiziellen Version abweicht, da es zu weiten Teilen die Schwächen des Systems aufdeckt – was aber als notwendig erachtet wird, um das Ausmaß dessen, was zu leisten ist, besser vor Augen zu führen – möchten wir doch eines betonen: Es ging nicht darum, eine hoffnungslose Situation zu schildern oder uns gar mit denen zu verbünden, die nichts anderes zu tun haben, als die Anzeichen für einen baldigen Zusammenbruch dieses schrecklichen Sozialismus zu registrieren.

Im Gegenteil, wir hoffen, daß der Leser in unseren Beschreibungen die Lichtblicke wahrnimmt, die jene Personen ermutigen, welche daran glauben, daß die Sowjetunion eines Tages ihr Ziel einer offeneren und leistungsfähigeren Gesellschaft erreichen wird. Bereits heute mangelt es nicht an positiven Errungenschaften: die Entschärfung der Zensur, die Liberalisierung des kulturellen Lebens, eine bislang unbekannte Lebendigkeit der Presse und eine Bewegung, die auf demokratieähnliche Zustände abzielt. Unterstützung findet letztere auch innerhalb der Partei, wo eine Gruppe von Reformationswilligen mit klar umrissenen Vorstellungen auf dieselben Veränderungen hinarbeitet.

Zu keiner Zeit war es unsere Absicht, einen weiteren westlichen Kommentar zur Lage in der UdSSR abzugeben. Wir haben auf eine vorausgehende schematische Auflistung der Ereignisse verzichtet, weil sie uns zu problematisch erschien. Vielmehr zogen wir es vor, den Leser in dieselbe Flut der Geschehnisse hineinzustürzen, mit der auch wir Journalisten zu kämpfen haben.

Wir haben uns einer persönlichen Stellungnahme so weit wie möglich enthalten, um den sowjetischen Menschen selbst zu Wort kommen zu lassen, sei es im privaten Gespräch oder in der zunehmend offeneren Presse.

Dennoch wird auch dieses Buch die Haltung seiner Autoren nicht verhüllen können, und dem Leser sei schon vorab mitgeteilt, daß wir die *Perestrojka* Gorbatschows begrüßen und ihren Erfolg sehnsüchtig erwarten. Wir halten sie für notwendig und aufrichtig. Während unserer Tätigkeit in Moskau und auf zahlreichen Reisen in andere Städte und Dörfer dieses Landes sind uns jedoch auch Hindernisse und Widerstände aufgefallen, die ihrem Erfolg im Weg stehen werden.

Gemäß den Direktiven Gorbatschows an seine eigenen Medien, bedingungslos alles ans Licht zu bringen, haben auch wir die Mängel der sowjetischen Gesellschaft nicht im dunkeln belassen: vom Alkoholismus bis zur fehlenden Sexualerziehung, von den Mißständen der Waisenhäuser bis hin zur tödlichen Langeweile in den Wohnsilos neugebauter Städte und der aus dem Boden gestampften Neuland-Regionen.

Unsere Aufmerksamkeit konzentrierte sich in erster Linie auf die Themen, welche die Bevölkerung tatsächlich betrafen, wie zum Beispiel die Trennung von Familien, die ›Rebellion‹ der Jugendlichen oder die Diskussionen über Moral und Wertvorstellungen. Phänomene, die nur eine geringere Anzahl der Bevölkerung angingen, wie etwa das Verhalten gegenüber den Homosexuellen oder anderen Minderheiten, wurden deshalb aber nicht ausgeklammert. Es sollte die ganze Diskussionsbreite, wie sie sich aktuell am Ende der achtziger Jahre präsentiert, dargestellt werden.

Die in diesem Buch wiedergegebenen Äußerungen sind ausnahmslos sowjetischen Ursprungs und stammen von

Journalisten oder Fachleuten, aus Reden und Leserbriefen. Um den Leser nicht allzusehr zu strapazieren, haben wir uns erlaubt, den einen oder anderen Text zu kürzen. Die vollständigen Angaben befinden sich im Quellennachweis am Ende des Buches. Fehlt ein ausdrücklicher Hinweis, so handelt es sich um ein privates Gespräch. Unsere eigenen Kommentare sind deutlich als solche gekennzeichnet.

Zur Klärung politischer Begriffe, Abkürzungen oder problematischer Übersetzungen haben wir ein kurzes Glossar angefügt.

Schließlich wollen wir uns bei all denen bedanken, die uns mit Rat und Tat zur Seite gestanden sind. Insbesondere Zhores Medwedjew in London, Gabor Rittersporn in Paris sowie unsere Freunde in der UdSSR, die vorerst nicht namentlich genannt sein wollen.

Hier liegt also unser Porträt der neuen sowjetischen Generation in den ersten Jahren der Gorbatschow-›Revolution‹ vor. Sie vollzieht sich nicht reibungslos, denn die Hindernisse, die es zu überwinden gilt, sind enorm. Doch wie immer sie enden wird, diese Ära wird als einer der aufregendsten Zeitabschnitte dieses Jahrhunderts in unseren Gedächtnissen haften bleiben.

Moskau, im Februar 1988

ERSTES KAPITEL

Die Kinder der Prestrojka

Geburtsstunde der Perestrojka – XXVII. Parteitag der Kommunistischen Partei – Bedeutung der Partei innerhalb der Gesellschaft – Gegensätze zwischen Stadt und Land – Altersgruppen – Verhaltensweisen der Jugendlichen – Psychologische Auswirkungen der Unzulänglichkeiten – ›Zweitwirtschaft‹ – Reformbestrebungen – Glasnost und kulturelles Leben.

Die fünftausend im Großen Kreml-Palast versammelten Delegierten des XXVIII. Parteitages erheben sich wie ein Mann von ihren Plätzen und überschütten ihren neuen Vorsitzenden in jahrzehntelang geübter Parteidisziplin mit lang anhaltendem, rhythmischem Beifall.

»Genossen, liebe Gäste!« So hatte Michail Gorbatschows vierstündige Rede begonnen. »Der XXVII. Parteitag der KPdSU ist an einem entscheidenden Wendepunkt im Leben des Landes und der heutigen Welt insgesamt zusammengetreten . . . Wir werden keinen einzigen Schritt vorankommen, wenn wir nicht lernen, auf eine neue Art zu arbeiten, wenn es uns nicht gelingt, Trägheit und Konservatismus in all ihren Erscheinungsformen zu überwinden, wenn wir nicht den Mut aufbringen, die Lage nüchtern einzuschätzen und sie so zu sehen, wie sie wirklich ist.«

Zwischen diesen beiden hier aufeinanderfolgenden Sätzen zeichnete der Generalsekretär ein erdrückendes Bild der Mißstände des Landes und der von ihm vorgesehenen radikalen Maßnahmen zu ihrer Behebung, Maßnahmen, die unter den Namen *Glasnost* (Transparenz) und *Perestrojka* (Umgestaltung) mittlerweile so vertraut geworden sind, daß sie keiner Übersetzung mehr bedürfen.

Unter den Zuhörern befanden sich ungefähr ein Viertel Frauen, ein Drittel Jugendliche unter dreißig Jahren sowie mehrere hundert Angehörige des Militärs. Aufmerksam verfolgten sie die Ausführungen und griffen an den wesentlichen Punkten zu Stift und Papier, um den 19 Millionen Parteimitgliedern, deren Repräsentanten sie waren, Bericht zu erstatten.

Die Partei umfaßt etwa ein Achtel der gesamten Bevölkerung. Im einzelnen sind dies die Führungskräfte in Regierung und Industrie, mehr als die Hälfte des Obersten Sowjet und der entsprechenden Organe in den fünfzehn Republiken, des weiteren die Bezirks- und Gemeinderäte, die Mehrzahl der Leiter von Fabriken und landwirtschaftlichen Betrieben, ungefähr ein Drittel der Hochschulabsolventen sowie natürlich die militärische Führungsschicht.

Über diese Zuhörerschaft hinaus wandte sich Gorbatschow an die 282 Millionen Sowjetbürger, welche seine Botschaft über das Fernsehen oder durch die ausführlichen Presseartikel des nächsten Tages vernahmen: die Aufforderung, die vorherrschende Verantwortungslosigkeit der Vergangenheit angehören zu lassen und mit ihm gemeinsam in das 21. Jahrhundert einzutreten. Ihre Mitarbeit sei unerläßlich, denn die in seiner Rede beschriebenen herrlichen Ziele können nicht mit den Anstrengungen der Parteimitglieder allein erreicht werden.

Die ungeheure Vielfalt der sowjetischen Bevölkerung erschwert verallgemeinernde Aussagen über sie. Nicht nur, daß es ethnische und kulturelle Unterschiede zwischen Russen, Ukrainern, Weißrussen, Kasachen, Tataren, Aserbeidschanern, Armeniern, Georgiern und den mehr als hundert anderen Nationalitäten* gibt, gewichtiger noch sind die Verschiedenheiten der Erziehung, des Alters, des Lebensraums und vor allem der Zugangsmöglichkeiten zu materiellem Wohlstand.

Man kann die sowjetische Gesellschaft in mindestens drei verschiedene Gruppierungen einteilen, um einige Rückschlüsse über die Wirkung des Aufrufs Gorbatschows zu ziehen.

Die erste unterscheidet die Parteimitglieder vom Rest der Bevölkerung. Die meisten Mitglieder sind weit von einem politischen Bewußtsein entfernt. Ein Parteieintritt hat sich aus persönlichen Interessen angeboten, häufig, um eine berufliche Karriere sicherzustellen. Nichtsdestotrotz verfolgen sie täglich die politischen Entwicklungen, um nicht eines Tages von einer Kehrtwende überrascht zu werden. Darin unterscheiden sie sich von den anderen.

Hochqualifizierte Leute, die es vorziehen, nicht in die Partei einzutreten, sind nicht selten ›Sozialdemokraten‹ oder Gläubige. Es gibt darunter aber auch eine gewisse Anzahl von Marxisten, die sich mit dem Bürokratismus der Partei nicht anfreunden können. 1987 äußerte die Mehrzahl der parteilosen Intellektuellen Zweifel am Vermögen der Partei, einen Wandel herbeizuführen und an der Fähigkeit des Landes, die vorgeschriebenen Wirtschaftspläne zu erfüllen.

Auch die Arbeiter, enttäuscht von den vielen nicht eingehaltenen Versprechen der vergangenen Jahre, teilen diese Bedenken. Die Folge davon ist in einem System, wo selbst schlechte Arbeit letztlich nicht gefährdet ist, mehr Trägheit und geringere Bereitschaft zur Anstrengung.

Die zweite Gruppierung gliedert sich in Stadt- und Landbevölkerung, wobei man letztere als unterprivilegiert bezeichnen muß. Allerdings vermögen die sowjetischen Städte auch nicht dem lieblichen Bild zu entsprechen, das die Intourist-Prospekte so gerne suggerieren.

* Insgesamt 162 Nationalitäten und 131 Sprachen.

Nähert man sich dem Moskauer Flughafen Scheremetjewo, so erkennt man durch das Fenster des Flugzeugs moderne, gutaussehende Hochhäuser. Während man mit dem Taxi zum Hotel fährt, könnte man meinen, man befinde sich in einer westlichen Großstadt. Erst später, wenn man die Fassade und womöglich das Innere dieser Wohnblocks genauer ansieht, versteht man, warum sich die Sowjetbürger beklagen: abgeblätterte Farbe, rostige Balkone, schmutzige Fenster und wackelige Treppengeländer.

In den Straßen findet man die gleiche Situation vor. Obgleich auf den Ladenschildern ›Feinkost‹ oder ›Gemüsebazar‹ prangt, findet man, abgesehen von einigen privilegierten Geschäften, in den Auslagen die gleichen Dosen mit der Aufschrift ›Pfirsichprodukt‹, die gleichen weichen Tomaten und die gleichen, bereits keimenden Kartoffeln wie im kleinen Laden an der Ecke. Der einzige Unterschied besteht darin, daß diese ›großen Geschäfte‹ häufiger geschlossen sind: einmal im Monat wegen ›Saubermachens‹, ein anderes Mal wegen ›Inventur‹, vorübergehend wegen ›Reparatur‹ und anderen Gründen mehr. Mit ein bißchen Glück kann man diese Waren auch an einem der zahlreichen Stände kaufen, die es seit 1986 in den Straßen gibt. Vor allem im Sommer kommt es mitunter vor, daß ein Lieferwagen plötzlich am Straßenrand hält, eine Waage, eine Verkäuferin sowie mehrere Steigen Obst ablädt und so in wenigen Minuten das Interesse der Passanten auf sich zieht. Andere wiederum bevorzugen den Markt mit seinem Lokalkolorit und den unvergleichlichen Gerüchen. Die Preise bewegen sich allerdings auf einem weit höheren Niveau als in den staatlichen Geschäften (im Frühling kostet dort ein Kilogramm Tomaten zehn Rubel).*

* Das monatliche Durchschnittseinkommen betrug 1987 193 Rubel. Der offizielle Wechselkurs war folgender: 100 FF = 10,39 Rubel, 100 sfr = 41,49 Rubel, 1000 bfr = 16,70 Rubel, 100 can$ = 48,91 Rubel. Eine Beurteilung dieser Zahlen ist schwierig, da die Gehaltsaufteilung nach anderen Gesichtspunkten erfolgt als bei uns (vgl. 2. Kapitel).

In der Nacht leuchten die Neonreklamen über den Straßen und künden von Demokratie und Fortschritt, aber auch von der nächsten staatlichen Tombola. Die Trottoirs präsentieren sich dagegen düster und leer. Portiers stehen wie Zerberusse vor den Restaurants, die dem Großteil der sowjetischen Bevölkerung verschlossen bleiben. Die Cafés, in ihrem Angebot häufig nur auf Eis und Saft beschränkt, sind in keiner Weise mit entsprechenden Orten westlicher Ausprägung zu vergleichen. Ähnliches läßt sich für den Bereich der anspruchsvolleren Veranstaltungen sagen. Dem normalen Moskauer Bürger wird es vielleicht einmal in dreißig Jahren gelingen, in die Oper oder ins Ballett zu gehen.[1] Die Eintrittskarten werden vorrangig an Ausländer vergeben, denen Intourist horrende, um ein fünffaches erhöhte Preise abverlangt, die seit dem 1. Januar 1987 in harten Devisen zu zahlen sind.

Dessen ungeachtet ist die sowjetische Hauptstadt für die dörflichen Bewohner der Umgebung eine Art Füllhorn, das eine Menge Waren ausschüttet, welche die Landbevölkerung nur selten zu Gesicht bekommt, darunter sinnigerweise Fleisch. Täglich strömen Tausende mit dem Zug vom Land in die Stadt. Die einen sind bepackt mit Obst und Früchten, die sie in den Straßen oder auf dem Markt verkaufen wollen, die anderen tragen leere Koffer oder Rucksäcke, die sie bei GUM oder in einem der anderen großen Kaufhäuser füllen wollen. Abends schleppen sie ihre Errungenschaften, von Rindfleisch und Tapeten über Kinderkleidung, Nägel, Fahrräder, Töpfe bis hin zum Kleinmobiliar zum Bahnhof, um wieder nach Hause zu fahren. Lediglich große Möbelstücke, die den Moskauern selber vorenthalten sind, dürfen sie nicht erwerben.

Diese wirtschaftlichen Vorteile verursachen natürlicherweise Spannungen, die sich in folgenden Äußerungen eines Bauern niederschlagen: »Wir müssen die Schweine großziehen, und die Moskauer essen Butter!« oder »Die Schweine werden in die Stadt geliefert und wir müssen uns mit Eiern begnügen, weil die anspruchsvollen Städter Fleisch brauchen.«

Wir stoßen hier auf das alte Vorurteil: Die Landbevölkerung glaubt, sie müsse hart arbeiten und den Gürtel enger schnallen, um die Parasiten in der Stadt, die sich nicht die Hände schmutzig machen wollen, zu ernähren. Dagegen sind die Stadtbewohner der Überzeugung, daß sich die Bauern auf ihre Kosten bereichern und sie obendrein abschätzig beurteilen. In der Tat ist das russische Dorf (die zentralasiatischen Dörfer haben ihre eigene Struktur) eine merkwürdige Mischung aus reich und arm. Die Gehälter entsprechen mittlerweile dem nationalen Durchschnitt, doch verfügt ein Bauernhaus immer noch über wenig Komfort. Platzmangel dagegen ist hier kein Problem. Darüber hinaus besitzt der Bauer eine kleine Viehzucht und einen Flecken Erde, die ihm, was in der Stadt völlig undenkbar wäre, Ersparnisse ermöglichen.

Trotz gewaltiger Anstrengungen, die Dörfer auch für Jugendliche attraktiv zu gestalten, ist die Rückständigkeit derartig groß, daß man schon auf dem Land geboren sein muß, um dort leben zu können. Die Entfernungen sind riesig, doch gibt es keinen regelmäßigen Zug- oder Busverkehr. Die Abfahrtszeit ist häufig von der Laune des Chauffeurs abhängig. Bisweilen muß man auch, um den letzten Teil seiner Reise zu bestreiten, auf das Heer von Lastwagen und landwirtschaftlichen Maschinen zurückgreifen oder über die vom Regen aufgeweichten, für jedes Fahrzeug unzugänglichen Wege zu Fuß gehen.

Die Männer suchen häufig Trost im Wodka oder, noch lieber, im Samogon. Die Frauen hingegen verfügen über fast keine Freizeit. Beruf, Haus und Garten, der Gang zur öffentlichen Wasserpumpe und die Versorgung des Kleinviehs nehmen sie voll in Anspruch. Die jungen Leute fühlen sich vollends verloren, vor allem in den ›perspektivelosen‹ Dörfern, die vom Aussterben bedroht sind, weil dort fast nur noch alte Menschen leben.

Die dritte Art einer Einteilung der sowjetischen Gesellschaft (und damit wird sich dieses Buch am ausführlichsten befassen), ist die Gliederung in Altersgruppen. Unter den

281,7 Millionen Lesern und Zuhörern, die die Rede Gorbatschows vor dem Parteitag verfolgt haben, konnte sich ein Sechstel noch an den Großen Vaterländischen Krieg und die Terrorherrschaft Stalins erinnern. Eine andere, wichtigere Gruppe – ungefähr die Hälfte – war während der Stagnation unter Leonid Breschnew aufgewachsen, und ein Viertel dieses Publikums war noch keine dreißig Jahre alt. Dies ist die Zielgruppe, deren Unterstützung Gorbatschow braucht, um im Jahr 2000 seine Vorstellungen verwirklicht zu sehen: Verdoppelung der Produktionskapazität, Zuwachs der Arbeitsproduktivität von 130 auf 150 Prozent, Steigerung des Realeinkommens pro Einwohner von 60 auf 80 Prozent. Dafür benötigt er eine neue Generation von Verwaltungsbeamten und Brigadeführern, aber auch einfachen Arbeitern, die sich weniger von ideologischen oder patriotischen Slogans, als vielmehr von materiellen Gesichtspunkten der Produktionssteigerung und Qualitätsverbesserung leiten lassen.

Obwohl sich die sowjetischen Soziologen gegen eine Einteilung der Gesellschaft in Altersklassen wehren, erscheint es uns angebracht, eine solche vorzunehmen. Schließlich gibt es auch für den sowjetischen Jugendlichen bestimmte Lebensabschnitte, die seinen Weg des Erwachsenwerdens markieren:

Mit 14 Jahren: Der Jugendliche kann in den Komsomol eintreten. In der Schule kann er nach Abschluß der achten Klasse seine weitere Laufbahn wählen.

Mit 16 Jahren: Er bekommt einen Paß und kann sich, falls beide Elternteile Sowjets von unterschiedlicher Nationalität sind, für eine von beiden entscheiden.

Mit 17 Jahren: Er hat das Recht, die Schule zu verlassen, da die Schulpflicht endet.

Mit 18 Jahren: Er wird volljährig, darf jetzt wählen, heiraten, für eine Partei kandidieren und sich in alle Gremien, außer dem Obersten Sowjet, als Abgeordneter wählen lassen. Die Knaben werden zur Wehrpflicht berufen.

Mit 19 Jahren: Er kann in die Partei eintreten.

Mit 21 Jahren: Er kann sich in den Obersten Sowjet wählen lassen.

Mit 28 Jahren: Austritt aus dem Komsomol, anschließend Parteimitgliedschaft oder Zugehörigkeit zu den ›Parteilosen‹.

Wenn wir im folgenden von den Jugendlichen der sowjetischen Gesellschaft sprechen, meinen wir diejenigen zwischen 14 und 24 Jahren. Mit 14 Jahren wird die erste wichtige Entscheidung in der Schule getroffen, während die Zugehörigkeit der jungen Pioniere zum Komsomol das Ende der Kindheit bedeutet. Mit 24 Jahren tritt der Jugendliche in die Arbeitswelt ein, worin sowjetische Wissenschaftler ein Charakteristikum des Erwachsenseins sehen. Jetzt erst werden auch die Studenten der Universität zum Wehrdienst eingezogen, während jene, die sich schon früher dem Arbeitsprozeß eingegliedert hatten, Zeit fanden, die ersten Sprossen des Rasrjad zu erklimmen. Die meisten sind bereits verheiratet und haben schon ein Kind.

1986 stellten die Jugendlichen zwischen 14 und 24 Jahren (geboren in dem Zeitraum 1963–1973) ein Sechstel der sowjetischen Gesamtbevölkerung dar. 1960 war ein Geburtenhöchststand (5,341 Millionen), 1970 ein Geburtentiefpunkt (4,226 Millionen) zu verzeichnen. Mitte der achtziger Jahre hatte sich die Zahl der Geburten auf etwa fünf Millionen eingependelt. (1980: 4,850 Millionen). Der Rückgang hängt einerseits mit der durch den Krieg zahlenmäßig geschwächten Elterngeneration zusammen und zum anderen mit der ständigen Verkleinerung der Familie im europäischen Teil des Landes.

Gleichzeitig war die UdSSR einer schnell fortschreitenden Urbanisierung ausgesetzt, so daß sich die Bevölkerungszahlen von Stadt und Land erheblich verschoben haben. Während 1958 noch 52 % auf dem Land wohnten und 48 % in der Stadt, waren es am ersten Juli 1981 nur noch 38 % auf dem Land und 63 % in der Stadt. Das bedeutet also, daß eine Vielzahl der Jugendlichen Stadtbewohner in der ersten Generation sind, da ihre Eltern das

Land verlassen haben. In der Hoffnung auf ein besseres Leben in der Großstadt haben sie den traditionellen Rahmen einer bäuerlichen Großfamilie, einschließlich der großelterlichen Mithilfe bei der Kindererziehung, aufgegeben und damit einen totalen Bruch mit ihrer Vergangenheit vollzogen.

Erstaunlicherweise sind die Unterschiede zwischen Stadt und Land bedeutsamer als die an sich schon beträchtlichen Differenzen zwischen den zahlreichen Nationalitäten. »Es ist für mich zum Beispiel viel schwieriger«, sagt der Soziologe Bestuschew-Lada, »mit den Leuten meines russischen Heimatortes in Kontakt zu treten als mit meinen armenischen oder usbekischen Kollegen.«

Dieser durch die Landflucht erzwungene Bruch mit der Familientradition wird in erster Linie für die ›Verlorenheit‹ der Jugend verantwortlich gemacht. Ein unerschöpfliches Thema in den sowjetischen Medien! So fällt ein fünfzigjähriger Schriftsteller in einer Schmähschrift über die schwarzen Schafe seiner Generation, die Hard-Rock-Gruppen, in folgender Weise her: »Sie lehnen unser System ab, sie verwerfen all unsere Werte. Darin liegt die Gefahr, und deshalb bin ich Pessimist.«

Oder ein anderer Intellektueller: »Die Jugendlichen übernehmen die schlechtesten und dümmsten Perversionen, die der Westen zu bieten hat ... Der zu verzeichnende Wertverlust ist bei den Russen besonders groß, da die anderen Völker ihre nationalen Eigenheiten stärker gepflegt haben. Wir dagegen waren einmal höflich, kultiviert und gastfreundlich, jetzt sind wir nichts mehr von alledem. Sogar unsere Küche haben wir vergessen ...«

Selbst Lena, 22 Jahre, versteht die Jugendlichen zwischen 15 und 20 Jahren nicht mehr. »Sie sind mit nichts einverstanden, machen aber keine Gegenvorschläge oder versuchen etwas anderes. Sie beschränken sich darauf, nein zu sagen, sich dem Konsum von Rock- oder Popmusik zu ergeben und am Westen zu orientieren.«

Doch sie bemerkt auch: »Andererseits haben sie den

Mut, nein zu sagen, wohingegen wir in dem gleichen Alter Einverständnis vorgetäuscht haben, um in Ruhe gelassen zu werden. Insofern sind sie ehrlich, und wir waren scheinheilig. Ich glaube auch, daß sie durchaus konstruktiv sein könnten, wenn man ihnen die Möglichkeit gäbe, und es sogar besser machen würden als wir, mit mehr Einsatz und größerer Überzeugung.«

Eine gewichtige Stimme in den harten Auseinandersetzungen um die Jugend erhob sich 1987 im Plenum des Schriftstellerverbandes. Nach heftigen Attacken mehrerer Delegierter zum Thema ›Rock‹ ergriff der Dichter Andrej Wosnessenskij das Wort: »Nun zu den Jungen ... Ein Dichter kam einmal zu Besuch zur BAM, es trieb ihn zur Verzweiflung, daß dort die Jugend am Abend Rock and Roll tanzte. Laßt sie doch tanzen, wie sie wollen, sie arbeitet auch hart. Was ist überhaupt Rock'n Roll? Warum denn alles Böse und Verderbliche auf diesen Rock'n Roll abwälzen? Das wäre als wenn man sagte: Jamben sind eine schädliche Erscheinung. In Jamben lassen sich herrliche Sachen schreiben, aber auch abstoßende. So ist das mit Rock ... Die Jungen wollen eine neue Kultur und neue Ideen ... Hier ist der junge Autor Jurij Sergejew aufgetreten. Er hat schonungslos über die Aggressivität der jungen Generation gesprochen und behauptet, der Rock sei der Ursprung aller Verfehlungen der sowjetischen Jugend. Doch wer ist ins Feuer von Tschernobyl gegangen? Wir haben ihnen keine Spezialanzüge zum Schutz vor der radioaktiven Strahlung gegeben. Die jungen Feuerwehrleute sind umgekommen, um uns zu retten. Laßt diese Generation tanzen und hören, was sie will.«[2]

Während der *Glasnost*-Kampagne 1987 wurde ein Dokumentarfilm verbreitet, dessen Titel darauf hinwies, daß es nicht leicht war, in den achtziger Jahren jung zu sein. Um wieviel schwerer aber ist es jetzt angesichts der Forderungen Gorbatschows, die er in seinem Reformprogramm aufgestellt hat!

Es gibt mindestens sechs Bereiche, in denen entweder

die offizielle Bürokratie, eine emotionale Bedrängnis oder ein ganz simpler personeller Notstand genügen, um das Leistungspotential des zukünftigen Bürgers vollkommen zu zerstören.

1. Die herkömmliche Familie, welche durch übertriebene Fürsorge Millionen junger Sowjetbürger daran hindert, das zu entwickeln, was für den Fortschritt eine Bedingung *sine qua non* darstellt, nämlich eigenes Verantwortungsgefühl.
2. Das Erziehungssystem, das trotz Reformen immer noch auf veralteten, ideologischen Marotten (wie zum Beispiel die Erziehung zu manueller Tätigkeit) herumreitet und so wertvolle Zeit für wesentlichere Dinge vergeudet.
3. Der lange Wehrdienst, der für die meisten jungen Leute mit Substanzverlust verbunden ist und den Eintritt ins Berufsleben um zwei Jahre hinauszögert.
4. Eine Berufswelt, deren desillusionierende Arbeitsmethoden in krassem Gegensatz zu dem stehen, was in der Schule gelernt wurde, und so tiefes Mißtrauen gegenüber den Versprechungen der Regierung weckt.
5. Die Freizeitgestaltung, geprägt durch den in allen Aktivitäten dominanten Zugriff der Partei, treibt die Jugend nicht selten in eine negative Abwehrhaltung.
6. Die Ehe, von Beginn an durch fehlende Aufklärung im sexuellen Bereich belastet, kennt häufig nur die Abtreibung als Mittel der Geburtenregelung.

Diese sozialen Schwachstellen werden uns in den folgenden Kapiteln genauer beschäftigen. Aber es gibt noch einen anderen Aspekt des sowjetischen Lebens, der nur allzu offenkundig Loyalität und Verantwortlichkeit untergräbt: die Behauptung, daß die staatliche Wirtschaft trotz verschiedener Schwächen hervorragend funktioniert, daß es ein angemessenes Lohn-Preis-Verhältnis gibt und die Flucht in eine ›Zweitwirtschaft‹ ein schuldhaftes Vergehen darstellt.

Die Presse nutzte ihre neue Freiheit und berichtet in diesem Zusammenhang über himmelschreiende Schlampereien in Industrie und Wirtschaft, wie man sie im Westen nicht für möglich halten würde. So zum Beispiel die Geschichte von Herrn Ossipows Automobil, veröffentlicht in der ausgesprochen seriösen Zeitung *Iswestija* im Juni 1987.

Laut *Iswestija* war Herrn Ossipows nagelneuer Wolga keinen Meter von der Stelle zu bringen, da die Zündung defekt war. Nach vier Monate andauernden Telefongesprächen erteilte das zuständige Ministerium für die Autoindustrie einer Werkstatt in Moskau die Erlaubnis, das Fahrzeug kostenlos zu reparieren. Dabei stellte man weitere sechsundzwanzig Mängel fest, die in dreimonatiger Arbeit behoben wurden.

Die Hinterachse wurde viermal, die Beleuchtung dreimal und der Vergaser zweimal ausgewechselt. Teile des Motors und der Radaufhängung mußten auch ersetzt werden. »Fahren Sie schnell damit nach Hause, solange die Räder noch dran sind!« warnte ihn ein mitfühlender Mechaniker, als Herr Ossipow schließlich sein Auto abholen konnte. Jetzt erfuhr dieser auch endlich, warum er so lange auf sein Gefährt hatte warten müssen: der Kilometerzähler zeigte 3500 Kilometer an, eine Tür und ein Kotflügel waren an dem vormals weißen Fahrzeug mittlerweile grau! Man erklärte ihm, daß ein Mechaniker »einen kleinen Unfall« gehabt habe und man sich in der Farbe geirrt habe, aber selbstverständlich bereit sei, den Schaden innerhalb eines halben Tages zu beheben und das Fahrzeug anschließend in die automatische Waschanlage zu fahren. Nur leider kam selbiges, so die Zeitung *Iswestija,* vollkommen zerbeult aus der Anlage heraus, da die obere Bürste zu stark eingestellt war. Dieses Mal blieb dem Ministerium keine andere Wahl als den Schaden anzuerkennen und den Austausch der gesamten Karosserie anzuordnen. Von dem ursprünglichen Auto war nicht viel mehr als die Räder übriggeblieben.

Als Herr Ossipow endlich seinen Wolga nach Hause fahren wollte, fragte ihn ein nicht mehr ganz nüchterner

Mechaniker, ob er ihn in die Stadt mitnehmen könne. Der Chef der Garage bedeutete seinem Angestellten, sich zurückzuziehen, worauf Ossipow eine letzte Freundlichkeit zuteil wurde: »Vier kräftige Schläge aufs Dach und damit vier Beulen, die sich sehen lassen konnten.«[3]

Diese Geschichte schildert uns in aller Ausführlichkeit, wie ›sehr‹ man um Qualität bemüht ist, wie verschlungen die bürokratischen Wege sind, wie der Dienst am Kunden aussieht und wie es um den Alkoholismus steht. Aber eine ziemlich banale Kleinigkeit sollte noch erwähnt werden: Der von Ossipow bezahlte offizielle Preis seines Autos betrug zu einer Zeit, wo das monatliche Durchschnittsgehalt bei 180 Rubel lag, 17 000 Rubel! Für einen normalen Bürger, der auf legalem Wege (die Schwarzmarktpreise liegen wesentlich höher) einen Wolga erwerben möchte, bedeutet dies, daß er acht Jahre lang sein Gehalt sparen müßte.

Da nun eine gewisse Anzahl von Privatpersonen einen Wolga und hunderttausend andere einen Lada besitzen, der in der Sowjetunion 8000 Rubel kostet, darf man annehmen, daß diese Personen (oder die Eltern, wenn es sich um Jugendliche handelt) über Einkommensquellen verfügen, die in der vom Staat als illegal bezeichneten ›Zweitwirtschaft‹ zu suchen sind.

Selbst wenn die neue Gesetzgebung begrenzte Formen ›individueller Unternehmungen‹ sowie Landwirtschafts- oder Dienstleistungskooperativen einführt, wird das Preis-Lohn-Gefälle weiterhin bestehen bleiben, da die Kosten für Autos, Motorräder, Kühlschränke, Waschmaschinen, Möbel und Farbfernseher in keinem vernünftigen Verhältnis zu den offiziellen Löhnen stehen. Solange diese Form der Fiktion aufrechterhalten wird, kann es keine aufrichtige Planung und keinen reellen Anreiz geben, der sowohl die Jugend als auch den Rest der Bevölkerung zur aktiven Teilnahme animieren könnte.

Allein, dieses düstere Bild der aktuellen und zukünftigen Situation in der Sowjetunion ist nur eine Seite der Realität. Gäbe es nicht auch noch einen anderen Aspekt, so wäre Gorbatschows Vorhaben hoffnungslos, und es würden diejenigen im Westen jubeln, die immer schon meinten, daß morgen 280 Millionen Sowjetbürger in die Arme der freien Marktwirtschaft gelaufen kämen, wenn man heute die Grenzen öffnete.

In Wirklichkeit ist nur ein verschwindend geringer Anteil der Gesamtbevölkerung gewillt, die Sicherheiten seines Systems und seines Landes gegen eine unsichere Existenz im Westen einzutauschen. Dabei handelt es sich in erster Linie um Menschen mit religiösen Motiven.

Abgesehen von einer geradezu physischen Verbundenheit mit ihrem Land, gibt es für den Sowjetbürger weitaus naheliegendere und für das leninistische *Ego* schmeichelhaftere Gründe, sein Land nicht zu verlassen. Die meisten Sowjets erfahren heutzutage – über ausländische Sender oder über Kontakte ins Ausland –, daß die Arbeitslosigkeit im Westen keine plumpe Erfindung ihres Propagandaapparates ist. Sie wissen, daß sich die Obdachlosen in den Vereinigten Staaten auf den Straßen herumtreiben, daß in Europa junge Menschen arbeitslos sind und in Lateinamerika Millionen von Menschen Hunger leiden. Sie wissen auch, daß es einen erbarmungslosen Konkurrenzkampf gibt.

Sie dagegen, egal welche Voraussetzungen sie mitbringen, verfügen über einen sicheren Arbeitsplatz, der ihnen, auch wenn es der Gesamtwirtschaft schaden könnte, ein ruhiges Leben ohne soziale Spannungen beschert.

»Wir haben hier das Geld, doch nichts in den Geschäften; ihr dagegen könnt euch den Luxus in den Schaufenstern ansehen, habt aber kein Geld in der Tasche!« ist ein stehender Spruch in der UdSSR. Auf die Frage, was schlimmer sei, würde sich die überwiegende Mehrheit für die leeren Regale entscheiden, denn es wäre ja immerhin möglich, daß sich der Traum von den überquellenden Läden eines Tages verwirklichte.

Es gibt noch andere Aspekte, die in unterschiedlichster Weise für einige Gruppen das Leben in der Sowjetunion mehr als nur erträglich machen. Das gilt vor allem für die privilegierte Gesellschaft der ›Intellektuellen‹. Manches, wie zum Beispiel die Veränderungen im Milieu der Künstler, ist noch nicht sehr alt.

1985 begann man, im Theater Stücke aufzuführen, die bislang tabuisierte Themen behandelten. Schon ein Jahr später erschien Michail Schatrows Stück *Die Diktatur des Gewissens,* in dem die Frage diskutiert wird, ob der Bürger ein Recht darauf hat, seine Vergangenheit kennenzulernen. Bald schon brodelte es auch bei den Filmemachern. Ihr Verband befreite sich in einer Blitzaktion von sämtlichen Bürokraten, die schon viel zu lange das Schaffen der Künstler unter Kontrolle gehalten hatten.

Diese Maßnahme hatte weitgreifende Auswirkungen auf die Öffentlichkeit. Man vermochte zwar nicht mehr, einen Tarkowskij lebendig werden zu lassen, aber immerhin war es möglich, eine Retrospektive seiner Werke einschließlich jener, die er im Exil geschrieben hatte, einem breiten Publikum vorzuführen. Die Leute standen in langen Schlangen vor den Kinos, als Tengis Abuladses Film *Die Reue,* der von Personenkult und Machtmißbrauch handelt, oder der bereits zitierte Dokumentarfilm *Es ist nicht leicht, jung zu sein* von Juri Podnieks in die Lichtspielhäuser kam.

Die Entschärfung der Zensurbestimmungen aus dem Jahre 1986 zeigte in Anbetracht der Verlagerungen im Druck eine langsamere Wirkung. Neben einigen gewagten Initiativen erschien schließlich Ribakows Roman *Die Kinder vom Arbat,* in dem er sich mit dem Stalinismus auseinandersetzt. Vor allem wurde Boris Pasternak endlich rehabilitiert.

Sogar das Fernsehen, eine der konservativsten Bastionen im sowjetischen Medienland, braucht, was bestimmte intelligent gemachte Sendungen angeht, den Vergleich mit westlichen Pendants durchaus nicht zu scheuen, wo fast nur noch eine Mischung von Gewalt und Melodramatik vorherrscht. Vor allem die jugendlichen Großstadtbewohner stehen diesen Maßnahmen offen gegenüber, denn sie haben es leicht, Kinos, Veranstaltungen und, wenn auch mit Einschränkungen, Pop-Konzerte zu besuchen.

Andere angenehme Seiten der russischen Wirklichkeit haben in keinster Weise etwas zu tun mit den Neuerungen. Da gibt es zum Beispiel ein bemerkenswertes öffentliches Verkehrsnetz, das den Städtern kostenlose Beförderung und höchstmögliche Mobilität zusichert; des weiteren gibt es eine Fülle von Grünflächen, Erholungsgebieten, Sportplätzen, Stadien und Kulturparks. Hier ist, wenn man so will, für einen kleinen Bereich der Traum vom Sozialismus in Erfüllung gegangen. Wenn an einem Sommertag die Familie im Gorki-Park Riesenrad fährt oder mit dem Kahn auf einem der Seen rudert, wenn sie einem Konzert oder einer Dichterlesung lauscht und der eine oder andere dem Scrabble-Wettbewerb zusieht, dann bietet sich dem Beschauer ein Bild der Zufriedenheit und der Harmonie.

In den weniger gut ausgestatteten ländlichen Gegenden findet man dafür noch völlig unberührte Landstriche, die den Errungenschaften der modernen Chemie bisher entgangen sind, wo Wiesen und Hänge von Blumen übersät sind und Enten im Dorfteich schwimmen.

Das ist Rußland, wo die Menschen trotz Schwierigkeiten und lästiger Bürokratie einander lieben, heiraten, Kinder zur Welt bringen und zuweilen auch ihre Arbeit mit Eifer verrichten, wie überall in der Welt. Rußland ist ein sehr komplexes Gebilde, nicht ohne Unzulänglichkeiten, doch weit entfernt von dem Bild, das seine Feinde von ihm zu zeichnen versuchen. Überall, selbst in den Reihen der Partei, spielen menschliche Probleme eine große Rolle. Nicht zufällig hat sich Gorbatschow auf dem XXVII. Parteitag auch mit den Fragen menschlicher Beziehungen auseinandergesetzt.

Das Thema ›Familie‹ stand im Mittelpunkt der Diskussion und soll auch hier, bei unserer Beschreibung der sowjetischen Gesellschaft, als erstes abgehandelt werden.

ZWEITES KAPITEL

Die Keimzelle der Gesellschaft

Bedeutung der Familie – Familiengröße – Sowjetische Idealvorstellung – Mütterlichkeit – Abwesenheit der Männer – Geschlechterrolle – Probleme der berufstätigen Frau – Generationskonflikte – Scheidungsrate – Kinder aus geschiedenen Ehen – Heimkinder.

Die Familie hat in der russischen Gesellschaft schon immer eine wichtige Rolle gespielt. Auch in der sowjetischen Gesellschaft behält sie ihren Stellenwert, gilt sie doch hier als das erste Kollektiv, in dem sich der junge Staatsbürger zurechfinden muß.

In der Verfassung beziehen sich die beiden Artikel 35 und 53 auf die Familie, ein ›Familienrecht‹ regelt Eheschließungen und Scheidungen, Rechte und Pflichten von Eltern und Kindern, Adoptionsangelegenheiten und anderes mehr. Aber, und das ist wesentlich in der Sowjetunion, die Familie ist keine Privatangelegenheit, denn das Kind lernt hier die Grundregeln der Gesellschaft kennen.[1] Die Familie spielt eine einzigartige Rolle, indem in ihr die moralischen und sozialen Grundsätze lebendige Formen annehmen, wie sie eine Theorie allein gar nicht vermitteln könnte.[2]

Die Idealvorstellung einer Familie, wie sie vermutlich in jedem Russen schlummert, ist die Großfamilie, die man heute nur noch in manchen bäuerlichen Gegenden antrifft (wobei sich auch dort die Tendenz zum Einzelkind immer mehr duchsetzt). Jeder fühlt sich in dieser Gemeinschaft dem anderen verbunden, jeder hilft jedem und alle halten zusammen.

In vielerlei Hinsicht ist die Großfamilie die kleine Version des sowjetischen Kollektivs, sie beschützt den einzelnen, engt ihn aber auch gleichzeitig ein.

In den letzten Jahren haben sich die Familien im Zuge der Urbanisierung nicht selten auf Eltern und Kinder reduziert. Zwar stellten sie sich dadurch materiell besser, befinden sich aber gefühlsmäßig und sozial im leeren Raum.

In diesem Land der kulturellen Vielfältigkeit ist es geradezu unmöglich, von einer typisch sowjetischen Familie zu sprechen. Um aber eine gewisse Grundvorstellung zu vermitteln, kann man wohl mit gutem Recht von der Durchschnittsfamilie ausgehen, wie sie in den Lehrbüchern russischer Studenten beschrieben wird. Danach haben wir uns einen Mann und eine Frau vorzustellen, die ungefähr 30 Jahre alt sind, zwei Kinder haben und in einer Großstadt wohnen. In dem klassischen Handbuch *Rußland für alle* heißen sie Iwan Iwanowitsch und Anna Petrowna. Ihre Kinder sind Nina und Maxim. Sie haben auch einen Hund. Iwan ist Busfahrer und Anna Lehrerin. Sie verdienen monatlich 350 bis 450 Rubel und stehen damit gehaltsmäßig mit einem Ingenieurs- oder Ärztepaar auf einer Stufe. Durch dieses überdurchschnittliche Einkommen gehören sie zu dem Bevölkerungsteil, der Steuern zahlen muß. 15 Prozent werden von ihrem Gehalt für Einkommensteuer sowie für Gewerkschafts- und Parteibeiträge abgezogen. Vom Rest müssen sie noch 13 Rubel für ihre Zweizimmerwohnung (mit Küche, Bad und Toilette), vier Rubel für Gas, Strom und Telefon und einen geringfügigen Betrag für die öffentlichen Verkehrsmittel abrechnen (fünf Kopeken kostet ein Fahrschein). Diese Preise machen noch einmal deutlich, was im vorherigen Kapitel schon angedeutet wurde: Ein Vergleich mit unseren westlichen Einkommen ist völlig sinnlos. Hinzu kommt, daß für Nahrungsmittel und Kleidung mehr Geld veranschlagt wird als im Westen: etwa die Hälfte des Gehalts wird für Essen ausgegeben, ein Paar Herrenschuhe kosten ein Zehntel des monatlichen Einkommens dieser Durchschnittsfamilie, und die Hälfte davon reicht wiederum gerade für einen Mantel mittlerer Qualität.

Mit zwei Kindern hat man kein Anrecht auf Kindergeld, und da Iwan und Anna zu den besserverdienenden gehören, müssen sie für die Unterbringung ihrer Kinder in der Krippe zehn Rubel und im Kindergarten 13 Rubel monatlich bezahlen. Sind sie krank, erhalten sie annähernd ihr vollständiges Gehalt zuzüglich Alters- beziehungsweise Branchenzulage. Wird eine Frau schwanger, bekommt sie vom Staat bei der Geburt 50 Rubel (für jedes weitere Kind 100 Rubel), der Arbeitgeber zahlt zwei Monate lang das volle Gehalt, und wenn sie nicht in ihren Beruf zurückkehrt, kann sie mit 35 Rubel Mutterschaftsgeld pro Monat rechnen. Anschließend hat sie das Recht auf zweimal sechs Monate unbezahlten Mutterschaftsurlaub. Entschließt sie sich, wieder in ihren Beruf zurückzukehren, ist der Arbeitgeber dazu verpflichtet, ihr den alten Arbeitsplatz wieder zuzuweisen und den Mutterschaftsurlaub auf die Altersversorgung anzurechnen.

Die medizinische Versorgung ist grundsätzlich kostenlos.* Medikamente kosten nur wenig, für Kinder über zwei Jahre gar nichts. Allerdings kann es vorkommen, daß man nicht bekommt, was man braucht.

Obwohl es durchaus Geschäfte in der unmittelbaren Umgebung von Iwan und Anna gibt, versucht sie, ihre Einkäufe anderswo zu erledigen. Entweder tut sie dies in der

* Das öffentliche Gesundheitswesen sorgte in den Jahren 1986/87 für einen der größten Skandale der sowjetischen Gesellschaft. Wir werden später noch im einzelnen darüber berichten. Das Ergebnis lautete jedenfalls, daß es praktisch keine kostenlosen Behandlungen gab, weil die Patienten mit Bestechungsgeldern versuchten, ihre medizinischen Interessen durchzusetzen. Die Diskussionen führten schließlich im Oktober 1987 zur Eröffnung des ersten ›privaten‹ Moskauer Krankenhauses.

von ihrer Schule am schnellsten zu erreichenden Kantine oder sie beteiligt sich an dem Einkaufssystem der Kolleginnen. Das sieht in der Praxis so aus, daß sich die Frauen abwechselnd bereit erklären, während der Mittagspause (die sie bei der Gelegenheit etwas ausdehnen) für alle einkaufen zu gehen. Sie wird dabei nicht immer das Schlangestehen* vermeiden können, welches schon fast zwangsläufig zum sowjetischen Alltag gehört. Wenn Anna die Einkäufe erledigt, holt Iwan die Kinder, die noch zu klein sind, um nach der Schule allein zu Hause zu sein, vom Hort ab und besorgt gleichfalls das eine oder andere.

In ihrer Freizeit können sie über das örtliche Kulturhaus, die Bibliothek, verschiedene Clubs und, falls sie in einer Großstadt wohnen, über eine Anzahl von Kinos und Theatern verfügen. Aber, und darauf werden wir später noch einmal zurückkommen, ein sowjetisches Paar verbringt seine freie Zeit nicht unbedingt gemeinsam.

Es gibt zahlreiche Paare, die in ähnlichen Verhältnissen wie Iwan Iwanowitsch und Anna Petrowna leben. Wenn ihr Standard auch nicht dem entspricht, was in besagtem Handbuch geschrieben steht, so spiegelt er doch eine Konsumlust wieder, die schon während der Breschnew-Ära in einer Umfrage festgestellt wurde.**

* Eine Hausfrau verbringt täglich bis zu zwei Stunden in der Schlange. Ursache dieses Mißstandes ist nicht Lebensmittelknappheit, sondern Personalmangel und ein Verkaufssystem, das Selbstbedienungsläden beziehungsweise Geschäfte mit einer Kassiererin nicht kennt. Jeder Kunde prüft ausgiebig sein Obst, bevor er es wiegen läßt. Einkauflisten oder Großeinkäufe, die der Hausfrau den täglichen Besorgungsgang ersparen würden, sind unbekannt.

** 1985 verfügten 95 % aller Haushalte über ein Fernsehgerät (ein Drittel davon in Farbe), 95 % besaßen ein Radio, 90 % einen Kühlschrank (101 in der Stadt, 76 auf dem Land), 68 % eine Waschmaschine (78 in der Stadt, 76 auf dem Land), 35 % ein Tonbandgerät (43 in der Stadt, 24 auf dem Land), 30 % einen Fotoapparat (41 in der Stadt, 18 auf dem Land), 34 % einen Staubsauger (48 in der Stadt, 20 auf dem Land), 15 % ein Auto (14 in der Stadt, 15 auf dem Land), 16 % ein Motorrad (8 in der Stadt, 27 auf dem Land), 62 % ein Fahrrad oder ein Mofa (44 in der Stadt, 79 auf dem Land), 66 % eine Nähmaschine (63 in der Stadt, 70 auf dem Land). Entnommen aus: *1917–1987. Gody truda i pobed,* Moskau Politisdat, 1987, S. 242.

Rußland für alle beschreibt richtig und ausführlich das Leben einer sowjetischen Durchschnittsfamilie, die in der Stadt wohnt. Aber wir erfahren nichts über die Wärme, den Humor, die Unordnung, die Impulsivität, das Temperament einer russischen Familie (im günstigen Fall) oder, um von der anderen Seite zu sprechen, über Niedertracht, Intoleranz und seelisches Leid. Außer acht gelassen werden auch die gravierenden bevölkerungspolitischen Fragen, mit denen sich die Sowjetunion wegen ihrer zahlreichen Nationalitäten und ihrer schwankenden Geburtsziffern auseinanderzusetzen hat.

Man könnte ein ganzes Buch über die verschiedenen Facetten des russischen Nationalcharakters verfassen. Doch wir wollen uns hier mit der Situation beschäftigen, die Michail Gorbatschow während seiner Rede vor dem XXVII. Parteitag vor Augen hatte, als er die Erneuerung der Familie und die damit verbundene ungehinderte Gleichstellung der Frau verlangte.

Einer der wesentlichsten Gründe für Gorbatschows Sorge um die Familie liegt in der zunehmenden Unausgeglichenheit der Geburtenziffern im europäischen Teil einerseits und dem asiatischen Teil des Landes andererseits. Ausgehend von der gegenwärtigen Entwicklung, wird sich in den nächsten 25 Jahren der europäische Anteil zugunsten des asiatischen verringern. Die Auswirkungen auf die russische Kultur sowie auf die Vorherrschaft, welche die Europäer in Staat und Partei innehaben, werden von gravierender Tragweite sein. In jedem Fall wird man eines Tages – und zwar zum ersten Mal in der Geschichte der UdSSR – einer nichteuropäischen Elite Plätze in der Staatsführung einräumen müssen. Vordergründig ist dies die Folge größerer Fruchtbarkeit, dahinter verbirgt sich aber vor allem ein langjähriger Bildungsrückstand.

So hat die Regierung schon vor längerer Zeit eine geburtenfördernde Familienpolitik beschlossen; nicht zuletzt, um die für die Entwicklung notwendigen Arbeitskräfte zu gewährleisten.

Allerdings ist es nicht ganz einfach, in einem Land, wo das Gehalt der Frau einen wesentlichen Beitrag zum Gesamteinkommen darstellt, eine kinderreiche Familie zu unterhalten. Das Kindergeld ist seit 1947 nur geringfügig angehoben worden. Es beträgt monatlich ab dem dritten Kind vier Rubel und ab dem fünften sechs Rubel.

Tatjana Kisseljowa, 33 Jahre und Mutter von fünf Kindern im Alter zwischen ein und dreizehn Jahren, erzählt dazu aus ihrer Erfahrung: »Man redet überall von der Unterstützung kinderreicher Familien. Ich habe auch daran geglaubt, aber nach dem dritten oder vierten Kind waren meine Illusionen verflogen. Man sitzt mit fünfzig Rubel im Monat und zwölf Monaten Mutterschaftsgeld zu Hause, wenn das Gehalt des Mannes die einzige Einnahmequelle der Familie ist.«

Trotz großer Anstrengungen fanden sie für den Sohn keinen Platz in einer Kinderkrippe und gerieten dadurch, da sie allein vom Gehalt des Mannes leben mußten, an den Rand des Existenzminimums, denn, so fährt sie fort, »man muß bedenken, daß die Kinder immer größer werden und die Kleider sehr teuer sind. Hier in Nowosibirsk (Sibirien) ist das, als wenn man Wasser in einen durchlöcherten Eimer schüttet. Meine Tochter braucht jeden Winter ein Paar neue Stiefel, was die Hälfte eines Monatsgehalts kostet. Und wo soll man Strümpfe finden, die einen Monat lang halten? Man kriegt nur solche aus Nylon, die schon nach einer Woche kaputt sind.«

Sie bleibt also zu Hause und näht Kleidungsstücke, die auf dem Markt verkauft werden. Bis Mai 1987 galt diese ›Privattätigkeit‹ als illegal. Eines Tages wurde sie zur Miliz zitiert und zu 25 Rubel Strafe verurteilt. »Sie haben meinem Arbeitgeber einen Bericht geschickt, der keine genauen Auskünfte über meine Tätigkeit enthielt. Die Direktion hat daraus geschlossen, daß ich für den Schwarzmarkt gearbeitet hätte. Das war mir so peinlich, daß ich gekündigt habe.«[3]

Unter den Müttern, deren ›Verdienste‹ vom Staat geehrt werden, befinden sich nur selten russische, ukrainische, weißrussische oder baltische Frauen, denn das Einzelkind ist hier zur ›europäischen‹ Norm geworden und die Scheidungen, in Zentralasien eher eine Ausnahme, haben zugenommen. Der Psychologe W. W. Stokin schätzte 1985, daß in der UdSSR auf 280 Millionen Einwohner acht Millionen alleinerziehende Familien kommen. Und jedes Jahr fallen 700 000 Kinder unter achtzehn Jahren in die Kategorie der Scheidungswaisen.[4]

Die Mehrzahl der Sowjetbürger ist weniger darauf bedacht, ihre Familie zu vergrößern, als die schon bestehende nach besten Kräften aufrechtzuerhalten.

Russische Paare unterscheiden sich sehr stark von den westlichen. Abgesehen von der Tatsache, daß der einzelne Partner weitaus selbständiger ist, was sich in getrennten Freunden, getrennten Ferien und ähnlichem äußert, herrscht unterschwellig noch ein anderer Konflikt. Im Vergleich zur Frau, deren Rolle als Mutter eindeutig ist, hat der Mann erhebliche Schwierigkeiten, sich als Ehemann und Vater einzubringen. Die Mutter ist allgegenwärtig, ihre gefühlsmäßige Bindung zum Kind ist sehr stark, doch der Vater ist dazu verurteilt, seine Bedeutung für das Kind erst später zu erlangen und in eine vernünftige Beziehung zu ihm zu treten. Wie Schüleraufsätze zu dem Thema ›Wenn ich einmal Vater bin‹ bestätigen, haben die Knaben dieses Rollenschema bereits übernommen. Der Vater ist ihrer Meinung nach für die Erfordernisse des Lebens zuständig und die Mutter für Gefühle und Zärtlichkeit.[5]

In anderen Fällen gibt es schlichtweg keinen Mann im Hause. Sind es heute die geschiedenen Väter, die fehlen, so war es früher eine ganze Generation von Männern, die dem Krieg zum Opfer gefallen war. Selbst in der Literatur und den zeitgenössischen Filmen ist der Vater der Abwesende: sei es, daß er als Held in den Krieg gezogen und dort im Kampf gestorben ist oder daß er weggegangen ist, um eine andere Familie zu gründen. Ein Leser der *Komsomolskaja Prawda* fragte: »Kann nicht ein Schriftsteller, der zu unserer Vatergeneration gehört, der Jugend einmal ein anderes Bild vermitteln?«[6]

Jahrzehntelang hat es in der Geschichte eine Überzahl der Frauen gegeben. So ist es letztlich nicht erstaunlich, daß sich die Sowjetunion vor dem Hintergrund eines Machismus, wie wir ihn noch im Kaukasus (traditionsbedingt) oder in Zentralasien (religionsabhängig)* vorfinden, in Richtung Matriarchat entwickelt hat. Eine der besten Bestätigungen dieser Widersprüchlichkeit liefern die Frauen selbst angesichts des Alkoholismusproblems. Obwohl sie die Opfer der Trunksucht ihrer Männer sind, besorgen sie ihnen selber Nachschub: »Damit er zufrieden ist, wenn er heimkommt!« Als der Alkohol rationiert wurde, haben sie sich gar als Schnapsbrennerinnen betätigt, denn: »Wenn er den billigen Fusel trinkt, wird er nachher noch krank!«

Eine andere Geschichte verdeutlicht auf ähnliche Weise die zwiespältige Situation der Frauen. Eine alte Tante fragt ihre Nichte: »Und dein Mann, trinkt er?« Nachdem die Nichte die Frage verneint hat, antwortet die Tante erleichtert: »Gott sei Dank.« Am nächsten Morgen, als ihr Mann beim Frühstück ein Glas Wodka ablehnt, erwidert sie ebenso erregt wie vorher erleichtert: »Und das will ein Mann sein!«

Die problematische Stellung des Mannes zeigt sich auch darin, daß Geburt und Versorgung des Neugeborenen ausschließlich Sache der Frau sind. Der Vater hat nicht nur dem Kreißsaal abwesend zu bleiben, er darf nicht einmal seine Frau im Krankenhaus besuchen. Sie könnte ja einen psychologischen Schock erleiden oder sich eine Infektionskrankheit einhandeln! Wobei man letzere Begründung

* Ein russischer Freund erzählte von einem Besuch bei einem ehemaligen Studienfreund in Usbekistan, der heute in leitender Position an einer Universität seiner Republik beschäftigt ist. Nachdem dessen Frau, Doktor der Philologie, das Essen serviert hatte, verschwand sie wieder in der Küche. Unser Freund, der die beiden in Moskau kennengelernt hatte, bestand darauf, daß sie sich mit ihnen an den Tisch setzte. Der junge Ehemann gestand schließlich nach mehreren mißglückten Ausweichmanövern: »Du mußt das verstehen, wir sind hier nicht in Moskau und nicht einmal in Taschkent. Wir haben andere Sitten und Gebräuche.«

angesichts der hygienischen Zustände in sowjetischen Krankenhäusern im allgemeinen und in Entbindungshäusern im besonderen geradezu als Schwarzen Humor bezeichnen könnte. Der Vater darf Nachrichten oder Geschenke für seine Frau an der Rezeption abgeben, doch darüber hinaus bleibt ihm nichts anderes übrig, als ihre Entlassung abzuwarten, um sein Kind anschauen zu können. Von daher kann man auch die jungen Väter verstehen, die die Bäume vor den Krankenzimmern ihrer Frauen erklimmen, um einen Blick auf ihr Kind werfen zu können.

Die andere Form der Unterlegenheit des Mannes ist kultureller Art. Da nach der achten Klasse mehr Jungen als Mädchen in die Berufsschulen wechseln, verbleiben in den Abschlußklassen hauptsächlich Mädchen, die wiederum in überwiegender Zahl das Bild des höheren Schulwesens und der Universität bestimmen. Von zehn Personen, die einer intellektuellen Tätigkeit nachgehen, sind fünf Frauen. Frauen besuchen häufiger als Männer Ausstellungen, Konzerte und sonstige Veranstaltungen. Sie neigen dazu, ihr männliches Pendant als ein graues, uninteressantes Wesen zu betrachten. Daraus schließen die Soziologen, man müsse das kulturelle Niveau des Mannes anheben, um die Scheidungsrate zu verringern.

»Warum weint eine Mutter bei der Hochzeit ihrer Tochter?« fragt die *Prawda*. »Weil ihr plötzlich all die Dinge durch den Kopf gehen, die sie ihr nie gesagt hat. Daß das Glück einer Frau in der Ausübung von Geduld und Güte liegt und daß es schwer ist, diese Tugenden auf dem verschlungenen Weg des Lebens zu bewahren und nicht zu verlieren.«[8]

Das Bild von der geduldigen, warmherzigen Frau und dem starken, virilen Mann steht in krassem Gegensatz zur Wirklichkeit. Die sowjetische Realität präsentiert eher die Kehrseite der Medaille: eine aggressive, frustrierte Frau, die es satt hat, sich um die Familie zu kümmern; einen Mann, der immerzu auf Suche ist nach der warmherzigen, geduldigen Frau, Konflikte und Entscheidungen meidend, dem Freunde wichtiger sind als die Ehefrau und der nicht in der Lage ist, seine Stellung in der Familie abzuklären.

Zahlreiche Scheidungen, die in die Rubrik ›Mangelnde Vorbereitung auf das Leben zu zweit‹ fallen, sind sicherlich auf diese Kluft zwischen Klischee und Wirklichkeit zurückzuführen. Hinzu kommt der Muttermythos eines unerschütterlichen Felsens von unbegrenztem Mitgefühl, der den Frauen wie eine schwere Last im Genick sitzt und die Männer in einem Maße blockiert, daß sich ihre Liebe in infantiler Zuneigung erschöpft.

Die Situation der Frau ist nicht nur widersprüchlich, sondern auch kompliziert.

Michail Gorbatschow machte in seiner Rede vor dem Gewerkschaftskongreß am 24. Februar 1987 auf die Doppelbelastung der Frau aufmerksam. Solange ihre Situation nicht verbessert wird, wird es seiner Meinung nach keine Erneuerungen in der Wirtschaft und im sozialen Bereich des Landes geben.

Der Soziologe Bestuschew-Lada hat ausgerechnet, daß eine Frau durchschnittlich elf Stunden und ein Mann acht bis neun Stunden pro Tag arbeitet. Die Geschlechterrollen haben sich also nicht verändert, und dementsprechend fällt auch die Verteilung der Hausarbeiten aus.

Jurij Kusmitschew, Ingenieur in der Armee, und seine Frau Larissa, Studienrätin für Literatur an einem technischen Gymnasium, teilen sich die Hausarbeit nach dem Prinzip: Jeder tut das, was ihm gefällt.

Kolja Schurawljow, Chef einer Reparaturwerkstatt in einer Kolchose, »verrichtet die Männerarbeit im Haushalt«.

Sascha Gluschenko, Facharbeiter, erklärt: »In der Wohnung gibt es immer etwas zu tun. Da braucht man gar keinen Plan aufzustellen, die Arbeit ergibt sich von selbst.«

Diese drei Ansichten veranschaulichen eine neuere Tendenz, die sich erst langsam und vor allem in den europäischen Städten durchzusetzen beginnt.[9] Das Gegenteil ist stärker verbreitet.

Olga Kolesnitschenko findet es bedauerlich, daß Hausarbeit für ihren Mann Frauensache ist. »Das eigenartige dabei ist, daß viele Frauen derselben Ansicht sind.«

Im Kaukasus und in Zentralasien stellt sich dieses Problem gar nicht, da es dem Manne traditionsgemäß untersagt ist, sich im Haus zu betätigen. Hier und vor allem in den Familien mit mohammedanischer Religionszugehörigkeit ist die Frau heute noch nicht selten ein Mensch zweiter Klasse, der sich im Hinblick auf Schule, Beruf und politische Tätigkeit anderen Gesetzen zu unterwerfen hat als die Männer. Eine Studie in einer Textilfabrik in Taschkent ergab, daß innerhalb des weiblichen Personals eine extrem starke Mobilität herrschte, die auch durch höhere Löhne nicht eingedämmt werden konnte. »Wir waren uns darüber im klaren, daß 90 % unserer Angestellten usbekische Frauen sind, die in den hintersten Winkeln der Stadt mit ihrer Familie und ihren meist zahlreichen Kindern wohnen, sich weder für das Produktionsgeschehen noch für die Politik interessieren und als vollkommen passiv zu bezeichnen sind, was soziale Aktivitäten betrifft«, zitierte eine Journalistin in der *Prawda Wostoka* die Sekretärin des zugehörigen Komsomol.

»Auf 1747 Mitglieder kommen 155 aktive. Die meisten Jugendlichen (70 % des Personals sind Jugendliche) verlassen uns, wenn sie heiraten. Selbst solche, die noch bleiben, geben jegliche Aktivität im Komsomol mit der Begründung auf: ›Mein Mann läßt mich nicht mehr kommen.‹ – ›Meine Schwiegermutter würde mir was erzählen!‹ Vor kurzem mußten wir auf eine junge Angestellte, die bereits im Komsomol mitgearbeitet und ihre Probezeit erfolgreich abgeschlossen hatte, in der Partei verzichten, weil der Ehemann nicht einverstanden war. Was beweist, daß die Frauen von seiten der Religion und der Familie starkem Druck ausgesetzt sind.«[10]

Viele junge Frauen müssen zwangsläufig zu Hause bleiben, weil sie für ihre Kinder keinen Krippenplatz finden. Dieser Mangel an Unterbringungsmöglichkeiten, teilweise von den lokalen (sprich: männlichen) Behörden bewußt gesteuert, verärgert die sowjetischen Autoritäten, die durch die kürzlichen Unruhen in den islamischen Gebieten zweifellos hellhörig geworden sind, in zunehmendem Maße, da die ›Sozialisierung‹ der Kinder (die böse Zungen ›Sowjetisierung‹ nennen) auf diese Weise verzögert wird.

Die familiären Probleme der Frau ergeben sich zwar auch teilweise aus ihrem Wunsch, Karriere zu machen, aber zusätzlich noch aus der Notwendigkeit eines zweiten Gehalts.

Gewiß, Frauen sind allen Siegesgesängen zum Trotz vor allem dort anzutreffen, wo niedrigere Gehälter gezahlt werden: Sie stellen 50 % der Handarbeiter, 47 % der Hilfsarbeiter in der Landwirtschaft, 75 % aller Ärzte und fast ausschließlich den Lehrkörper der sowjetischen Schulen.

Dennoch arbeitet die Mehrzahl der Frauen aus eigenem Antrieb und gewissermaßen aus Interesse an ihrem Beruf. Schließlich wurde ihnen in der Schule das Bild der arbeitenden Frau vermittelt. Jüngste Umfragen haben allerdings ergeben, daß 20 % bis 30 % der Frauen (vor allem jüngere) in erster Linie aus finanziellen Gründen einer Tätigkeit nachgehen und nicht geneigt sind, sich dafür aufzuopfern.[11] Nach Ablauf des ihnen zustehenden Mutterschaftsurlaubs würden sie gern bis zum zehnten Lebensjahr ihres Kindes einer Teilzeitarbeit nachgehen.

1986 wurde in einer Gesprächsrunde der Themenkreis ›Scheidungen, ledige Mütter und getrennte Familien‹ diskutiert. Besondere Aufmerksamkeit galt dem Phänomen einer Vernachlässigung der eigenen Kinder zugunsten des beruflichen Fortkommens.

Der Psychologe Jurij Orlow erklärte zu diesem Anlaß folgendes: »Wir haben über Jahre hinweg die Frau zur Arbeit gedrängt und dabei die Mutterschaft vernachlässigt. Wir haben ein dichtes Netz von Krippen und Kindergärten geschaffen, wo bis zum heutigen Tage bereits mehrere Generationen aufgewachsen sind – und zwar nicht schlecht. Aber das Schlimme dabei ist, daß die Mütter annehmen, Krippen und Kindergärten könnten ihre Funktion übernehmen. Die Gesellschaft müßte eigentlich über diese abwertende Auffassung der Mutterschaft zutiefst beunruhigt sein. Karriere und Doktorarbeit sind an die Stelle eines Kindes getreten. Mehr und mehr Frauen verweigern eine zweite Schwangerschaft.« Ein anderer Zuhörer, der Schriftsteller S. L. Solowejtschik, fügte hinzu: »Wir sind die ersten, die den Eltern beibringen müssen, ihre Kinder zu lieben.«[12]

Aber das größte familiäre Übel, und neben dem Alkoholismus die folgenschwerste Geißel Sowjetrußlands, ist die Scheidung. Das Gesetz schreibt nur geringfügige Formalitäten vor, die, vorausgesetzt man ist sich einig und hat keine gemeinsamen Kinder, im Standesamt erledigt werden können. Bei komplizierten Scheidungen wird ein Richter hinzugezogen. Die Unkosten sind minimal: 100 Rubel für beide Partner (wird einer der beiden schuldig geschieden, hat er den Betrag allein zu zahlen).

Es gibt einige wenige Einschränkungen. Ein Mann hat nicht das Recht, die Scheidung gegen den Willen seiner Ehefrau zu beantragen, wenn diese schwanger oder ein gemeinsames Kind nicht älter als ein Jahr ist. Um eine überstürzte Ehescheidung zu vermeiden, schreibt das Gesetz eine dreimonatige Frist zwischen dem schriftlichen Antrag auf Ehescheidung und dem endgültigen Urteil vor. Das Gericht kann sogar eine Versöhnungszeit festlegen.

Nachdem die Scheidungsrate Ende der siebziger Jahre ihren Höhepunkt überschritten hatte (2 Millionen Scheidungen auf 5,5 Millionen Eheschließungen), pendelte sie sich auf etwa eine Million jährlich ein, das bedeutet 347 Scheidungen auf 1000 Eheschließungen. In den großen Städten liegt die Scheidungssrate höher als anderswo. Im katholischen Litauen trennen sich die meisten Ehepaare, im islamischen Usbekistan die wenigsten.

Es mangelt nicht an Argumenten, um die sowjetische Scheidungsbereitschaft zu analysieren. Der Volkswirt Anatolij Wischnewskij[13] macht »die verbesserten Lebensbedingungen und die erhöhten Forderungen beider Ehepartner« für das Scheitern verantwortlich. Zwei Wissenschaftler aus Brest-Litowsk, die sich insbesondere mit Familienproblemen befassen, lieferten in einer Untersuchung des Jahres 1985 genauere Ergebnisse.[14]

Der am häufigsten angeführte Scheidungsgrund war ›ungenügende Vorbereitung auf das Leben zu zweit‹ (bei 60 % der Frauen). Der zweithäufigste Grund war Alkoholismus (bei 31 % der Frauen und 23 % der Männer). An dritter Stelle rangierte die Untreue (von den Männern an erster Stelle genannt). Dreiviertel aller Anträge wurden von Frauen eingereicht. 68 % der Männer verheiratete sich wieder, wohingegen dies bei den Frauen nur 28 % taten.[15]

Diskussionen über die Scheidung sind weit verbreitet. Ludmilla aus Leningrad debattiert mit Genossinnen aus ihrem Institut. Die Mehrzahl von ihnen, alle verheiratet und Mütter von Kleinkindern, ist der Ansicht, daß die Ehe auf den Schultern der Frau ruht und der Mann sehr schnell auf Zärtlichkeiten verzichtet.

Die Ehemänner beklagen sich wiederum, daß ihre Frauen nicht in der Lage sind ›den Borschtsch so gut zuzubereiten, wie die Mama‹.[16]

So einfach und glatt eine Scheidung über die Bühne geht, so trist und von schweren Schlägen begleitet ist das Los der Kinder. Gewöhnlich bleiben sie bei der Mutter, haben aber keinen regelmäßigen Kontakt zum Vater, da sich die meisten Paare nach der Scheidung aus den Augen verlieren und von dem problematischen Besuchsrecht keinen Gebrauch machen.

Zahlreiche Scheidungswaisen geraten durch den Wechsel der Wohnung, der Schule und der Freunde aus dem Gleichgewicht. Sie fühlen sich hin- und hergerissen, sind verstört, unausstehlich, vor allem dann, wenn die Mutter wieder heiratet.[17] Im günstigsten Fall landen sie bei ihren Großeltern, doch meistens kümmert sich die Kommission für Minderjährige um sie und regelt ihre Konflikte, so gut es geht.

1986 veröffentlichte die *Moskowskij Komsomolez* die Lebensgeschichte Lenas, die die Folge eines feucht-fröhlichen Abends ihrer damals neunzehnjährigen Mutter war, den diese aus Anlaß ihrer bestandenen Aufnahmeprüfung in die Schauspielschule feierte. Die junge Mutter sah ihren Traum einer großen Künstlerkarriere dahinschwinden und gab das unerwünschte Kind zur Oma. Wiederverheiratet, Lena kommt zu ihrer leiblichen Mutter, Geburt einer zweiten Tochter, Trennung vom Ehemann, Wiederversöhnung und Rückkehr des Ehemannes. »Die Mutter hat Lena nie wirklich haben wollen«, schrieb die Zeitung. »Eines schrecklichen Tages war Lenas Kindheit beendet. Sie war sechs Jahre alt und verließ die Großmutter, um nach Moskau zu gehen. Aber wer fragt schon eine Sechsjährige, was sie möchte?« Es passierte das, was kommen mußte: Lena riß von zu Hause aus, beging kleine Diebstähle und machte Bekanntschaft mit dem Alkohol. Glücklicherweise fand sie dennoch in das normale Leben zurück.

Katharinas Kindheit verlief nicht weniger schlimm. »Ich stamme aus der zweiten Ehe meiner Mutter. Ein Jahr nach meiner Geburt hat sie ihren Sohn aus erster Ehe zu seinem Vater geschickt. Von meinem Vater hat sie sich bald danach getrennt. Ich habe geglaubt, sie würde sich ein drittes Mal verheiraten und mich dann auch zu meinem Vater schicken. Aber das hat sie unglücklicherweise nicht getan.« Die junge Frau, die dies erzählt, ist heute Ärztin und hat aufgrund dieser Erlebnisse große Ängste, ein eigenes Kind in die Welt zu setzen. Bedenklich findet sie die fast systematische Sorgerechtsregelung zugunsten der Mutter: »Woher nimmt man das Recht zu sagen, die Mutter sei für das Kind wichtiger als der Vater?«[18]

Die Frage des Sorgerechts wurde in der *Literaturnaja Gaseta*[19] lange und ausführlich diskutiert. Man war sich darüber einig, daß es anormal sei, wenn ein Vater keinen anderen Einfluß auf sein heranwachsendes Kind habe als den, Alimente zu zahlen. Sogar im Fall der Vernachlässigung durch die Mutter, und sei sie auch chronische Alkoholikerin, hat der Vater keinerlei Chance, das Sorgerecht zu erhalten.

Kinder, die von ihren Eltern im Stich gelassen werden, sind in der Sowjetunion keine Seltenheit. Ihre Existenz ist für die sowjetische Gesellschaft um so skandalöser, als da ein Kind, und darin sind sich alle Kulturen des Landes einig, als anbetungswürdiges Geschöpf gilt, dem alle nur erdenkliche Fürsorge und Liebe entgegengebracht werden sollte. ›Das Kind, unser Reichtum‹ ist kein hohler, politischer Slogan, sondern entspricht dem tiefen Empfinden eines jeden Sowjetmenschen. Wenn Eltern mit ihrem Kind auf der Straße spazierengehen oder sich in ein Hotel einmieten wollen, dürfen sie zahlreicher Ratschläge sicher sein und können auch damit rechnen, daß sich manch eine sorgsam verschlossen gehaltene Tür öffnen wird.

Die Emotionen sind verständlich, wenn man bedenkt, daß Kinder ausgesetzt oder auf Gerichtsbeschluß (bei Mißhandlung oder sittlicher Gefährdung durch alkoholabhängige Eltern) ihren Eltern weggenommen werden und mit Waisenkindern zusammen in Kinderheimen oder später in *Internaten** aufwachsen müssen, 90 % dieser Heimkinder haben Eltern, manche von ihnen sind sehr spät (mit zwölf oder dreizehn Jahren) gerade wegen ihrer Konflikte mit den Eltern ins Heim gekommen.

Notfälle gibt es selbstverständlich auch. A. X. zum Beispiel, wohnhaft in der Nähe von Moskau, mußte ihr Kind schweren Herzens in ein Heim geben. »Ich mußte mein Kind in ein Heim geben, weil meine Mutter tot war, mein Vater Alkoholiker, und mein Mann schon vor der Geburt verschieden war. In der Fabrik arbeiteten wir in drei Schichten, und ich konnte nicht wechseln. Die einzige Hilfe meines Arbeitskollektivs war die, daß man mir für meinen Sohn einen Platz besorgt hat. Aber ich habe ihn immer besucht, und als ich eine andere Arbeit und ein Zimmer für mich gefunden hatte, habe ich ihn wieder zu mir geholt. Ich verdiente 65 Rubel und bekam kein Kindergeld, weil ich mich nicht als alleinstehend mit Kind melden wollte. Das ging mehrere Jahre so. Aljoscha ging zur Schule und ich in die Universität. Nachts habe ich getippt, um Geld zu verdienen. Ich will mich nicht über mein Los beklagen, aber daß ich mein Kind in ein Heim geben mußte, kann ich nicht verwinden.«[20]

Ledige Mütter haben ähnliche Schwierigkeiten. Solange das sowjetische Gesetz einen Unterschied zwischen ehelichen und unehelichen Kindern macht (9,5 % der Geburten sind unehelich), wird die ledige Mutter immer mit einem Makel behaftet sein; vor allem, wenn sie jung ist, denn paradoxerweise haben ältere Frauen, die moralisch und finanziell weniger hilflos sind, einen besseren Ruf. So kommt es, daß viele junge Frauen ihren Arbeitsplatz samt Wohnung wechseln, der schweren moralischen und finanziellen Belastung aber nicht gewachsen sind und ihr Kind abgeben.

Doch der Skandal hat neben der moralisch-sozialen Seite noch einen weiteren Aspekt. Die 422 *Dom Rebjonka* (Kinderheime für Kinder unter drei Jahren), die 745 *Detskij Dom* (Kinderheime für Kinder über drei Jahren) und die 237 *Internate* (Heimschulen)[21] sind materiell und personell in einem beklagenswerten Zustand, dem nicht von heute auf morgen abgeholfen werden kann. Der Leiter des Kinderheims in Varaklani/Lettland hatte 1985 dreißig Anfragen von examinierten Pädagogikstudenten erhalten, die einen Artikel in der *Komsomolskaja Prawda* gelesen hatten und sich daraufhin voller Enthusiasmus bei ihm bewarben.

Am 5. Januar 1987 waren noch zwölf von ihnen im Heim tätig. »Wir wollen nicht mit Worten vertröstet werden, die Arbeit hier ist hart genug«, erklärte der Heimleiter. »Es gibt keine Erziehung zur Freiheit, vom Aufstehen bis zum Schlafengehen ist alles strengstens reglementiert.«[22] Die Ausstattung ist unzureichend, und die Schlafräume sind zu klein. »Sie schlafen zu viert in Zimmern für zwei oder zu acht in Zimmern für vier. Die Toiletten erinnern an Bahnhofsklos«, heißt es in der Zeitung weiter.[23]

Beim Anblick dieser Kinder geschieht es nicht selten, daß sich Studenten, von Mitleid übermannt, bereiterklären, dort zu arbeiten und ihr Entgelt für Geschenke oder Einrichtungsgegenstände zur Verfügung zu stellen. Sie leisten auch direkte Hilfe und stellen selber Spielzeug oder Kleidungsstücke her.[24]

Doch diese Aktionen sind nur Tropfen auf den heißen Stein. Die Zustände in den Heimen werden nach wie vor in den Presseorganen angeprangert.

Im August 1986 veröffentlichte die *Moskowskij Komsomolez* einen schonungslosen Bericht über die Zustände in einem Heim in Dedenewskij, nahe bei Moskau: Das Dach war undicht, die Wände feucht und die Keller, in denen sich die Duschen befanden, waren überflutet. Die Kinder, denen man nach massiver öffentlicher Kritik frisches Obst versprochen hatte, mußten zwei Monate lang darauf warten. Das einzige Fleisch, was auf den Tisch kam, stammte aus Dosen.

Aber der eigentliche Anlaß des Skandals war die sogenannte Disziplin. Die Leiterin Faina Mirsojan hatte einige Kinder beim Rauchen erwischt und ihnen zur Strafe Tabak ins Essen gemischt. »Manche brachten keinen Bissen hinunter, andere hatten solchen Hunger, daß sie alles aufaßen.« Als sie einmal einen Jungen in der Toilette mit einer Zigarette im Mund ertappt hatte, wollte sie ihn zwingen, die Zigarette hinunterzuschlucken. Er drehte seinen Kopf weg, und sie verbrannte ihn am Hals. Die Kinder berichteten dem Journalisten auch, daß sie für größere Vergehen in eine ›Strafzelle‹ eingesperrt und mit einem Gummischlauch geschlagen wurden. Den Mädchen, die versucht hatten auszureißen, wurde der Kopf kahlgeschoren.[25]

Nicht immer stehen in ausreichendem Maße Heimplätze zur Verfügung. Man weicht dann auf Krankenhäuser aus! Im Jahre 1986 schrieb eine empörte Mutter, die ihr krankes Kind besucht hatte, einen Leserbrief an *Smena:* »Jeden Tag sah ich die traurigen Gesichter von kerngesunden Kindern.« Als die Zeitschrift Nachforschungen in den Krankenhäusern der Stadt Jaroslawl anstellte, entdeckte sie zahlreiche Kinder, meist von alkoholabhängigen Eltern, die hier statt in einem Heim untergebracht waren. »Verstoßen und verlassen liegen sie auf den Betten. Man ist zwar bemüht, sie mit ansteckenden Krankheiten nicht direkt in Berührung zu bringen, doch das gelingt nicht immer. Überdies sind sie für alle nur denkbaren Krankheiten anfällig.«[26]

Das schlimmste Schicksal dieser Kinder ist der Mangel an Liebe und das Gefühl des Ausgestoßenseins. In einer Besprechung des ergreifenden Buches *Detskij Dom* von Larissa Mironowa schrieb die *Literaturnaja Gaseta:* »Das ist keine Frage des Geldes. Die Regierung kümmert sich sehr stark um diese jungen Menschen. Das Problem liegt vielmehr im psychischen Bereich. Die wenigsten dieser Kinder sind wirklich Waisen, die meisten von ihnen besitzen Eltern, die entweder kriminell oder anderweitig sozial auffällig sind und sich um ihre Kinder nicht kümmern. Diese entwickeln im Heim ein Abhängigkeitsgefühl (›Ich bin in einem Waisenhaus, und alles gehört mir‹), ohne zu lernen, was Freiheit und Verantwortlichkeit bedeuten. Diese Tatsache erschwert ihre soziale Reintegration erheblich.«[27]

Es gibt Initiativen, die, auf Makarenkos Pädagogik aufbauend (wo es sich allerdings um Kriegs- beziehungsweise Kriminalitätswaisen handelte, um deren Lebensunterhalt es ging), dieser Problematik zu begegnen versuchen. Sie stoßen natürlich bei den Behörden auf Mißtrauen und Ablehnung, doch ihre Resultate sind überzeugend.

Andere beschäftigen sich mit den Motiven, die eine junge Frau dazu bewegen könnten, ihr Neugeborenes auszusetzen. »Wieviele unglückliche Kinder habe ich im *Internat* gesehen!« berichtet die Erzieherin I. Kortschowa.[28] »Man sollte sich mit der Frage der Geburtenkontrolle beschäftigen.« Verzichtet man darauf, wird die Situation hoffnungslos: vier Krankenschwester aus Nishij Tagil (im Ural) berichten, daß in ihrem Krankenhaus innerhalb eines Monats 24 Neugeborene von ihren Müttern nicht angenommen wurden.[29]

Entgegen den gängigen Diskussionen über den Verfall der Moral und der Sitten liegen die Hauptursachen für das Schicksal der ›Sozialwaisen‹ im sozialen Bereich: keine Empfängnisverhütung, alkoholabhängige Eltern (was vor allem schwerwiegende Folgen hat, wenn es sich um die Mutter handelt) und seit kurzem die Tablettensucht junger Mütter.

Alarmiert durch die steigende Zahl hirngeschädigter Neugeborener hat das Ministerium für Gesundheit der Unionsrepublik Rußland durch Antonina Gratschowa einen Gesetzesentwurf vorgelegt, der eine medizinische Untersuchung vor jeder Eheschließung vorschreibt und die Empfängnisverhütung obligatorisch für alle alkohol- und tablettensüchtigen Frauen einführen will.[30] Des weiteren dringt sie auf eine Änderung des Adoptionsrechts, um Fälle zu verhindern, wo mitfühlende Nachbarn ein Kind aufgenommen haben, es aber unter Umständen urplötzlich wieder abgeben müssen, weil die leiblichen Eltern ihr Recht fordern.

DRITTES KAPITEL

Eine allumfassende Erziehung

Sowjetisches Schulsystem – Reformen 1984 und 1987 – Sekundarbereich und Hochschulwesen – Renommierte Bildungsinstitute – Berufsorientierung – Probleme der Bildungsplanung – Kampagne gegen Spezialschulen – Chancenungleichheit – Prestigestreben – Krise der PTOu – Sonderschulen – Reform der Reform.

Es gibt kaum einen Faktor in der UdSSR, der den Sowjetmenschen nachhaltiger beinflußt und die Differenz zur westlichen Gesellschaft radikaler verdeutlicht als das Erziehungs- und Bildungssystem des Landes.

Der entscheidende Unterschied ergibt sich aus dem Gesamtcharakter der Sowjetunion. Während im Westen die Schulen in erster Linie darauf angelegt sind, Wissen zu vermitteln, will das sowjetische Bildungswesen Staatsbürger heranzuziehen. Die Erziehung ist ›total‹, allumfassend; ihr Ziel ist ›der seinem Vaterland verpflichtete Bürger‹, der eine adäquate[1] ›Vorstellung vom Leben‹ (vergleiche zehntes Kapitel) hat, der weiß, daß es ›ohne *wir* kein *ich* gibt‹.[2] Demzufolge wiederholt die Partei immer wieder, daß die Jugend die Zukunft des Landes sei. Themen, die sich um das Schulwesen drehen, erregen vor allem seit den beiden Reformen in den Jahren 1984 und 1987 die Gemüter zusehends von neuem.

Die Pflichtschulzeit erstreckt sich über elf Schuljahre, angefangen vom sechsten Lebensjahr bis zum siebzehnten (vor der Reform waren es zehn Klassen, von sieben bis siebzehn Jahren). Nach acht Jahren in der allgemeinbildenden Mittelschule hat der Schüler drei Wahlmöglichkeiten.

1. Er kann die Sekundarstufe der allgemeinbildenden Mittelschule besuchen, deren Abschluß ihm den Weg zur Universität oder zur Hochschule eröffnet.
2. Er kann in die mittlere Fachschule wechseln, die ihm eine allgemeine und eine berufliche Ausbildung ermöglicht. Je nach der eingeschlagenen Richtung schließt er das Technikum* als Mechaniker, Krankenpfleger, Buchhalter oder ähnlich ab. Der Ausbildungsgang an den mittleren Fachschulen dauert normalerweise vier Jahre. Hat ein Schüler dagegen einen vollständigen Mittelschulabschluß, kann er in bestimmte Zweige der Fachschule überwechseln und braucht nur noch zwei weitere Jahre zu absolvieren.
3. Er kann sich auch für einen beruflich-technischen Schulzweig entscheiden, der ihn nach zwei oder drei Jahren, je nach der gewählten Fachrichtung, als qualifizierten Arbeiter entläßt. In diesen Lehranstalten wird auch das allgemeinbildende Programm vermittelt, doch das Niveau ist niedrig und die Schüler sind schwierig.

Hinter der Abkürzung VOuZ verbirgt sich das Bildungssystem der Universitäten, Institute, Technik- und pädagogischen Hochschulen. An den Universitäten werden für die verschiedensten Fachgebiete Hochschullehrer ausgebildet; an den Instituten, die von den jeweils entsprechenden Ministerien finanziell unterstützt werden, studiert der zukünftige gehobene technische Kader (das Energiemini-

* Der Ausbildungsgang an den mittleren Fachschulen dauert normalerweise vier Jahre. Hat ein Schüler dagegen einen vollständigen Mittelschulabschluß, kann er in bestimmte Zweige der Fachschule überwechseln und braucht nur noch zwei weitere Jahre zu absolvieren.

sterium zum Beispiel trägt das Institut gleichen Namens); die Technik- oder Fachhochschulen bilden Techniker mittleren Niveaus aus und die pädagogischen Hochschulen den Lehrkörper für die Primar- und Sekundarstufe.

Um eine Hochschule zu besuchen, muß man eine Aufnahmeprüfung ablegen. Wenn man nach vier oder fünf Jahren sein Examen bestanden hat, kann man eine wissenschaftliche Arbeit zur Erlangung des Titels ›Kandidat der Wissenschaften‹ anfertigen. Ein weiterer Grad, den man durch eine wissenschaftliche Abhandlung erlangen kann, ist der ›Doktor der Wissenschaften‹.

Die sich dem Studenten bietende Alternative ist nicht Universität oder Institut, sondern renommierte oder nicht renommierte Lehranstalt. Um einen Studienplatz an einer dieser renommierten Anstalten zu bekommen, – dazu zählen das MGIMO (Institut für auswärtige Angelegenheiten), das MIFI (Institut für Physik in Moskau), die fremdsprachliche Fakultät der Universität Kiew oder das polytechnische Kalinin-Institut in Leningrad – muß man sich einem strengen Auswahlverfahren unterziehen. Hierbei ist es von Vorteil, wenn man gute familiäre oder innerparteiliche Beziehungen hat, aktives Mitglied im Komsomol ist oder andere nichtakademische Referenzen vorweisen kann, wie wir später noch sehen werden. Für diejenigen, die ihr Studium abgebrochen haben oder sich neu orientieren wollen, besteht die Möglichkeit des Abendstudiums (ab der neunten Klasse der Sekundarstufe) und des Fernstudiums (unter Ausschluß der Sekundarstufe).

Die Reform von 1984 beschränkt sich nicht allein auf die Tatsache, daß das Schuleintrittsalter von sieben auf sechs Jahre heruntergesetzt worden ist, sie hat darüber hinaus eine Reihe weiterer Neuerungen gebracht: Veränderungen im Lehrplan; ein Notensystem, das schulische Leistungen und soziales Verhalten besser voneinander trennt; eine andere Berechnung der Planstellen für Lehrer; einen schülerbezogeneren Unterrichtsstil, der die Diskussion[3] zwischen Lehrer und Schülern fördert und ein auf Freund-

schaft und gegenseitigem Respekt basierendes Verhältnis ermöglicht. Sie verspricht den Lehrern eine bessere Ausbildung sowie eine dreißigprozentige Gehaltserhöhung im Jahre 1985 und eine weitere 1987.
Das Ziel ist, den Lehrberuf aufzuwerten und mehr Männer in diese Domäne der Frauen zu locken. (In der Republik Rußland sind 91% des gesamten Lehrkörpers Frauen). Das Übergewicht der Frauen in der Schule trägt nicht gerade dazu bei, die Probleme der Kinder zu lösen, die ohne Vater aufwachsen.

Boris Jelzin, heute erster Sekretär der KPdSU in Moskau, übte im September 1986 harte Kritik an den Mängeln des Moskauer Schulsystems und damit indirekt an denen des ganzen Landes.

»Warum wollen wir möglichst viele Schüler auf die Hochschulen bringen?« lautet eine seiner Fragen.

»Wie sollen wir unsere Hauptstadt in Zukunft mit Arbeitern versorgen? Wie läßt sich die Existenz der Spezialschulen noch mit sozialer Gerechtigkeit vereinbaren? Wie lange noch müssen wir mit ansehen, daß manche Kinder im Dienstwagen ihrer Eltern zur Schule gebracht werden?«

Ferner kritisiert er die Angewohnheit der Schulleiter, viel zu viele Schüler aufzunehmen, um die Statistiken in die Höhe zu treiben.

Zur Jugendkriminalität und Rauschgiftabhängigkeit bemerkt er: »Von 3700 in Moskau registrierten Süchtigen (bei neun Millionen Einwohnern) besuchen 164 die allgemein- und berufsbildenden Mittelschulen.«

Schließlich verurteilt er die korrupten Machenschaften innerhalb des Lehrkörpers. Er berichtet von einem Schuldirektor, der die Abwesenheit seiner Lehrer gegen Bezahlung zu decken pflegte und dafür mit fünf Jahren Gefängnis bestraft wurde. 330 Lehrer der Stadt Moskau wurden nach einer Inspektion wegen Alkohol oder Disziplinlosigkeit entlassen.[4] Seit der Schulreform 1984 wurden einige zusätzliche Fächer im Stundenplan aufgenommen: ›Grundlagen des sowjetischen Staats und Rechts‹, ›Ethik und Psychologie des Familienlebens‹ und ›Grundlagen der Informatik und elektronischen Rechentechnik‹.

Ersteres veranschaulicht den Wechsel der politischen und gesellschaftlichen Haltung des Landes. In diesem Fach sollen die Schüler in groben Zügen die Verfassung sowie das Strafrecht kennenlernen, über ihre Rechte als Staatsbürger belehrt werden und eine Anleitung erhalten, wie sie die Befolgung dieser Rechte gewährleisten können.*

Im zweiten Fach herrscht, die Lehrer nicht ausgenommen, vornehmlich Ratlosigkeit. »Ich gebe Chemie und soll den Schülern etwas von gegenseitigem Respekt und anderen schönen Dingen erzählen, obwohl die Hälfte von ihnen bereits sexuelle Erfahrungen hat und die andere auch nur wissen möchte, wie sie es bewerkstelligen soll, um nicht eines schönen Tages in Katastrophenstimmung beim Standesamt zu landen. Sie wären ganz schön erstaunt, wenn ich ihnen erzählte, was ich selber tue, um eine Schwangerschaft zu verhindern.«

Die dritte Erneuerung hat die lebhaftesten Reaktionen hervorgerufen. »Eine Herausforderung ohnegleichen«[5] oder »Die Antwort auf die neuen Bedürfnisse der sowjetischen Gesellschaft in einer Zeit des technischen Fortschritts«[6], lauteten die Lobeshymnen. Aber nicht jeder zeigte sich so optimistisch, schon gar nicht diejenigen, die um die geringe Produktion von Computern in der UdSSR wissen sowie den Mangel an technischen Fachkräften oder die unzureichende Zahl von Lehrern, welche diesen Unterricht erteilen könnte.

»Man hört in letzter Zeit häufiger, daß das Studium der Informatik reine Zeitverschwendung sei«, schrieb ein Leser der *Sobessednik.*[7] »Stellen Sie sich jemand vor, der

* Im August 1986 wurden für die Fernsehsendung *Mir i molodjosch* Leute auf der Straße interviewt und gefragt, ob sie ihre staatsbürgerlichen Rechte kennen würden. Die Antworten fielen durchwegs negativ aus. Ein Jurist, der die Ergebnisse kommentierte, bedauerte, daß es nur wenig Exemplare des sowjetischen Strafrechts zu kaufen gäbe und verlangte unverzüglich die millionenfache Verteilung von Taschenbuchausgaben.

Radfahren lernt. Man erzählt ihm freundlich, daß zum Fahrrad zwei Räder, eine Lenkstange, Pedale und andere Teile gehören, aber leider sitzt er auf einem Stuhl und tritt mit den Füßen in der Luft. Absurd, meinen Sie. Aber das entspricht genau der Situation, wie man an der Schule Informatik lehrt.«

Um dem Problem ungenügender Ausstattung abzuhelfen, hat man zum Beispiel in Armenien und Weißrußland einen Bus mit dem nötigen Material eingerichtet und an die jeweilige Schule beordert, wo er als Klassenzimmer für den Informatikunterricht gebraucht wird.[8] Doch diese Regelung bildet bislang eine Ausnahme.

Die Reform von 1984 stolpert letztlich über die neuen Schulbücher, die aller Voraussicht nach erst zu Beginn des Schuljahres 1992/93 vorhanden sein werden. »Hinzu kommt, daß man sich in dieser Phase der Einarbeitung in die neuen Inhalte des Sekundarbereichs mit den alten Lehrbüchern begnügen muß, deren wissenschaftliche und pädagogische Qualität, wie jedermann weiß, immer schon sehr zu wünschen übrig läßt«, schrieb 1987 L. Schachmajew, Leiter des pädagogischen Forschungsinstituts und korrespondierendes Mitglied der Akademie der Wissenschaften.

Die Reform des Universitäts- und Hochschulwesens ist die logische Fortsetzung der Erneuerungen im Sekundarbereich, dessen Lehrer entsprechend ausgebildet werden müssen. Doch ist ein weiterer, wirtschaftlicher Gesichtspunkt nicht zu übersehen: die Ausbildung von Diplomingenieuren und technischen Kaderkräften. Nicht zufällig ist der für diese Reform zuständige Erziehungsminister Ingenieur und ehemaliger Rektor des Mendelejew-Instituts in Moskau, Grund genug ihm vorzuwerfen, er habe die Umstrukturierung zu stark auf das Ingenieurstudium zugeschnitten. Man mutet den Studenten unflexiblere Arbeitsbedingungen zu, räumt jedoch den Fakultäten größere Autonomie ein.

Seit September 1987 wird ein Aufnahmeverfahren praktiziert, in dem eine bestimmte Anzahl von Fachgebieten geprüft wird, um endlich ›die Chancen der Glückslotterie‹[9] zu vermindern und den gern genutzten Vorteil von *Blat* einzuschränken. Wer während des Studiums seine fälligen Examen nicht spätestens bis September abgelegt hat, wird exmatrikuliert. Man erhofft sich allein von dieser Maßnahme ein Drittel weniger Studenten als bisher.

Die Frage allerdings, inwieweit man bei der Aufnahmeprüfung die Persönlichkeit des Kandidaten in Betracht ziehen soll oder ob man diese Würdigung außerschulischer Kriterien vollkommen fallen lassen soll, ist noch nicht gelöst. Klar ist wohl allen Beteiligten, daß der Kauf von Diplomen, wie er sich in einigen Republiken des Kaukasus und Zentralasiens in skandalösen Ausmaßen ereignete, unerträglich ist.

Entlassungen und Verurteilungen hat es unter Andropow und jetzt unter Gorbatschow im ganzen Land gegeben. Noch am 3. April 1986 hat das Leningrader Gericht den Institutsprofessor G.-A. Kurbatow zu zwölf Jahren Gefängnis und Konfiskation seiner Habe verurteilt, weil er Bestechungsgelder in Höhe von 13 550 Rubel angenommen hatte. Ende 1987 war in der *Moskowskij Komsomolez* der Prozeß gegen P.-A. Braga und J.-M. Omarowitsch nachzulesen. Die beiden hatten sich darauf spezialisiert, für junge Leute, die keine Aussichten hatten, eine Aufnahmeprüfung an der Universität oder an einem Institut zu bestehen, Strohmänner zu besorgen, die ihnen äußerlich ähnlich sahen und für sie die Prüfung erfolgreich ablegten. Die gerissenen Vermittler kassierten pro Fall 6000, und der Strohmann 500 Rubel, was, wie die Zeitung resümierte, »für zwei Stunden Arbeit kein schlechter Verdienst ist«.[10]

Zahlreiche Probleme des Bildungswesens wie auch der Wirtschaft rühren daher, daß es nicht immer möglich ist, die richtige Person mit den geeigneten Fähigkeiten an die entsprechende Stelle zu setzen.

Infolgedessen sind durch das Fehlen qualifizierter Kräfte bestimmte Bereiche vollständig lahmgelegt, wohingegen andere unter einem Überangebot zu leiden haben.

1987 war in der *Prawda* zu lesen, daß in Georgien eine falsche Bildungsplanung 55 000 Fachkräfte hervorgebracht hatte, die einer Art Feriendasein frönten. Eine Überprüfungskommission der Partei stellte daraufhin fest, daß die Institute der Schwarzmeerrepubliken im Verhältnis zu dem, was auf dem Arbeitsmarkt an Kräften gebraucht wurde, viel zu viele Historiker, Architekten, Psychologen und Mathematiker ausgebildet hatten. Die Folge dieser Fehlplanung war ein Mangel an Technikern in den Bereichen Energie, Maschinenbau und Elektronik.[11]

Die nationale Konferenz zu Fragen der Berufsorientierung kam 1986 zu dem Ergebnis, daß die Mehrzahl der Jugendlichen ihre Berufswahl aus falschen Motiven treffen. Häufig sind sie enttäuscht, wenn sie ihre Arbeit aufnehmen, weil entweder der Beruf nicht ihren Vorstellungen entspricht oder an ihrem Wohnort keine Verwendungsmöglichkeit für sie besteht. Solche Irrtümer sind mit beträchtlichen finanziellen Investitionen und menschlichen Opfern verbunden, die man letztlich nicht rechtfertigen kann.

Diese lauthals für notwendig erklärte Berufsorientierung schien sich in der UdSSR vor allem den Bedürfnissen der Produktion und Wirtschaft zu beugen.

Am psychologischen Institut der Akademie der Wissenschaften läuft eine Forschungsreihe zum Thema ›Psychologische Eignung von Schülern für bestimmte Berufe‹; der Lehrstuhl für Psychologie an der Universität Moskau bietet Berufsorientierung und Berufsberatung. Zur Information hält er ein Verzeichnis von 600 Berufen bereit, die man an städtischen Institutionen oder in der Region Moskau erlernen kann.[12] Doch meist haben im entscheidenden Moment, wenn der Jugendliche seine Berufswahl trifft, weder Psychologen noch andere einen richtungsweisenderen Einfluß als die Eltern. Diese wünschen sich wiederum nichts sehnlicher als einen Diplomabschluß und einen Beruf mit hohem Prestige, was die Bildungsplaner zur Verzweiflung treibt. Von Chancengleichheit kann dabei auch keine Rede sein. Man trifft selten ein Akademikerkind in einer berufsbildenden Schule und nur 6 % der Schüler in Moskauer Spezialschulen stammen aus Arbeiterfamilien.

Gennadij Jagodin, der für die Hochschulreform verantwortliche Minister, meint dagegen, daß man nicht zu voreilig von Protektion sprechen solle. Es sei zwar richtig, daß die Direktoren der Institute und die Lehrstuhlrektoren sich vor Telefonanrufen nicht retten und den ›Empfehlungen‹ auch nicht immer widerstehen könnten, aber sie selbst wohl als erste diese Situation unerträglich fänden. Dennoch könne aber ein Sohn, dessen Vater Lehrstuhlinhaber sei, nicht automatisch mit seiner Bevorzugung rechnen. »Es gibt Arbeiterfamilien, Soldatenfamilien und Schauspielerfamilien. Wieso spricht man sofort von Günstlingswirtschaft, wenn ein Sohn in die Fußstapfen seines Vaters tritt?«[13]

Im August 1986 veröffentlichte die Zeitschrift *Smena*[14] das Ergebnis einer Umfrage unter 4000 Jugendlichen, aus der deutlich hervorging, daß die große Mehrheit der jungen Leute zur Schicht der Intellektuellen gehören möchte, eine gehobene Bildung anstrebt und einen interessanten Beruf ausüben will. Unter den verschiedenen Berufen, die mit den Noten eins bis zehn zu bewerten waren, landeten Schauspieler und Journalisten mit der Note 8 auf Platz eins, gefolgt von Seemann und Pilot mit 7. Erst danach rangierten die einst renommierten Berufe wie Arzt mit 5,7; Ingenieur mit 4,6; Studienrat mit 4,5 und Physiker mit 4,8. Auf den unteren Plätzen lagen Buchhalter mit 2,9; Schreiner mit 3,6 sowie Holzfäller mit 3,3.*

Man könnte diese Berufswünsche mit einer ›inoffiziellen Berufshierarchie‹ gleichsetzen. Psychologen in Leningrad haben junge Leute befragt, warum und aus welchen

* Zum Vergleich: 1963 und 1973 wurde der Ingenieurberuf von den Nowosibirsker Jugendlichen noch mit der Note 7 (Notenskala eins–zehn) bedacht, 1983 nur noch mit 5 und in der *Smena*-Umfrage mit 4,6.

Gründen sie Mechaniker, Verkäufer, Seemann oder Arzt werden wollten. Die Antworten müssen auf die Idealisten wie eine kalte Dusche gewirkt haben: Zukünftige Mechaniker waren ausschließlich an Schwarzarbeit interessiert, die zukünftigen Verkäufer am Zugang zu Mangelwaren, die Seeleute an Auslandsreisen, welche ihnen zusätzliche Einkaufsmöglichkeiten eröffneten, und die zukünftigen Ärzte an den zu erwartenden ›Geschenken‹.

Die Leserbriefe in den Zeitungen machen nur allzu deutlich, daß sich niemand einer Illusion hingibt. »Wer hat die schönsten Möbel in seiner Wohnung stehen? Wer hat die besten Bücher? ... Genau hierin liegt der Grund, warum heutzutage vor allem in den neu errichteten Gebieten Jugendliche, die schnelles Geld machen wollen, in Kantinen, Restaurants, Märkten oder Brauereien arbeiten.«[15] Bedenklich ist dabei die Tatsache, daß ein Teil dieser neuen Verkäufergeneration das Ingenieurdiplom bereits in der Tasche hat.

So versuchen die Behörden in zunehmendem Maße, die Lebenspläne der Jugendlichen in die Richtung der vernachlässigten Berufe zu lenken. In der Kubangegend beispielsweise hat man den jungen Leuten die Liebe zu ihrer Heimat deutlich gemacht, sie an Ort und Stelle zu Agro-Technikern ausgebildet und auf diese Weise eine Flucht in die Stadt beziehungsweise in eine unerwünschte Berufssparte verhindert.[16]

Leider tragen die Zustände in den berufsbildenden Schulen, kurz PTOu genannt, nicht gerade zum guten Ruf des Arbeiters bei. Da sich in diesen Schulen zum Großteil Schüler ›zweiter Klasse‹ befinden, die sich weniger aus freien Stücken als vielmehr der Not gehorchend hier aufhalten, können die PTOus ihre eigentliche Aufgabe nur unzureichend wahrnehmen. Stattdessen werden hier die Fronten der Ungleichheit verschärft und soziale Spannungen langfristig vorbereitet. »Das niedrige Prestige des Arbeiterberufes ist das Unglück unserer Wirtschaft. Nicht nur, daß es viel zu wenig Arbeiter gibt, verhängnisvoll ist auch die Tatsache, daß jene, die einen solchen Beruf ausüben, häufig nichts Besseres gefunden haben«, resümiert der Wirtschaftsexperte Viktor Perewendzew.[17]

Die Glorifizierung des Arbeiterberufs entbehrt demnach nicht einer gewissen Zweischneidigkeit. Das erklärte Ziel der Bildungsreform in der oberen Sekundarstufe ist eine für die Wirtschaft dringend erforderliche Bereitstellung von hochqualifizierten Arbeitern und Fachkräften der ›mittleren‹ Ebene. Ganze Fabriken sind wegen mangelnder Facharbeiter stillgelegt, und Professoren müssen ihre Reagenzgläser selber spülen, weil es nicht genügend Laboranten gibt.

Doch die offizielle Meinung ist von der eigenartigen Scheu geprägt, ein derartig pragmatisches Ziel zu formulieren. Am liebsten wäre ihnen eine Jugend, die mit fünfzehn Jahren die allgemeinbildende Mittelschule verließe und mit freiwilliger Begeisterung in den technisch-beruflichen Zweig überwechselte. Der Übergang sollte positiv motiviert sein und nicht einem Rückzugsgefecht gleichen, das in Wahrheit eine Strafmaßnahme darstellt.[18]

Die Direktoren der beruflichen Schulen beklagen die steigende Tendenz der allgemeinbildenden Lehranstalten, ihnen die ›schlechten Elemente‹ zuzuschanzen (wegen Faulheit, unentschuldigten Fehlens, Disziplinlosigkeit, destruktiven Verhaltens, Alkoholismus . . .). Eine sehr einfache Lösung, wie auch der Direktor des Staatsinstituts für Präventivmaßnahmen zur Vermeidung von Jugendkriminalität in der Zeitschrift *Ogonjok*[19] meint: »Das Ergebnis von all dem ist ein entsetzlicher Widerspruch. Während die Gesellschaft ungeheuerliche Anstrengungen unternimmt, die Arbeitsmoral zu erhöhen, versuchen die Schulen, ihre schlechtesten Schüler dorthin abzuschieben, wo die künftige Arbeiterklasse ausgebildet wird, nämlich in die PTOus.«

Man befürchtet vor allem, daß sich auf diese Weise zwei unterschiedliche Schülertypen entwickeln: ein guter, der die obere Sekundarstufe abgeschlossen hat und zur Universität geht und ein weniger begabter, der in die Schulen zweiter Klasse verbannt wird. »Hört endlich auf, alles auf die Hochbegabten und die VOuZ zu konzentrieren!« warnt W.-E. Schuchunow, Rektor des polytechnischen Instituts in Nowotscherkask.[20]

Neben verschiedenen anderen Ungleichheitsfaktoren im sowjetischen Bildungssystem seien noch einmal die bereits von Jelzin massiv angegriffenen ›Spezialschulen‹ erwähnt, welche immer wieder zu heftigen Kontroversen Anlaß geben. Die Gründung dieser Schulen *(Spezschkoly)* steht in ursächlichem Zusammenhang mit der Förderung besonders begabter Schüler. Ein Gedanke, der sich mit derselben Regelmäßigkeit und Unentschiedenheit durch die sowjetische Geschichte zieht wie das Vorhaben, Arbeiter und Bauern in die Universitäten zu bringen. Auf diese Weise entstanden Schulen für erweiterten Unterricht in den Naturwissenschaften, in Mathematik, Fremdsprachen und künstlerischen Fächern.

Es gibt in Moskau allein 90 Spezialschulen für Fremdsprachen, die keineswegs regelmäßig über die ganze Stadt verteilt sind (in Arbeitervierteln findet sich kaum eine). Ein Journalist der *Moskowskaja Prawda* erfragte 1987 in der berühmten Schule Nummer zehn die Berufe der Eltern. Er erhielt folgende Antworten: »Im Ministerrat ... In einem Institut ... In einem Ministerium ... Der Beruf meines Vaters ist geheim, aber meine Mutter ist Doktor der Naturwissenschaften ...«

»Keiner der Schüler kam aus einer Arbeiterfamilie«, fuhr der Bericht fort. »Und das schlimmste ist, daß sie alle auf die Berufe ihrer Eltern stolz sind.« Weiter hieß es, daß nur 6 % aller Kinder, die in Moskau die erste Klasse einer Spezialschule besuchten, aus dem Arbeitermilieu stammte. Dieser Anteil verringerte sich im Laufe der Schulzeit und war am Ende der Sekundarstufe gleich null.[21]

Der Direktor dieser Schule Nummer zehn bekannte im Februar 1987 offen in der *Sowjetskaja Rossija,* daß die Spezialschulen eine Ungerechtigkeit darstellen und die meisten Schüler »unrechtmäßig eingeschrieben« sind. »Aber was soll man machen? Ein Teil setzt sich aus Kindern ehemaliger Schüler zusammen. Auch wenn Sie uns Vorwürfe machen, wir nehmen sie natürlich auf. Es ist das gute Recht eines jeden Lehrers, auf die Sympathie seiner früheren Schüler stolz zu sein. Eine zweite Gruppe stellen die *Poswonotschniki* dar (die Telefonierer), welche auf Empfehlung eingeschrieben werden. Keiner nimmt sie mit Freuden auf, denn man muß sie unabhängig von ihrem Niveau akzeptieren. Häufig sind sie es, die unserem Ruf schaden, indem sie die Stellung ihrer Eltern herausstreichen.«

Die Schulen machen für ihr fragwürdiges Ansehen jene verantwortlich, die einen Schüler ›empfehlen‹, aber selbstverständlich auch Eltern, die ihren Chauffeur im Regierungswagen vorfahren lassen, nicht selten mit »pelzbehangenen Großmüttern oder Müttern im Wagen«[22], um ihre Kinder von der Schule abzuholen.

Die Privilegien werden auch nach der Schule weiterhin eingesetzt, wenn es beispielsweise um die Aufnahme in eins der angesehenen Institute wie das MGIMO (Institut für internationale Beziehungen) geht, wo Fremdsprachenkenntnisse von größtem Vorteil sind. Die in der Schule geknüpften Beziehungen wirken sich auch fernerhin noch günstig aus. »Ich komme mit den besten Noten aus einer der besten Spezialschulen Moskaus«, erklärt ein Universitätsdekan, »und habe an einem ausgezeichneten Institut studiert. Meine Freunde sind den gleichen Weg gegangen, und wir bilden heute eine Gemeinschaft, die sich, ohne dabei Unrechtmäßigkeiten zu begehen, gerne gegenseitig hilft und beisteht. Und da wir in Positionen sind, wo man sich vielfältige Dienste erweisen kann, leben wir nicht schlecht.«

Schüler an normalen Schulen müssen sich dagegen häufig mit einer Wochenstunde Fremdsprachenunterricht begnügen, wobei es in den Jahren 1950 und 1960 immerhin schon acht Wochenstunden[23] waren. Im März 1987 vermerkte das Parteikomitee der Universität Moskau: »Das Niveau des Sprachunterrichts in den städtischen Schulen entspricht nicht den aktuellen Bedürfnissen, während in den Spezialschulen mit erweitertem Fremdsprachenunterricht dieser sogar auf Kosten anderer Fächer erteilt wird.« Das Komitee kam zu dem Schluß, »das System müsse geändert werden«.[24]*

Schwierige und behinderte (körperlich als auch geistig) Kinder sind die Leidtragendsten des sowjetischen Schulsystems. Erstere kommen in Sonderschulen, sogenannte ›Internate‹; 80 % von ihnen stammen aus Alkoholikerfamilien, deren trauriges Dasein in dem beeindruckenden Film *Kinder im Schulalter* beschrieben worden ist. Die bereits straffällig gewordenen Schüler werden in ›Kolonien‹ zusammengefaßt, wo sie meistens eine armselige Berufsausbildung erhalten und vermehrt in die Kriminalität abgleiten.

Das Los der behinderten Kinder ist weitaus stärker dem Zufall überlassen. Sind die Kinder körperlich und geistig schwer geschädigt, werden sie in zum Teil hervorragende Sonderschulen eingewiesen. Ist ihre Behinderung weniger gravierend oder nur leicht, werden sie als Schlußlichter durch die Schuljahre mitgezogen, bevor sie in eine berufsbildende Schule überwechseln.

Glücklicherweise gibt es neben der ›von oben‹ angeordneten Reform noch genug Raum für pädagogische Experimente, die für sowjetische Verhältnisse von ganz neuen Überlegungen getragen werden: Kreativität, Hervorhebung des Besonderen auf Kosten des Allgemeinen, keine unflexiblen Programme, Individualisierung der Arbeitsweise und des Arbeitstempos, Spontaneität, weniger Disziplin und Verzicht auf Noten in den ersten vier Jahren.

* Man stellte ferner fest, daß in diesen Spezialschulen ein reger Handel mit allem, was nicht sowjetisch ist, betrieben wurde. »In den Toiletten der Schule Nummer neun kann man alles mögliche kaufen: Musikkassetten, Kaugummi, Pornohefte, Buttons von faschistischen Rockgruppen ... Doch damit nicht genug, die Schüler schrecken nicht einmal davor zurück, sich gegenseitig ihre importierten Kleidungsstücke zu stehlen. Alkoholismus, Rauschgift, sexuelle Freizügigkeit und Devisenschmuggel sind nicht sehr weit davon entfernt ...«[25]

Einer der Pioniere dieser Methode ist der Georgier Schalwa Amonaschwili, der sich auf die Arbeit des Pädagogen Sankow und des Psychologen Dawydow stützt.

Initiativen wie diese leben im Gegensatz zu ministeriellen Direktiven von der Begeisterung und den Erfahrungen einer Gruppe sowie den genauen Kenntnissen des Milieus, in dem die einzelnen Mitglieder tätig sind. Die Reformen gerieten rasch in den Brennpunkt der Kritik, da sie die offiziellen Prinzipien nicht als Grundlage ihrer Arbeit betrachteten.

Zum anderen ist selbst die energischste Reform zum Scheitern verurteilt, wenn sie davon ausgeht, sämtliche Schwachstellen allein vom Erziehungsministerium her beheben zu können.

Um nur ein Beispiel zu nennen: In vier Jahren wird man kaum noch ein Kind mit sechs Jahren statt wie bisher mit sieben Jahren einschulen können, weil es keine Klassenzimmer gibt.

In der Tat müssen eine Reihe von Aufgaben von anderen Ministerien wahrgenommen werden, wie zum Beispiel die Bereitstellung von Räumlichkeiten und pädagogischem Material sowie die Versorgung mit Lehrpersonal. Dies betrifft ebenso den finanziellen wie auch den kulturellen und sozialen Sektor. Man darf sich nicht dem Glauben hingeben, ein hohes Gehalt allein garantiere die Einstellung der besten Kräfte.

Vielleicht sollten die Reformwilligen jenen Rousseauschen Ansatz revidieren, der besagt, daß das Kind von Natur aus gut ist und bei liebevoller und regelmäßiger Betreuung ganz selbstverständlich zu einer sozial nützlichen Arbeit findet, die sowohl seiner als auch der gesellschaftlichen Entwicklung zugute kommt. Unzulänglichkeiten lassen sich nicht immer beheben, und schwarze Schafe nicht immer problemlos wieder eingliedern.

Dies ist eine allzu optimistische Vision, die den Jugendlichen die Verantwortlichkeit für ihr Handeln abspricht und Erfolge oder Irrtümer allein auf das Erziehungswesen zurückführt, abgesehen davon, daß sie von Tatsachen widerlegt wird. Und das zu einem Zeitpunkt, wo man ständig davon redet, etwas gegen die Unreife der sowjetischen Jugend tun zu müssen!

Die Grenzen der Reformen sind in einem Maße offenkundig, daß sich das Parteiplenum im Februar 1987 mit Fragen der Erziehung befaßt hat. Weder der Bericht Jegor Ligatschows noch die Rede Michail Gorbatschows warteten mit Lösungsvorschlägen auf (Lösungen werden von den Ministerien erbracht), doch sprachen beide offen und für alle Landsleute hörbar über die Fehler und Schwachstellen des Bildungswesens. Sie haben Hinweise gegeben und Wirkungsmöglichkeiten angedeutet sowie all denen den Rücken gestärkt, die etwas verändern wollen. Ein Schuldirektor kann sich von jetzt an auf die zwei wichtigsten Männer der UdSSR berufen, wenn er Parteibürokraten oder Minister angreifen will.

VIERTES KAPITEL

Die Verteidigung des Vaterlandes

Die sowjetische Armee – Wehrdienst – Tagesablauf – Einberufung und Zurückstellung – Offizierslaufbahn – Aspekte politischer und staatsbürgerlicher Erziehung – Popularitätsverlust des Soldatenberufs – Afghanistanheimkehrer – Schwierigkeiten nach der Entlassung – Jugendliche Veteranen und die Gesellschaft – Armee und Sport – Sport als Erziehungsmittel – Fans.

Der Tagesablauf eines sowjetischen Soldaten beginnt mit dem morgendlichen Wecken um sechs Uhr in einer gottverlassenen Kaserne an der chinesischen oder mongolischen Grenze. Die Glücklicheren dürfen ihren Wehrdienst an den Gestaden des Schwarzen Meers oder in einer ehemaligen Kaserne der deutschen Wehrmacht in der Deutschen Demokratischen Republik ableisten. Für andere wiederum vollzieht sich der Morgenappell auf einer der ausgedörrten Hochebenen in der Nähe von Kabul oder Kandahar, doch das ist eine besondere Geschichte.

Nach dem Aufstehen folgt die Morgengymnastik, das Aufräumen der Zimmer sowie Duschen, Waschen und Frühstücken. Ist der tägliche Appell überstanden, bereitet sich das Regiment auf seine diversen Tätigkeiten vor: Umgang mit den Waffen, Schießübungen, Instandhaltung der Fahrzeuge oder sonstige Arbeitsdienste, wozu in manchen Einheiten auch die Versorgung des Viehs gehört. Das Nachmittagsprogramm unterscheidet sich nicht wesentlich von dem des Vormittags, es wird allenfalls durch sportliche Übungen unterbrochen. Nach dem Abendessen ist der Soldat ›frei‹. Er kann in die kaserneneigene Bibliothek gehen, einmal in der Woche einen neueren Film ansehen, sich auf dem Fußballplatz vergnügen oder in der Turnhalle Sport treiben. Das ist alles. In einer *Soldatskaja Tschajnaja* (ein Teesalon für Soldaten) werden nachmittags Tee und Sandwiches angeboten, was neben dem allgemeinen Speiseplan eine kleine Abwechslung darstellt. Der Wehrsold beträgt nicht mehr als zwanzig Rubel im Monat.

Ausgang in die nahegelegene Stadt ist unüblich und bedarf einer Sondergenehmigung. Außerhalb der Kaserne hat der Soldat seine ›Parade‹-Uniform zu tragen, Rauchen während des Gehens ist nicht gestattet, Kontrollen durch die Militärpolizei sind jederzeit möglich.

Die meiste Zeit außerhalb des Dienstes verbringt der Soldat entweder bei einer der bereits zitierten Tätigkeiten oder auf seinem Zimmer. »Schlafen erinnert am meisten an zu Hause«, sagt man bei der Armee. Doch zu Hause, das ist weit weg: Wenn nicht zufällig ein naher Anverwandter stirbt oder ein Kind geboren wird, was einen zehntägigen Sonderurlaub rechtfertigt oder die Familie zu Besuch kommt, bleibt der Soldat während seiner gesamten Wehrdienstzeit fern von Familie und Freunden.

Die einzige Verbindungsmöglichkeit ist die im allgemeinen gut und schnell funktionierende Post und bei wichtigen Anlässen (wie zum Beispiel Muttertag) das Telefon.

Dieser Zustand scheint für westliche Verhältnisse unerträglich, doch die sowjetische Realität sieht anders aus.

Für den sowjetischen Jugendlichen, der in Schule und Elternhaus behütet und beschützt wurde, ist der Wehrdienst oft die erste und einzige Trennung von zu Hause. Er ist für manche so etwas wie ein fremdartiges, exotisches Abenteuer. Man braucht sich nur die jungen, asiatischen Soldaten auf dem Roten Platz in Moskau oder in einem Museum in Leningrad anzusehen, um zu begreifen, wie sehr sie die Entdeckung dieser unbekannten Welt genießen. Umgekehrt bietet sich dem europäischen Wehrdienstleistenden die Gelegenheit, Asien und den Kaukasus kennenzulernen.

Millionen junger Männer betrachten diesen Einschnitt als Übergangsphase zwischen der Sorglosigkeit der Jugend und dem Ernst des Lebens. Die hier geknüpften Freundschaften dauern häufig ein ganzes Leben lang. »Man hat ein Jahr zusammen gelebt, war voneinander abhängig, hat dasselbe durchgemacht. Das Essen war schlecht, und die Betten miserabel. Aber man hat sich gegenseitig aufgemuntert. Ein Kamerad in der Brigade hat mir gezeigt, wie man elektrische Geräte repariert, ich habe einem Usbeken Russischunterricht erteilt und von einem Georgier gelernt, wie man im Kaukasus kocht.« So berichtet ein junger Universitätsprofessor, der sich an anderer Stelle über seine Zeit bei der Armee nicht gerade begeistert äußert.

Zweimal im Jahr sind die Einberufungstermine, von April bis Juni und von Oktober bis Dezember. Bevor sich die jungen Männer mit kahlgeschorenen Köpfen an den jeweiligen Bahnhöfen einfinden und von dort aus mit einem Offizier zu ihrer Einheit befördert werden, müssen sie in ihrem Wohnort oder ihrem *Rajon* vor einem Musterungsausschuß unter Beweis stellen, daß sie wehrtauglich sind. Per Brief erfahren sie dann das Datum und den Ort ihres Einsatzes, nicht jedoch die für sie vorgesehene Waffengattung. Das ist für den angehenden Soldaten insofern von großer Bedeutung, als er bei der Marine drei Jahre und bei den anderen Einheiten zwei Jahre Dienst leisten muß. Normalerweise tritt ein junger Sowjetbürger mit achtzehn Jahren in die Armee ein. Ausnahmeregelungen gibt es für Studenten, die sich zurückstellen lassen können, aber während ihres Studiums je nach Dauer 150 bis 360 Stunden militärischen Unterricht erhalten. Anschließend leisten sie eine verkürzte Wehrzeit im Rang eines Offiziers. Doch seit Beginn der achtziger Jahre, als der einfache Soldat langsam zur Mangelware wurde, hat man diese ›militärischen Lehrstühle‹ abgeschafft und auch die Studenten mit achtzehn Jahren nach ihrem ersten Universitätsjahr zur Wehrpflicht gerufen.

Wer eine Offizierslaufbahn einschlagen will, besucht eine der 150 Militärakademien, wo er sein Ziel in zwei bis sechs Jahren erreichen kann. An den berühmten Suworow-Akademien, in die ein Junge ab dem zehnten Lebensjahr eintreten kann, gelingt dies lediglich einem von zwanzig, und das wiederum in den meisten Fällen nur dem Sohn eines Offiziers. Suworow-Kadetten eröffnen traditionsgemäß, mit versteinertem Blick und bestechender Präzision, die Paraden des siebten November auf dem Roten Platz. Die übrigen Kadettenschulen gelten als weniger streng. Es soll sogar vorgekommen sein, daß man Schüler erwischt hat, wie sie Rock-Musik gehört haben (vgl. zehntes Kapitel).

Presse und Fernsehen zeigen durchaus Interesse an den Problemen junger Soldaten. Die wöchentliche Sendung *Ich diene der Sowjetunion* (dem offiziellen Versprechen entlehnt) zeigt vor allem die täglichen Arbeiten der Rekruten im Gelände und in der Kaserne, verhehlt aber nicht Enttäuschungen oder die Widersprüchlichkeiten zwischen offiziellen Äußerungen und der Realität.

»Des Menschen höchstes Streben ist es, seinem Vaterland zu dienen«, erklärte der Generalmajor F.-N. Illarjonow, Militärbeauftragter der Stadt Moskau.[1] Aber er mußte auch zugestehen, daß es Jugendliche gibt, die den Dienst am Vaterland als »verlorene Zeit« betrachten. »Verloren im Hinblick auf das Studium und eine persönliche Weiterbildung.«

In der Tat betrachten mehr und mehr junge Sowjets den Wehrdienst als eine ziemlich unerwünschte, aber unvermeidliche Angelegenheit.[2] Mitte der achtziger Jahre wurde sogar ein Dekret erlassen, wonach jene bestraft werden, die Wehrdienstunwillige unterstützten. Das ist zum Beispiel der Fall, wenn die Obleute eines Hauses gegen eine ›Gefälligkeit‹ oder ein gutes Trinkgeld ›vergessen‹, die im Haus wohnenden wehrpflichtigen Jugendlichen zu melden.

Einer der Gründe für die fehlende Begeisterung liegt im zunehmend höheren Bildungsgrad der Rekruten. Vor dem Krieg genügte der Abschluß einer Grundschule, um Unteroffizier zu werden; nach dem Krieg verlangte man eine siebenjährige Schulbildung; doch heutzutage haben die jungen Soldaten mindestens zehn Jahre Mittelschule hinter sich. Wie der Chef der politischen Abteilung in der Armee, General Alexej Lisitschow, mitteilte, hat sich die Einstellung der Jugendlichen zu Befehlen grundlegend gewandelt. Er plädiert deshalb für ein partnerschaftliches Verhältnis zwischen Untergebenen und Vorgesetzten und erteilt damit dem herkömmlichen ›Befehlston‹[3] eine deutliche Absage.

Die veränderte Einstellung zeigt sich auch in der Unpopularität der Militärkarriere, obgleich der Sowjetbürger die Uniform liebt und sie entsprechend gern zur Schau stellt.

Die in Umfragen ermittelte Anziehung des Soldatenberufs auf junge Leute bezieht sich ausschließlich auf die Tätigkeit des Piloten. Auch wenn vom Verteidigungsministerium erklärt wird, es gäbe für die Militärakademien dreimal so viele Anfragen wie freie Plätze zur Verfügung stünden, so hütet man sich wohlweislich, zwischen der Luftwaffe und anderen Waffengattungen zu unterscheiden. Aber man verschweigt nicht, daß die Mehrzahl der Kadetten aus Arbeiter-, Bauern- und Offiziersfamilien stammen, wobei sich die Abkömmlinge der beiden ersteren Schichten einen gewissen sozialen Aufstieg erwarten. Die Aufnahme von Jugendlichen unter siebzehn Jahren in die Kadettenschulen ist der Beweis für die dringende Notwendigkeit militärischer Führungskräfte.[4]

Erwähnt werden muß noch ein anderer psychologischer Faktor, der das Desinteresse für militärische Laufbahnen verständlich macht: Der hiermit verbundene ständige Wechsel des Wohnortes wird vor allem von der ländlichen Bevölkerung nur ungern in Kauf genommen.

Über die militärische Bedeutung hinaus erfüllt der Wehrdienst eine Reihe weiterer Aufgaben. Diese erklären sich zum einen aus der sehr breiten Auslegung des Verteidigungsgedankens: »Die revolutionären Errungenschaften des sowjetischen Volkes müssen jederzeit verteidigt werden.«[5] Zum anderen ist der Wehrdienst der verlängerte Arm des »Gesamtprozesses kommunistischer Erziehung, der Heranbildung zufriedener Staatsbürger sowie internationalistischer Patrioten, deren aktives Interesse dem kommunistischen Aufbau und seiner Verteidigung«[6] gilt. Er hat:

1. eine national integrative Bedeutung, indem er ein friedliches Nebeneinander aller Nationalitäten gewährleistet und Nicht-Russen die Möglichkeit bietet, ihre Sprachkenntnisse zu verbessern;[7]
2. eine politische Bedeutung, da innerhalb der Ausbildung zur Wehrertüchtigung wie in der Schule auch politischer Unterricht erteilt wird;
3. eine soziale Bedeutung insofern, als von der Armee Aufgaben von öffentlichem Interesse ausgeführt werden, wie zum Beispiel Einsätze auf Baustellen, Arbeiten am Straßen- und Eisenbahnnetz, Mithilfe bei der Ernte . . .[8]
4. eine kulturelle Bedeutung, die sich aus verschiedenen Institutionen herleitet: Kulturzentren in Garnisonen, ein weit verzweigtes Netz von Museen und Theatern, die der Armee unterstehen, sowie Presseorgane, Orchester und Sportvereine (darunter der berühmte Chor der Russischen Armee und der allgemein bekannte Club ZSKA).

Die Vorstufe der militärischen Ausbildung obliegt der DOSAAF, einer von ehemaligen Militärs geführten Organisation.

Die DOSAAF organisiert Treffen mit Veteranen, Museumsbesuche, Ausflüge zu Revolutionsdenkmälern oder Kampfstätten. Sie ist sowohl für die sportlich-militärischen Wettkämpfe, genannt *Sarniza* (Blitz) und *Orljonok* (junger Adler), verantwortlich als auch für die Zeltlager, welche sogar im Vorbeugekatalog der Miliz* für straffällig gewordene Jugendliche aufgeführt sind[9] und sich großer Beliebtheit erfreuen. Doch die Aktivitäten selbst haben relativ wenig mit der militärischen Realität zu tun. Sie reichen vom Motocrossfahren, wo man den Führerschein erwerben kann, bis zur Modellfliegerei, die für einen vierzehn- bis fünfzehnjährigen Jungen nur entfernt etwas mit paramilitärischer Ausbildung zu tun hat.[10]

Auch Kriegsveteranen, die an Veranstaltungen in Schulen, Clubs oder Jugendhäusern teilnehmen sowie Besichtigungen in Kasernen oder an Bord von Schiffen[11] durchführen, vermögen die Jugendlichen nicht zu Begeisterungsstürmen[12] hinzureißen.

Der Große Patriotische Krieg liefert aus seiner unerschöpflichen Tiefe immer wieder Anlässe zu vaterländischer Erziehung. Doch junge Leute, die dieses Gedankengut aus Presse und Film hinlänglich kennen, reagieren mit Langeweile und Überdruß. »Es ist nicht notwendig, daß man uns immer wieder dasselbe sagt«, meint eine junge Studentin, die vor einem Moskauer Kino Schlange steht. »Wir wissen alle, daß unsere Großeltern während des Krieges sehr viel durchgemacht haben. Meine Mutter hat ihren Vater nie gesehen, und ich weiß auch warum, genauso wie alle anderen hier.« Im übrigen wissen die Jugendlichen mittlerweile, daß auch in unseren Tagen in ihrem Land Krieg geführt wird. Die aus Afghanistan heimkehrenden Soldaten gliedern sich durchaus nicht wortlos wieder in die Gesellschaft ein.

Ein junger Mann, der vom Militärdienst zurückkehrt, ist weder für seine Familie noch für seine Kollegen derselbe geblieben. Universitätsprofessoren behaupten, unter ihren Studenten diejenigen herausfinden zu können, welche bereits bei der Armee waren. Arbeiter, die gedient haben, sollen den offiziellen Reden größeren Glauben schenken als andere.[13]

Ein junger Mann, der aus Afghanistan zurückkehrt, hat in jedem Fall eine tiefgreifende Wandlung mitgemacht, wobei es aber durchaus Unterschiede gibt.

Zunächst die glückliche Heimkehr. »Alexandra Tschmurowa kam gerade von der Nachtschicht nach Hause, als das Telefon klingelte und ihr Sohn Igor ihr mitteilte: ›Ich bin in Moskau.‹ Aufgeregt verständigt sie sofort die ganze Familie und beeilt sich, ihm seine Lieblingsgerichte zuzubereiten. Als er ankommt, etwas abgemagert, doch medaillengeschmückt, verbreitet sich die Nachricht von seiner Rückkehr wie ein Lauffeuer. Nachbarn und Freunde eilen zur Begrüßung herbei, darunter ein Klassenkamerad, der auch in Afghanistan gedient hat, und ein früherer Lehrer, der im zweiten Weltkrieg dabei war. Später macht sich Igor auf den Weg zu seiner Freundin Sweta.«[14]

In all diesen Berichten spielt die Mutter eine vorherrschende Rolle. Auf dem Flughafen von Taschkent umarmt sie ihren Sohn Jakob – das klassische Photo eines heimkehrenden Soldaten.[15]

Die historisch bedeutsame Heimkehr fand im Oktober 1986 in Afghanistan statt, als sich die ersten Kontingente sowjetischer Streitkräfte, begleitet von Musikkapellen und mit blumengeschmückten Gewehren, in Anwesenheit zahlreicher in- und ausländischer Journalisten von ihren ›afghanischen Brüdern‹[16] verabschiedeten und das Land verließen.

Schmerzlich ist die Heimkehr, wenn der junge Soldat verletzt oder gar Invalide ist wie zum Beispiel Igor, der von seinen Kameraden mehr tot als lebendig aufgelesen wurde. »Der Sohn, ein Held« lautete der Titel in der *Prawda*.[17] Er hatte sich freiwillig einziehen lassen, schrieb während seiner zweijährigen Dienstzeit vielleicht zwanzig Briefe an seine Eltern, in denen er immer wieder, selbst nach seiner schweren Verwundung beteuerte: »Es ist alles in Ordnung.«

Am schlimmsten ist es, wenn die jungen Männer im Krieg bleiben und gar nicht mehr zu ihren Angehörigen zurückkehren können. Bis heute werden von offizieller

Seite keinerlei Zahlen darüber veröffentlicht. Man verschanzt sich hinter dem Militärgeheimnis (Anfang 1987 wußten amerikanische Informationen von 40 000 Toten zu berichten, was freilich mit dem üblichen Vorbehalt zu betrachten ist).

Unter dem Leitsatz: »Krieg ist das Schrecklichste auf dieser Erde«[18] erschien in den Zeitungen eine Fülle von Berichten über heroische Taten junger Soldaten, Offiziere[19] und sogar politischer Lehrer[20], die ihr Leben im Kampf lassen mußten.

Selbst eine Rückkehr unter glücklichen Umständen verläuft nicht unproblematisch. »Du kannst nicht einfach wieder in deine Fabrik oder deine Universität gehen, als hättest du nur längere Ferien verbracht«, erklärt einer von ihnen. Häufig verspüren diese Jugendlichen das Bedürfnis, sich schulisch oder beruflich neu zu orientieren, eine Beschäftigung zu finden, die ihrer veränderten Einstellung entspricht. In dem Film *Es ist nicht leicht, jung zu sein* sagt ein Jugendlicher, der nach dem Krieg zur Feuerwehr gegangen ist: »Das ist so ähnlich wie da unten. Man rettet Leben, es ist risikoreich, und man muß sofort zur Stelle sein.«

Andere entscheiden sich für die Militärlaufbahn oder treten der Partei bei. »Man hat mich in die Partei aufgenommen. Ich werde als Kommunist zurückkehren«, schreibt Igor an seine Eltern.[21] Manche Afghanistan-Veteranen bilden eigene Baubrigaden, deren Leistungsnormen auf Grund ihrer im Kampf erprobten Disziplin und Arbeitseinteilung weit über dem nationalen Durchschnitt liegen.[22] Die meisten allerdings sind von dem ›Afghanistan-Syndrom‹ befallen, wie es die Bevölkerung nennt.

In Afghanistan haben sie erlebt, was Armut und Gewalt bedeuten. Zugegeben, die sowjetische Gesellschaft ist keine Überflußgesellschaft, aber sie kennt auch nicht die Auswirkungen grausamen Elends. Wenn sich die Jugendlichen während ihrer Ausbildung auch mit Waffen, Uniformen und Kriegsgeschichten beschäftigen müssen, so begegnen sie weder im täglichen Leben noch in Filmen oder Büchern, sondern höchstens in abstrakter Form, wirklicher Gewalt. Die Konfrontation mit diesen Phänomenen erklärt zu großen Teilen das Schockerlebnis jener, die in Afghanistan gekämpft haben. Dies spricht auch immer wieder aus ihren Berichten. »Daß man auf dich schießt, um dich zu töten! Daß du selber schießt, um jemand zu töten! Und zwar ernsthaft! Wie soll man das vergessen?« (aus dem Film *Es ist nicht leicht, jung zu sein)*

»Am Blick erkenne ich sofort, ob einer in Afghanistan gewesen ist«, schreibt ein junger Afghanistankrieger in der *Sobessednik.* »Sie schauen dich zwar an, aber ihre Augen scheinen etwas anderes zu sehen: Autos, die in die Luft fliegen, Kinder, die nur noch Haut und Knochen sind, Freunde, die halb verstümmelt am Boden liegen . . .«[23]

Die den Krieg gesehen haben, betrachten ihr Land, das in Frieden lebt, mit anderen Augen. »1945 – das war anders. Die heimkehrenden Soldaten kamen in ein Land, das von Krieg und Besatzung gezeichnet war. Man wußte, worüber man sprach, und man konnte erzählen. Aber heute kommst du zurück und bemerkst, daß die Leute so leben, als gäbe es gar keinen Krieg. Und du fragst dich, warum dein Freund tot ist. Du sollst etwas erzählen, aber du kannst nicht, weil es keine gemeinsame Sprache gibt. Man versucht zu vergessen und ein neues Leben anzufangen, aber man kehrt doch nur wieder zu seinen Kriegskameraden zurück, denn das sind die einzigen, mit denen man über alles reden kann.«

Die Jugendlichen, die den Krieg erlebt haben, sind strengstens auf den Respekt vor ›revolutionären Grundsätzen‹ bedacht und zeigen nur wenig Verständnis, wenn andere aus den sozialistischen Prinzipien, für die sie in den Krieg gezogen sind, Kapital schlagen. Sie sind zu kampfeslustigen ›Bolschewiken‹ geworden, die die Gesellschaft erbarmungslos verurteilen.

Diese Haltung wurde zum ersten Mal im Januar 1986 öffentlich konstatiert, als die *Komsomolskaja Prawda* nach viermonatigem Zögern einen Brief abdruckte, der folgende Geschichte erzählte: Anatolij, der aus dem Afghanistan-Krieg heimgekehrt war, zeigte sich entsetzt über seine früheren Freunde, die nichts anderes zu tun hatten, als sich die neuesten Platten zu besorgen und Arbeiten anzunehmen, bei denen sie keine schmutzigen Finger bekamen. So wie im Krieg teilte Anatolij die Menschen nach ›Guten‹ und ›Bösen‹, nach ›Unsrigen‹ und ›Feinden‹ ein. Andere Afghanistan-Heimkehrer kamen zu dem gleichen Schluß und nahmen sich vor, dem Schiebertum Einhalt zu gebieten. Eines Tages, als ein namhafter Spekulant mangels Beweisen von der örtlichen Staatsanwaltschaft freigelassen wurde, erschien Anatolij bei dem zuständigen Beamten – der übrigens der Autor dieses Briefes ist (Überschrift: Diese Begegnung hat mein Leben verändert) – und erklärte ihm, daß er und seine ›afghanischen‹ Freunde der Meinung seien, es gäbe zu viele Feinde der Gesellschaft. Es sei doch für den Staat nützlich, wenn sie sich um die Ausschaltung solcher Elemente kümmern würden. Der besagte Spekulant, mit dem man beginnen wollte, hatte die Gefahr erkannt und war mittlerweile aus der Stadt geflohen.

Die auf diesen Brief folgende Flut von Zuschriften bewies, daß es sich hierbei nicht um einen Einzelfall gehandelt hatte und man Überlegungen anstellte, wie man sich die Haltung dieser jungen Männer am besten zunutze machen konnte.[24]

Der die Staatsanwaltschaft vertretende Beamte sorgte dafür, daß sich die Polemik monatelang hinzog. Einerseits war es unzulässig, daß sich die Bürger, auch wenn sie noch so ehrenwerte Ziele verfolgten, über das Gesetz erhoben, andererseits aber warfen diese Jugendlichen lebenswichtige Fragen auf, die man nicht so einfach als traumatische Erlebnisse Einzelner abtun konnte.

Im Laufe der Zeit hat sich sogar eine Art Wachtruppe gebildet, die die Straßen von ›un-sozialistischen‹ Elementen wie Punks und Prostituierten freihält. Wie sich erwies, eine nicht risikofreie Lösung: Im August 1987 wurde ein im Afghanistankrieg ausgezeichneter Student der Forstwirtschaft wegen Mordes zu acht Jahren Gefängnis verurteilt. Er hatte zusammen mit zwei Freunden eine Gruppe Jugendlicher angegriffen, die »ein Leben wie im Westen führen und in unserer Gesellschaft nicht geduldet werden können«. Einer von ihnen wurde getötet und ein anderer schwer verletzt.[25]

Insgesamt redet man wenig von einer psychologischen Betreuung, ist aber darum bemüht, die ›Afghanen‹ ins Gesamtkollektiv des Volkes einzugliedern und eine Verbannung ins gesellschaftliche Abseits zu verhindern. Dies wurde, übrigens in Übereinstimmung mit ihren Forderungen, auf dem XX. Komsomolkongreß im April 1987 beschlossen.

Im November 1987 fand in der Nähe von Aschkabad (Turkmenien) das erste nationale Treffen ›Junger Reservesoldaten‹ statt, zu dem zweitausend Mitglieder, meist von ›internationalistischen‹ Clubs, aus allen Richtungen der UdSSR angereist kamen. Die Zielsetzung dieser Clubs ist es, Familien von Kriegsopfern zu helfen und an der vaterländischen Erziehung der Jugend mitzuwirken. In Aschkabad wurde deutlich, daß die jungen ›Internationalisten‹ nicht dem Formalismus anheimfallen wollen: sie lehnen es ab, eine Kopie der bestehenden Veteranenvereinigung zu sein, sie interessieren sich weniger für alte Kampfgeschichten als für ihre Gefühle und ihre Wiedereingliederung in den Alltag. Es ist ihnen daran gelegen, auch ›ihren Platz in der *Perestrojka*‹ zu finden. Für Familien von Kriegsopfern wird eine unbürokratische, finanzielle Soforthilfe gefordert, für Kriegsversehrte mehr Verständnis und größere Hilfsbereitschaft. Jurij Sobnin, ein ehemaliger Fallschirmspringer war entsetzt, daß man seinem Freund, der in Afghanistan beide Beine verloren hatte, keine Wohnung im Erdgeschoß zuteilen konnte.[26] In Tadschikistan rügte sogar das Zentralkomitee die Behörden wegen mangelnden Mitgefühls für Familien von Kriegsversehrten und Kriegsopfern.[27]

Angesichts der Tatsache, daß die Armee eine der letzten Institutionen darstellt, wo der Sowjetbürger angehalten wird, Sport zu treiben, scheint es angebracht, dem Thema in diesem Kapitel einige Zeilen zu widmen.

In dem Maße, wie staatsbürgerliche Erziehung Körper und Geist umfaßt, kommt der Körperertüchtigung eine wichtige Bedeutung zu. Doch all diese schönen Theorien stolpern über ein einfaches Hindernis: die Jugendlichen interessieren sich, wie die Umfragen zeigen[28], immer weniger für den Sport.

Als Begründung führen sie zu wenig sportliche Einrichtungen und zu wenig Übungsleiter an (wobei die Anlagen, vorausgesetzt man darf sie benützen, viel besser sind als im Westen). Der wahre Grund für diese Trägheit liegt vielmehr darin, daß sich die Bevölkerung – auf Kosten der Gesundheit – zur Ruhe setzt, während die Jugendlichen zu anderen Freizeitbeschäftigungen überwechseln. Zudem hat der vorrangige Leistungssport mit dazu beigetragen, Mittel und Begeisterung für den Massensport zu verringern.

Das Angebot der GTO hat dieser Entwicklung Rechnung getragen. Die Gründung verfolgte den Gedanken des Breitensports am Morgen nach der Revolution, um die jungen Leute für die Arbeit und die Verteidigung der revolutionären Errrungenschaften zu ertüchtigen. Zu diesem Zweck entstanden zahlreiche Clubs, die sich untereinander in Wettbewerben maßen. Ihre Mitglieder verbrachten viele Stunden ihrer Freizeit auf behelfsmäßigen Einrichtungen, um zu trainieren. Doch nach dem Krieg, als man die immensen Sportzentren für den Leistungssport errichtete, blieb die breite Masse der sporttreibenden Jugendlichen auf der Strecke. Auf der einen Seite verfügte man über riesige Sportanlagen, die leerstanden, und auf der anderen Seite verschrieben sich die Jugendlichen dem Müßiggang und gestalteten ihre Freizeit immer weniger nach dem Leitziel sozialer Nützlichkeit.

Anfang 1987 beschloß man in der GTO, zu den ursprünglichen Zielen zurückkehren und sich für den Massensport einzusetzen. Ministerien wurden eingeschaltet und der Sport am Arbeitsplatz propagiert.

Diese Maßnahmen haben die Diskussion um die Bedeutung des Massen- beziehungsweise Leistungssports erheblich belebt. »Unser Massensport ist keineswegs eine Alternative zum Leistungssport«, ließ die *Prawda,* ganz offensichtlich auf Anordnung von oben, verlauten. »Im Gegenteil, er ist die unerschöpfliche Quelle aller zukünftigen Spitzensportler des Landes.«[29]
Sport wurde in der UdSSR immer schon als eine kreativitäts- und vitalitätsfördernde Komponente innerhalb des kulturellen Fortschritts betrachtet. Dieser ›sozialistische‹ Aspekt wendet sich gegen die ›kapitalistische‹ Auffassung, der Sport müsse durch die Arbeitswelt entstandene Schäden am Menschen beheben.[30] Spitzensportler wurden sehr schnell zu Vorbildern der Jugend. Sie werden zu Kongressen des Komsomol sowie zu Friedensveranstaltungen eingeladen, dürfen sich aber auch gewichtiger materieller Vorteile erfreuen.

Wettkämpfe, die »dem Publikum physische und moralische Qualitäten der Sportler zugänglich machen«, haben in diesem Rahmen ihren Sinn und ihre Bedeutung.[31]

Bedenkt man allerdings die Unmengen von Polizisten, die ein großes Fußballmatch oder ein Eishockeyspiel bewachen, sowie das absolute Verbot von stumpfen Gegenständen einschließlich kleiner Fähnchen in Stadien, muß man annehmen, daß der Sport in der UdSSR ebenso wie im Westen eine andere Funktion ausübt, als ›eine bestimmte Lebenshaltung zu erzeugen‹.

Ende der siebziger Jahre, als der Fußballsport immer mehr Menschen begeisterte, erließen die Moskauer Behörden eine Anordnung, wonach Zurufe in den Stadien und Ansammlungen von Fans in der Stadt nicht erlaubt waren. Vor jedem Spiel wurden diese Verbote per Lautsprecher durchgegeben.

Ein Fußballanhänger berichtete dem Sportchroniker Jurij Schekoschibchin: »Keiner will eine Schlägerei heraufbeschwören, weder wir noch die Miliz. Aber es ist verboten, seine Mannschaft anzufeuern. Sie nehmen dir dein Käppi und dein Tuch ab und schon ist die Schlägerei im Gange.«

Igor, ein fünfzehnjähriger Fußballfan des TsKA bescherte sich: »Die Schlägereien fangen deshalb an, weil wir unsere Mannschaft nicht anfeuern dürfen. Aber es geht nicht nur um Zurufe wie ›Spartakus‹, sondern wir wollen einfach mit ihnen sein.«[32] In zahlreichen Leserbriefen, darunter auch solche von aktiven Sportlern, wurde die Notwendigkeit betont, seiner Begeisterung freien Lauf lassen zu können, solange sie sich in annehmbaren Grenzen hält.[33]

1987 einigte man sich mit den Befürwortern von Fußballfanclubs dahingehend, daß man den Enthusiasmus kanalisieren müsse, ohne den Begegnungen ihre Lebendigkeit zu nehmen. Heutzutage tragen die Fans sogar T-Shirts mit der Aufschrift ›Ich bin verrückt nach Dynamo‹ (Torpedo, Spartakus oder andere).

Doch damit sind, wie die Vorgänge auf dem Bahnhof von Kiew im September 1987 beweisen, noch längst nicht alle Probleme aus der Welt geschafft: Nach einem 0:1 ihrer Mannschaft hatten Kiewer Fans den Zug der Moskauer Anhänger mit Steinen und Flaschen beworfen.[34]

FÜNFTES KAPITEL

Die Werktätigen

Rechte und Pflichten – Die sowjetische Arbeiterklasse – Arbeit als soziale Therapie – Enttäuschung der Berufsanfänger – Migration als Form des Protestes – Hochschulabsolventen und Arbeit – Probleme der Entwicklungsgebiete – Beschäftigungslage auf dem Land – Arbeit als Erziehungsmittel.

Artikel 40 der sowjetischen Verfassung garantiert das Recht auf Arbeit, ein ordnungsgemäßes Arbeitsangebot und ein angemessenes Gehalt. Der Bürger hat außerdem das Recht, gemäß seiner Fähigkeiten, seiner Ausbildung und seines Bildungsniveaus einen Beruf seiner Wahl zu ergreifen. Des weiteren wird ihm das ›Recht auf Entspannung‹ zugebilligt, das im Artikel 41 verankert ist, der die Arbeitszeit regelt. Wer Rechte besitzt, hat auch Pflichten zu erfüllen. Diese sind im Artikel 60 aufgeführt: »Pflicht und Ehrensache jedes arbeitsfähigen Bürgers der UdSSR ist die gewissenhafte Arbeit auf dem von ihm gewählten Gebiet gesellschaftlich nützlicher Tätigkeit sowie die Einhaltung der Arbeitsdisziplin. Die Verweigerung gesellschaftlich nützlicher Arbeit ist unvereinbar mit den Prinzipien der sozialistischen Gesellschaft.«

Der Eintritt in die Arbeitswelt beginnt nach der Schulentlassung. Artikel 81 des Arbeitsrechts legt fest, daß die Jugendlichen mit einem berufsbezogenen Schulabschluß innerhalb einer Woche nach Verlassen der Schule eingestellt werden müssen und fünf Tage später die Arbeit aufzunehmen haben. Abgänger von Fachschulen dürfen keine Anstellung in der Verwaltung erhalten. Sie sollen praktische Erfahrungen sammeln und ihre Ausbildung vervollkommnen.

Wer an der Universität oder an einem Institut studiert hat, wird, unabhängig von seinen persönlichen Wünschen, von einer Stellenverteilungskommission für drei Jahre an einen Ort geschickt, wo man ihn aus wirtschaftlichen Gründen braucht.

Von Rechts wegen ist ein Arbeitsbeginn mit sechzehn Jahren vorgesehen, doch die tatsächliche Arbeitsaufnahme liegt bei Mädchen zwischen achtzehn und neunzehn Jahren und bei Jungen zwei Jahre später, nach der Wehrdienstzeit. In ländlichen Gebieten ist es üblich, daß die Kinder etwa ab dem fünfzehnten Lebensjahr im elterlichen Betrieb mithelfen. Außerdem existiert eine Art Mischform von Schule und Arbeit, wo junge Leute, die möglichst früh die Schule verlassen wollen, bereits bezahlter Arbeit nachgehen können, ohne ihren Abschluß zu gefährden.

Man rechnet im allgemeinen etwa zwei bis drei Jahre, die ein Anfänger benötigt, um sich in seinem Beruf und seinem Arbeitskollektiv wohlzufühlen.[1] Abgesehen von einigen wenigen haben die meisten Jugendlichen mit 24 Jahren die Eingliederung ins Berufsleben geschafft und damit das Ziel sowjetischer Erziehung erreicht.

Mit 60 Jahren tritt der Sowjetbürger und mit 55 die Sowjetbürgerin in den Ruhestand. Bei besonders schweren Tätigkeiten ist ein vorzeitiges Ausscheiden erlaubt. Viele Rentner und Rentnerinnen setzen ihre Arbeit jedoch wenigstens partiell fort, um dem drohenden Arbeitskräftemangel entgegenzuwirken. 1987 taten dies zwölf Millionen von 58 Millionen Rentnern. Allein in Moskau waren es von zwei Millionen Rentnern 600 000, die weiterhin einer Berufstätigkeit nachgingen.[2]

Das sowjetische Schriftum legt großen Wert auf den gravierenden Unterschied zwischen der sozialistischen und der kapitalistischen Arbeiterklasse. »Gestärkt durch ihre revolutionäre Tradition unterscheidet sie sich von letzterer in ihrem kollektiven Bewußtsein, ihrer gewaltigen Fähigkeit, sich zu organisieren und ihrer Ideologie. Dies alles zusammengenommen macht sie in ihrem sozialen Charakter zu einer neuen Klasse.«[3] So wie die Gesellschaft klassenlos ist, da es keine Ausbeutung gibt, existieren in der UdSSR auch keine ›Berufsblöcke‹. Die Klasse der arbeitenden Bevölkerung ist homogen.[4]

Dieser immer wiederkehrende Hinweis auf eine ›Arbeiter‹-Klasse ist insofern erstaunlich, als daß sich die berufliche Struktur nicht gerade zugunsten der eigentlichen Arbeiterklasse verändert hat. Doch wie dem auch sei, die ›Erziehung zur Arbeit‹ nimmt im gesamten Erziehungskomplex eine gewichtige Position ein und beginnt bereits im Kindergartenalter. In der Diskussion um den immer weiter hinausgezögerten Berufsbeginn der Jugendlichen und der damit verbundenen längeren Schulzeit, haben sich zwei Tendenzen herauskristallisiert: die einen befürworten eine längere Schulausbildung, andere verfolgen eine eher praxisnahe Pädagogik, welche die Schüler schon frühzeitig mit der Arbeitswelt in Berührung bringen will.[5]

Es handelt sich hierbei im Grunde genommen um eine politische Diskussion, deren Hauptgedanken die typisch sowjetische Auffassung von Arbeit widerspiegelt: der junge Mensch wird sich seiner sozialen Rolle durch die Arbeit bewußt,[6] und diese bestimmt wiederum seinen Platz in der Gesellschaft.[7] Wichtig ist dem Sowjetbürger in erster Linie, um welche Tätigkeit es sich handelt und inwieweit er dabei seine Begabung entfalten kann.[8] Weitere Beurteilungskriterien sind ein gutes Arbeitskollektiv (45 %), die Möglichkeit, etwas dazuzulernen (36 %), der Stellenwert der Tätigkeit in der Gesamtproduktion (27 %) und ein gutes Gehalt (22 %).

Arbeit als soziale Therapie, das ist in der UdSSR keine realitätsfremde Formel. Arbeit ist ein wesentlicher Bildungsfaktor bei der Erziehung der Jugend, und wenn man nicht achtgibt, kann es leicht zu negativen Verhaltensweisen kommen (Konsumdenken, Rückfall in bürgerliche Denkschemata).[9] Diese Überzeugung drückt sich auch in den Straflagern aus, wo der Verurteilte durch Arbeit seine Schuld an der Gesellschaft wiedergutmachen, gleichzeitig aber durch ihre Wirkung ein besserer Mensch werden soll.

Der Eingliederungsprozeß in die Arbeitswelt erfolgt in den Fabriken und vor allem innerhalb der Brigaden in einer Art von ›Integration im Kleinen‹, die dem Jugendlichen die Möglichkeit gibt, vollwertiges Mitglied seines Arbeitskollektivs zu werden.[10] Hier lernt er, sich sozial zu verhalten, Entscheidungen mitzutragen und Diskussionen zu führen.[11] Umfragen haben freilich ergeben, daß die Teilnahme am Betriebsleben je nach Alter und Qualifikation starken Schwankungen unterworfen ist. Die lebhafteste Mitarbeit zeigen Arbeiter zwischen dreißig und vierzig Jahren. Zwischen zwanzig und dreißig Jahren nehmen 25 % regelmäßig an den Zusammenkünften teil, mehr als 5 % bleiben ihnen allerdings fern. Die 20- bis 25-jährigen verfügen noch nicht über genügend berufliche Erfahrungen, und die 25- bis 30-jährigen sind familiär sehr stark gebunden.[12]

Eine von den Vorgesetzten sehr wenig geschätzte Folge ist, daß die Jugendlichen in stärkerem Maße als ihre Eltern gegenüber dem Betrieb eine bestimmte Erwartungshaltung entwickeln. Sie setzen zum Beispiel voraus, daß sich der Betrieb um Wohnungen, Krippen, Kulturzentren, Sportanlagen, Feriensiedlungen usw. kümmert oder solche bereitstellt. In der Tat versuchen die Betriebe, Fachleute mit derartigen oder ähnlichen Anreizen zu locken, und müssen sich so vorwerfen lassen, für den häufigen Arbeitsplatzwechsel verantwortlich zu sein.

Gemäß der sowjetischen Erziehung, die nicht bloß auf den Erwerb von Kenntnissen abzielt, sollte ein ›guter Arbeiter‹ nicht allein über berufliche Fähigkeiten verfügen, sondern auch bestimmten moralischen Ansprüchen gewachsen sein.

In der sowjetischen Literatur wird immer wieder auf die Tatsache hingewiesen, daß die heutige Jugend auf Grund ihrer höheren Qualifikation und wegen des Verschwindens bestimmter Tätigkeiten infolge der Automatisierung im Vergleich zu ihren Eltern[13] eine völlig andere Arbeitsweise kennenlernt.[14] Man geht davon aus, daß diese Entwicklung in zunehmendem Maße den kreativen Charakter der Arbeit[15] garantiert und insofern das Verhältnis des Menschen zur Arbeit verändert.[16]

Dazu muß man bemerken, daß es stark auf die Sicht der Dinge ankommt. Tatsächlich ist es so, daß sich die Automatisierung gegenwärtig noch im Rückstand befindet, so daß veraltete Strukturen weiter bestehen und manchen Gewinn, der durch modernere Arbeitsweisen erwirtschaftet wurde, wieder zunichte machen. Dieser Zustand ist um so beklagenswerter, als daß zahlreiche Jugendliche in unqualifizierten Positionen beschäftigt sind.

Eine weitere Enttäuschung für einen Jugendlichen, der ins Arbeitsleben eintritt, ist mit der Feststellung verbunden, daß Beziehungen und ›Sich-beim-Chef-einschmeicheln‹ wichtiger sind als Fachwissen und soziale Aktivität.[17] Zeigt er sich eifrig und an seiner Arbeit interessiert, wird er nicht selten für einen Störenfried gehalten. Als extremes Beispiel dafür sei ein Kolchosevorsitzender genannt, der partout verhindern wollte, daß sich junge Leute bei ihm ansiedelten, denn »sie stellen viel zu viele Anforderungen, verlangen neue Arbeitsmethoden, ein neues Leben, eine neue Kultur, erwarten neue Häuser und eine neue Schule«.[18]

Jugendliche dürfen mehr noch als ihre Eltern über die neue Gesetzgebung erfreut sein, die den Unternehmen vor allem in der Personalführung größere Freiheiten zubilligt. Die Arbeitskollektive sind in der Lage, sehr viel schneller neue Tendenzen aufzunehmen, Jugendliche können ihre Forderungen im ›Rat des Arbeitskollektivs‹ vorbringen. Eine überaus wichtige Neuerung ist die Angleichung der Löhne an die geleistete Arbeit. Ein Drückeberger wird demnach in Zukunft nicht mehr dasselbe Gehalt bekommen wie ein fleißiger Arbeiter, der sich in der Vergangenheit zweifellos ungerecht behandelt gefühlt hat.

Im Jahr 1987 wurden ebenfalls einige extrem niedrige Gehälter (von Ärzten, Ingenieuren, Lehrern) teilweise erheblich aufgebessert (durchschnittlich um 30 bis 40 Prozent). Freude dürfte auch das neue ›Gesetz über individuelle Arbeitstätigkeit‹ hervorrufen, welches vielen Jugendlichen die Möglichkeit gibt, ganz legal der ›normalen‹ Arbeit zu entkommen oder lang gehegte Träume zu verwirklichen. Zahlreich sind die Darlehensanträge junger Leute, die eine Kooperative (Restaurant, Café, Service ...) gründen wollen. Aber vermutlich wird es noch einige Zeit dauern, bis sich herausstellt, ob diese Form der Arbeit, die zwar Begeisterung verursacht, aber mit der sowjetischen Mentalität herzlich wenig gemeinsam hat, sich bewähren und durchsetzen kann.

Der junge Berufsanfänger, bislang beschützt und behütet in einem System groß geworden, welches das sowjetische als das beste ansieht, wird plötzlich und unerwartet einer Reihe von Unzulänglichkeiten ausgesetzt, denen er sich nicht gewachsen fühlt. So gesehen bedeutet der Eintritt in die Arbeitswelt eine Konfrontation mit der rauhen Wirklichkeit, die von offizieller Seite nicht immer in dieser Form dargestellt wird.

Der Sowjetmensch ist freilich erfinderisch genug, um einem Mißstand zu entgehen. Mit ein wenig Phantasie versetzt er sich in eine angenehmere Lage, indem er beispielsweise seine Arbeit wechselt! Dies ist von Rechts wegen ohne weiteres möglich, es sei denn, man ist Parteimitglied oder ein sehr spezialisierter Fachmann (etwa in einem Forschungsinstitut). In dem Fall braucht der Betreffende die Zustimmung seines Arbeitgebers oder die Erlaubnis der Partei. Ansonsten genügt es, die Kündigungsabsicht mitzuteilen, um innerhalb der folgenden vierzehn Tage

Gehalt und Arbeitsbuch mit der Bemerkung ›Entlassung aus persönlichen Gründen‹ in Empfang nehmen und gehen zu können. Der Arbeitgeber hat keinerlei Handhabe, ihn zu halten. Man hat einen Monat Zeit, um sich eine andere Tätigkeit zu suchen.

Die starke Fluktuation auf dem Arbeitsmarkt stellt die sowjetische Wirtschaft vor enorme Probleme, vor allem in einem so empfindlichen Bereich wie dem des Handwerks. Es sind in der Mehrzahl junge Facharbeiter unter 25 Jahren, die ihren Betrieb verlassen und nur selten wieder zurückkehren. Der Verlust ist um so schmerzlicher, als die Betriebe häufig die jungen Leute in die Fortbildung geschickt haben, um qualifizierte Arbeiter aus ihnen zu machen.

Gründe für dieses Phänomen gibt es genug: Hang zum Nomadentum, verbunden mit der Hoffnung, woanders könne es vielleicht besser sein (eine alte russische Tradition), Neugierde auf andere Teile des Landes, die Enttäuschung des Berufsanfängers, Unzufriedenheit mit den Lebensbedingungen, insbesondere mit dem Wohnungsmarkt, Freiheitsdrang, Abenteuerlust, materielle Unzufriedenheit.

Die Gehaltspolitik der siebziger Jahre hat die Löhne in starkem Maße angeglichen. »Ein Türsteher, der täglich zwei bis drei Stunden arbeitet, verdient ebenso viel wie eine wissenschaftliche Kraft, die den ganzen Tag arbeitet. Ich habe einen Freund, der war früher Forscher und fährt jetzt Taxi. Er erzählt mir aber, daß er abends glücklich und zufrieden nach Hause kommt. Ich möchte nicht wissen, wieviele Frauen, die in Heimarbeit nähen, mehr verdienen als ein Universitätsprofessor.«[19]

Zahlreiche Hochschulabgänger verschweigen ihre Ausbildung, aus Angst, sie könnten nicht genommen werden, wenn sie sich um eine manuelle Tätigkeit bewerben. Wenn man bedenkt, daß ein Kofferträger bis zu 300 Rubel im Monat verdienen kann, aber ein frisch von der Universität kommender Diplomierter nur 180 Rubel zu erwarten hat, dann versteht man dieses Verhalten.[20] Umgekehrt gibt es auch junge Hochschulabsolventen, die bei dem Gedanken an eine ›schmutzige Arbeit‹ die Nase rümpfen. Doch die ›schmutzige Arbeit‹ findet mehr und mehr Anhänger, so daß allmählich Stimmen laut werden, dieselben Maßnahmen zu verlangen, welche man bereits bei arbeitslosen Ärzten anwendet: wenn diese nicht innerhalb einer vorgeschriebenen Zeit ihren Beruf aufnehmen, verlieren sie ihre Approbation.[21] Ansonsten würde man dem ›Parasitentum Tür und Tor öffnen‹!

Das Interesse eines Hochschulabsolventen für eine einfache, unter seinem Niveau stehende Arbeit ist meist an Vorteile gebunden, die nur indirekt mit der Tätigkeit als solcher zu tun haben. Eine hervorragende Karikatur in der satirischen Zeitschrift *Krokodil* veranschaulicht, was gemeint ist: Der Direktor eines Kaufhauses verweist voller Stolz auf das hohe kulturelle Niveau seiner Verkäufer: zwei sind Kandidaten der Wissenschaften, drei Ingenieure und andere Lehrer! Der Handel ist nämlich ein vorzügliches Terrain, um Schmiergelder zu kassieren und, was besonders begehrt ist, an seltene Waren heranzukommen, die man anschließend gegen andere, sonst nur schwer erhältliche Produkte tauschen kann. Solche Verhaltensweisen erklären sich aus einem mangelhaften Warenangebot, und jeder ist davon überzeugt, daß kein Gesetz und keine ideologische Reflexion hier etwas verändern wird.

Ende 1986 wurde beispielsweise ein Gesetz zur Eindämmung der Arbeitslosigkeit erlassen, das ›nichterarbeitetes Einkommen‹ unter Strafe stellte. Daraufhin entzündete sich eine lebhafte Diskussion. »Bravo«, meinte ein Leser der Zeitschrift *Sobessednik,* »aber vielleicht erfahren wir auch, wie wir von unserem Gehalt leben sollen.« Umso strenger, teilweise sogar grausam, wurden diejenigen verfolgt, die gegen dieses Gesetz verstießen.

Semen Iwaschenko, Schüler einer zehnten Klasse in Rostock, schrieb nach der Verurteilung seines Vaters wegen Handelns mit Kaninchenfellen: »Ich sehe, wie unsere Nachbarn leben . . . Ich erinnere mich, vor fünf Jahren, als wir in einer Kommunalwohnung lebten, trug die

Bettwäsche sämtlicher Mitbewohner einen schwarzen Aufdruck. Andere hatten niemals Lebensmittelprobleme. Die Erklärung war einfach: Die eine Nachbarin brachte ihre Bettücher aus dem Krankenhaus mit, in dem sie arbeitete, und die andere war in einer Kantine beschäftigt. Meine Eltern wußten alles, aber was sollten sie tun? Zur Polizei gehen? Eines Tages sagte meine Mutter zu meinem Vater: ›Ich glaube, wir sind in diesem Haus die einzigen, die nur von unseren Gehältern leben . . .‹ Wir haben uns später eine Wohnung gekauft, eingerichtet und abends, nach Feierabend hat sich mein Vater, der Biologe ist, mit Kaninchen beschäftigt.«[22]

Man hört auch immer wieder Klagen über zu wenig Freizeit. »Als ich das Institut verlassen hatte, wurde ich in einer Werkstatt als Ingenieur angestellt. Seitdem habe ich nicht einmal mehr Zeit, ein interessantes Buch zu lesen. An meinem freien Tag hole ich den versäumten Schlaf nach. Selbstverständlich könnte ich in meinem Spezialgebiet eine weniger anstrengende und weniger verantwortungsvolle Arbeit finden, aber der Staat würde in diesem Fall von mir weniger zurückbekommen, als er in mich investiert hat. Wie soll man dieses Problem von Arbeit und Freizeit lösen? Das ist nicht einfach. Wenn uns dazu nichts einfällt, werden immer mehr Leute das tun, was A. M. aus der Gegend von Moskau (ein anderer Leser) gemacht hat: Er ist aus seiner Industriefirma ausgestiegen und hat sich eine kleine, ruhige Fabrik gesucht.« So schreibt der 22jährige Alexander Kusmin aus Barnaul.

»Viele Briefschreiber beklagen sich über die schlechte Arbeit anderer Leute. Aber vielleicht ist dies darauf zurückzuführen, daß man sich nicht richtig entspannt?« schrieb L. Wassiljewa aus Leningrad in derselben Ausgabe. »Ich komme um zwanzig Uhr nach Hause und mache als erstes meinen Haushalt, danach habe ich erst Zeit für meinen Mann. Aber wo soll man hingehen? Die Museen schließen um achtzehn Uhr, die Cafés um zwanzig Uhr, und im Theater gibt es auch keine Spätvorstellung.«[23] Junge Leute sind in der Tat der Meinung, daß Arbeit nur ein Teilaspekt des Lebens ist. Sie verlangen ein ausgewogenes Gleichgewicht zwischen Arbeit und Freizeit. »Freie Zeit ist ebenso wichtig wie Geld. Angenommen ein Arbeiter verrichtet seine Arbeit in kürzerer Zeit, so müßte er die Möglichkeit haben, entweder nach Hause zu gehen oder aber länger zu arbeiten und dementsprechend mehr zu verdienen. Ich glaube, die meisten Männer würden sich für die zweite Lösung entscheiden (ein bißchen mehr Geld, um die Familie zu ernähren, ist immer willkommen), und die meisten Frauen für die erste«, stellte I. Filippowa, Ärztin aus Wolgograd, in derselben Leserbriefspalte fest.

Meist sind es Männer, die sich besonders originelle Dinge einfallen lassen. Zum Beispiel Gennadij Prosur, über dessen Experiment die ganze Nation unterrichtet war. Obwohl er Ingenieur war, hatte er sich für eine Tätigkeit als Hilfskraft in einem Bürogebäude entschieden. Er arbeitete nur zwei Tage in der Woche, wofür er ein bescheidenes, aber für ihn ausreichendes Gehalt bezog. An den restlichen fünf Tagen ging er seinen Hobbys nach, las, bildete sich weiter oder kümmerte sich um das, was er brauchte, dem er sich vorher jedoch nicht so einfach widmen konnte, sprich: Defizite. Er betrachtet seine Lebensweise als eine, die dem kommunistischen Ideal viel näher liegt als jene der Arbeitsbesessenen, die von morgens bis abends unterwegs sind.

Seine Kritiker warfen ihm fehlende berufliche Perspektive und eine der sowjetischen Gesellschaft vollkommen zuwiderlaufende Lebenseinstellung vor. Arbeit ist mehr als ein Mittel zur Befriedigung materieller Bedürfnisse, doch viele Jugendlichen standen auf seiner Seite und äußerten den Wunsch, mehr Zeit für andere Dinge als die Arbeit aufwenden zu können.[24]

Eine andere klassische Beschwerde junger Werktätiger betrifft die Wohnsituation. Einige wohnen zwar noch bei ihren Eltern, doch die meisten leben weit entfernt von diesen in einem Entwicklungsgebiet oder in einer der neuen Städte. Hier, wo fast nur junge Leute wohnen und die

Infrastruktur erst viel später als die Fabriken entsteht (oft Jahre danach), spitzen sich die Probleme besonders zu.

Das System der Wohnheime für Ledige wird seit einiger Zeit heftig in Frage gestellt. Man wirft den Jungarbeitern vor, sie seien laut und unfähig, moderne soziale Lebensformen zu praktizieren. Nur allzugern bezichtigt man sie der Unreife, mit der Begründung, sie wollten ihr bislang ›behütetes Dasein‹ fortsetzen.

Die Situation verheirateter Paare ist weitaus unangenehmer, da im allgemeinen nur Wohnungen für Ledige zur Verfügung stehen. Es kommt nicht selten vor, daß die Ehepartner weiterhin jeder für sich in ihrem Appartement wohnen bleiben und sich nur gegenseitig besuchen können. Wenn man bedenkt, daß Besuch nach 23 Uhr nicht mehr erlaubt ist und meist mehrere Jugendliche in einem Zimmer schlafen, kann man sich den ehelichen Frust lebhaft vorstellen. Manche Wohnheime akzeptieren gerade noch Ehepaare, aber auf keinen Fall Nachwuchs, was zahlreiche junge Paare schon zu Beginn ihres gemeinsamen Lebens zur Abtreibung zwingt.

Die Arbeit auf dem Land wird in bescheidenem Maße auch für junge Leute wieder attraktiv. Die Landflucht ist zum Stillstand gekommen, es sind sogar gegenteilige Tendenzen zu verzeichnen, die sicher nicht zuletzt auf massive Investitionen in den vergangenen zehn Jahren zurückzuführen sind. Gas- und Wasseranschlüsse, asphaltierte Straßen, gut ausgerüstete Geschäfte, eine verbesserte Wohnungsituation, Schulen, geeignete Freizeitangebote und ein qualifiziertes medizinisches Versorgungssystem sollen den Bürger anlocken beziehungsweise festhalten. Doch nur die reichen Kolchosen, zum Beispiel im Baltikum, konnten sich derartige Ausgaben leisten. In Zentralrußland, vor allem im Gebiet der nicht-schwarzen Erde, das man wenig poetisch ›Land der Perspektivelosigkeit‹ nennt, verfügen die Dörfer gar nicht über ausreichende Mittel, um derartige Anziehungsmaßnahmen zu finanzieren.

Der Verbleib junger Leute im Dorf ist weniger an materielle Bedingungen als vielmehr an die Aufwertung des Landlebens insgesamt geknüpft. Diese ist, wie folgender Leserbrief beweist, sehr stark von der Qualität des Stellenangebots sowie von den Dienstleistungsunternehmen abhängig: »Wenn man endlich in Schuhen und nicht mehr in Gummistiefeln ins Kulturhaus gehen kann und wenn sich die Beschäftigungsmöglichkeiten für Frauen gebessert haben, werden sich bestimmt auch junge Paare in den nächsten Jahrzehnten an der landwirtschaftlichen Entwicklung beteiligen.«[25]

Den erzieherischen Aspekt der Arbeit veranschaulichen in erster Linie die Riesenprojekte und die Arbeitsbrigaden der Studenten. Das letzte große Unternehmen dieser Art war die BAM, der Bau einer parallel zur transsibirischen Eisenbahn verlaufenden Linie, wo Brigaden des Komsomol eingesetzt wurden. Doch wie wir schon eingangs bemerkten, der Pioniergeist der frühen Jahre hat erhebliche Einbußen erlitten. Damals galt es noch, ganze Landstriche wie in Kasachstan zu roden oder riesige Talsperren zu bauen, verbunden mit dem Bedürfnis, als junger Kommunist sein Bestes zu geben.

Weder erzieherisch noch wirtschaftlich wurde das erreicht, was man sich als Ziel gesetzt hatte. Auch der größte Enthusiasmus zahlreicher Freiwilliger täuschte nicht über die Tatsache fehlender Qualifikation und Unerfahrenheit hinweg, ganz zu schweigen von den Lebensbedingungen unwirtlicher Gebiete und dem unfreundlichen Empfang durch die ›normalen‹ Arbeiter.[26]

Die Studenten haben im Prinzip die gleichen Probleme, wenn sie das sogenannte ›Arbeitssemester‹ (das berühmte dritte Semester) ablegen. Ursprünglich sollte es einen Einblick in die Arbeitswelt gewähren, diente gleichzeitig aber auch der Arbeitskräfteverstärkung. Nicht zufällig werden die Studentenbrigaden auf Baustellen und in Kolchosen eingesetzt. Beide Bereiche gehören zu den weniger attraktiven Berufsgebieten und beklagen daher einen gehörigen Mangel an Arbeitskräften. Während die Studenten ihre Zeit oftmals mit unnötigen Wartereien oder überflüssigen Erklärungen darüber, wie man etwa Kartoffeln herauszieht, verbringen müssen, liest man im offiziellen Schrifttum immer wieder, wie sehr diese Arbeit erzieherisch und sozial wertvoll sei.

Im Zuge der *Perestrojka* hat man in letzter Zeit versucht, dieses studentische Semester wieder sinnvoller zu gestalten, indem man die Jugendlichen in die Gegend schickt, wo sie zu Hause sind oder sie dort einsetzt, wo man von ihren besonderen Fähigkeiten profitieren kann.[27] Insgesamt jedoch muß man sagen, daß der Ertrag dieser Arbeitseinsätze, ebenso wie das Resultat des Faches ›Obligatorische gesellschaftlich nützliche und praktische Arbeit‹, eine stark ideologische Komponente aufweist.*

Die Studenten können sich auch vertraglich, im allgemeinen mit einer Kolchose, verpflichten, entweder eine bestimmte Arbeitsleistung (zehn Hektar Karotten) zu erbringen oder in regelmäßigen Abständen (beispielsweise alle vierzehn Tage) einen Arbeitstag einzulegen. Ob dies den erzieherischen Wert erhöht, sei dahingestellt.

Die Zweifelhaftigkeit dieser studentischen Arbeit belegt auch die Erfahrung von 22 Schülern der 171. Schule in Nowosibirsk, die ausgerückt waren, um Kohl zu ernten. Im Jahr darauf schickte man sie in eine Art Großmarkt für Gemüse. Ab dem ersten Tag störte sie ein entsetzlicher Gestank, der von einer nahegelegenen Gemüsehalde herüberwehte. Wie sich herausstellte, handelte es sich um denselben Kohl der Kolchose ›Obsky‹, welchen sie im vergangenen Jahr geerntet hatten.[28]

Professoren sowie Studenten und Schüler plädieren für

* Die Arbeitsbrigaden stellen ganz prosaisch eine Möglichkeit dar, das Taschengeld aufzubessern und sich in die Gruppe der Studenten einzureihen, die als ›sozial aktiv‹ gelten, was wiederum für die *Charakteristika* nicht unwichtig ist. Aber berücksichtigt man die Zahl der Studenten und Studentinnen, die in Instituten und Universitäten die Uniform der SSO tragen, muß man davon ausgehen, daß sie stolz darauf sind, an diesen Arbeitseinsätzen teilzunehmen.

eine Teilnahme am wirtschaftlichen Leben – insbesondere für den Ernteeinsatz –, sofern die Tätigkeiten wirklich von Nutzen sind und das Studium nicht beeinträchtigen. »Die wichtigste Aufgabe des Studenten ist das Studium . . . Ist es sinnvoll, daß die Ärzte insgesamt ein Jahr ihrer sechsjährigen Ausbildung dem ›dritten Semester‹ opfern müssen, ohne daß dieses etwas mit ihrem zukünftigen Beruf zu tun hat?« fragt die *Komsomolskaja Prawda.*[29]

Auch die andere Seite macht sich ihre Gedanken. Ein Bauer aus Wolgograd schrieb an seine Kolchose: »In den fünfziger Jahren hat man uns zur Kartoffelernte Studenten geschickt. Sie brauchten bloß hinter dem Traktor herzulaufen und die Kartoffeln einzusammeln. Heute kann man alles maschinell bewältigen, aber man schickt uns immer noch Studentenbrigaden . . . Es ist eben einfacher, Studenten in Busse zu setzen, als Maschinen instand zu halten.«

Er beschrieb die aufwendige und kostspielige Prozedur der Bereitstellung von 20 bis 40 Omnibussen samt Fahrern, um einige hundert Studenten für einen Tag 40 bis 50 Kilometer weit zu fahren, auf daß diese zwischen zehn und elf Uhr endlich ihre Arbeit aufnehmen können. Kurze Zeit später legen sie zur Mittagszeit schon wieder eine Pause ein, arbeiten am Nachmittag noch etwa zwei Stunden und klettern dann wieder in ihre Busse zurück. »Das sind Goldfrüchte, die wir ernten«, schließt der Bericht.[30]

SECHSTES KAPITEL

Die Nutznießer

Widerstände gegen die ›Ethik der Arbeit‹ – Allgemeine Gleichgültigkeit und private Initiativen – Schwarzmarkt – Persönliche Tricks – Wildern – Antiquitätenhandel – Geldspiele – Tauschgeschäfte – Beamtenbestechung – Bestechungsskandal der Moskauer Kaufhäuser – Diebstahl – Drogenhandel.

Zu Beginn der *Perestrojka* versuchte die Partei, die breite Masse für ihre Ideen zu begeistern, indem sie ihr einen Ausblick auf das Jahr 2000 verschaffte, wo dank neuer Arbeitsweisen Portemonnaies und Geschäfte reichhaltig gefüllt sein sollten. Nach dem XXVII. Parteitag wurden zahlreiche praktische Maßnahmen ergriffen, um sowohl die Wirtschaft zu reformieren als auch eine soziale Verantwortlichkeit zu wecken, wie es sie seit den Tagen der Revolution nicht mehr gegeben hatte. Man erließ zwei Gesetze, die das Arbeitskollektiv betreffen, und ein neues Unternehmensgesetz; andere Initiativen richteten sich auf die Bildung von Kooperativen, auf die Förderung der Privatwirtschaft, auf die Wahl der Kader (Brigadeführer, aber auch Direktoren von Kaufhäusern und Fabriken), auf neue Produktions- und Verwaltungsmethoden und nicht zuletzt auf die aktive Teilnahme der heranwachsenden Bevölkerung.

Die Resultate entsprachen jedoch nur zum Teil den Hoffnungen. Selbst wenn das Volkseinkommen im ersten Jahr der *Perestrojka* um 4 % anstieg – die doppelte Steigerung des Vorjahres –, so hat sich für den Verbraucher und den Durchschnittsbürger nicht viel verändert.

Am 24. April des Jahres 1987 veröffentlichte die *Komsomolskaja Prawda* Leserantworten auf die Frage: »Was hat sich Ihrer Meinung nach im letzten Jahr verändert?« Die meisten begannen mit den Worten: »Ich habe überhaupt keine Veränderung bemerkt.«

»Eine Menge Dinge haben sich verändert, wenn man dem Rundfunk, den Zeitungen oder dem Fernsehen Glauben schenkt«, schrieb ein anonymer Leser aus der Gegend von Kiew. »Aber um mich herum, bei der Arbeit, ist alles unverändert.«

Am nächsten Tag erschien in der *Sowjetskaja Kultura* eine Auswahl von Leserbriefen zum Thema ›Alltag‹. Der fast überall gleichlautende Anfang hieß diesmal: »Ich verstehe nicht . . .«

»Ich verstehe nicht, daß so viele Türen zu sind«, schrieb eine Leserin. »In den Büros, den Krankenhäusern, am Bahnhof und in den Geschäften. Wer sind diese vorbildlichen Angestellten, die alle Türen verschließen und die Besucher in Schnee und Regen vor einer einzigen winzigen Tür warten lassen? . . .«

»Ich verstehe nicht diese Schlangen in den Geschäften«, schrieb eine andere. »Warum gibt es nie genügend Kassiererinnen und nie genügend Verkäuferinnen? Warum muß man selbst in Sparkassen, wo man die Miete oder die Stromrechnung bezahlen will, stundenlang anstehen, um sein Geld loszuwerden? . . .«

»Ich verstehe nicht dieses Bewachungssystem in unseren Hotels«, schrieb eine dritte. »Warum muß man sich von so vielen Leuten Unverschämtheiten gefallen lassen? Geschäftsführer, Paßkontrolleure, Empfangspersonal, Angestellte – alle tun so, als hätten wir etwas zu verbergen. Nicht zu vergessen das Zimmermädchen, das jederzeit bereit ist, sich um den Fernseher oder um unser Wohlbefinden zu kümmern. Man wird verfolgt, verdächtigt und derartig ungehörig behandelt, daß man Lust bekommt, etwas kaputt zu machen.«

»Ich verstehe nicht«, schrieb ein Leser aus Leningrad, »warum man die Verkäuferin bei *Gostinyj dvor* (ein großes örtliches Kaufhaus) immer nur von hinten sieht! Warum muß man die arroganten Blicke, die hysterischen Aufschreie und die ewige Unfreundlichkeit hinnehmen?«

Die Illustrierte *Ogonjok* geht noch einen Schritt weiter. »Man kann keine großen Umwälzungen erwarten, wenn wir nicht bereit sind, unsere Lebensweise radikal zu verändern. Nehmen wir als Beispiel die neuen Stadtviertel von Moskau. Die Häuser sind die reinsten Bruchbuden, die Geschäfte sind Bruchbuden, die Apotheke ist eine Bruchbude, und die Buchhandlungen sind auch nicht viel besser. Die zuletzt gebauten sehen jetzt schon so aus, als wären sie einem Erdbeben zum Opfer gefallen. Um seine Einkäufe zu machen oder um zur Bushaltestelle zu kommen, muß man erst einmal durch Schlamm waten, weil die Asphaltierung nicht fertiggestellt wurde.«

Bei diesem Optimismus ist es nicht verwunderlich, daß sich der durchschnittliche Sowjetmensch, der sich auch einmal etwas Besonderes, Luxuriöses leisten möchte, um ein zusätzliches Einkommen bemüht, welches ihm Schwarzarbeit und Schwarzmarkt gewährleisten.

Im Land der chronischen ›Defizite‹ gibt es fast nichts, das man sich nicht ›inoffiziell‹ besorgen könnte. Das reicht vom Schneiderkostüm (illegal, wenn der Schneider nicht als ›Selbständiger‹ registriert ist und als solcher Steuern zahlen muß) bis zum neuen Anstrich im Bad (oft mit Material aus Staatsbetrieben während der legalen Arbeitszeit ausgeführt) oder von der kleinen Dose Kaviar aus der Vorratskammer des Restaurants bis zu den westlichen Autos, die man nach einem vorgetäuschten Unfall oder als ›Schrottfahrzeuge‹ von einem ausländischen Diplomaten erworben hat.

Ein Journalist der *Komsomolskaja Prawda* stattete dem Schwarzmarkt von Archangelsk einen Besuch ab, in dessen Verlauf er einige der Spekulanten interviewte, die schon einmal mit der Miliz zusammengestoßen waren.

Der erste kam aus Baku und hatte in Leningrad von einer Einzelperson modische Konfektionsröcke erstanden, die er, nachdem er ein ausländisches Etikett eingearbeitet hatte, mit einem Aufpreis von 70 Rubel pro Stück weiterverkauft hatte. (Mit einem sowjetischen Etikett versehen, hätte sich niemand für diese Röcke interessiert.)

Die zweite war eine 27jährige Frau, die »beschlossen hatte, während ihres Mutterschaftsurlaubs das Familienbudget aufzubessern«. Sie hatte in Viborg an der finnländischen Grenze ein Paar Sportschuhe gekauft, die sie in Archangelsk zum zwei- bis vierfachen Preis (bis zu dreihundert Rubel) weiterverkauft hatte.

Der dritte Spekulant war auch eine Frau, die aus Estland gekommen war, um ihrer Kusine einen Besuch abzustatten. In ihren beiden Koffern befanden sich 192 bedruckte Plastiktüten, sieben Paar Strumpfhosen, sechs T-Shirts und zwei Kinderhosen, zwei Jeans, Handschuhe, ein Sortiment Tönungsshampoos sowie 25 Flaschen Reinigungsschaum. Sie verkaufte eine Plastiktüte, für die sie in Tallinn sechzig Kopeken bezahlt hatte, zu drei Rubel.

Begehrt waren ferner japanische Uhren, Sonnenbrillen sowie Ausgaben des Bulgakow-Romans *Der Meister und Margerita* (die Schwarzmarkthändler reißen sich um diese Art von Büchern, manche von ihnen erzielen das Zehnfache ihres ursprünglichen Preises). Die Stelle, an der dieser Markt abgehalten wurde, war winzig. Zum Umkleiden benützten die Leute die umstehenden Büsche.[1]

Die ›Herstellung‹ ausländischer Waren gehört zum Geschäft eines Schwarzmarkthändlers.

Man kauft Jeans, T-Shirts oder andere Waren auf, verpaßt ihnen ein ausländisches Etikett und bietet sie auf dem Schwarzmarkt an. Drei Letten haben 1985 ein Gewerbe in diesem Stil betrieben. Aus einem staatlichen Betrieb wurden Arbeiter angeheuert, die die Waren dort ›abzogen‹, sie in eine Garage transportierten und hier mit den besagten Etiketten versahen.

Die örtliche Miliz, der diese Aktivität nicht entgangen sein konnte, rührte sich nicht. Erst in der Gerichtsverhandlung gegen die drei Letten wurde offensichtlich, warum man diese in Ruhe gelassen hatte: einer der drei hatte zum OBKhSS* von Riga einen guten Kontakt, und zwar, man höre und staune, zum Leiter der Kampagne gegen den Schwarzmarkthandel! Das Trio wurde zu drei Jahren Gefängnis verurteilt.[2]

In Moskau wechseln die besagten Händler unaufhörlich ihre Standorte. Im Sommer 1986 bevölkerten sie den Rasen gegenüber dem Außenministerium, wo sie den ausländischen Touristen des nahe gelegenen Hotels ›Belgrad‹ Jeans und T-Shirts abkauften, um sie wenig später mit erheblichem Gewinn an Sowjets weiterzuverkaufen, die vom benachbarten Kiewer Bahnhof kamen.

Ab achtzehn Uhr verlagerten sich die Aktivitäten, weil die Prostituierten anrückten. Ihnen war an den ausländischen Touristen und vor allem an deren Devisen, Geschenken und sogar an Rauschgift gelegen. Dieser Zustand dauerte aus dem einfachen Grund mehrere Monate an, weil dieser Platz sich auf der Grenzlinie zweier Polizeireviere befindet und niemand die Verantwortung für ein Eingreifen übernehmen wollte. Erst als der Skandal unerträgliche Ausmaße angenommen hatte, wurde der Platz ›gesäubert‹, und die Händler zogen mit ihrer heißen Ware in die Umgebung der Gorki-Parks. Doch die Prostituierten waren sehr schnell wieder zur Stelle, um die Nachtschwärmer, die in ihr Hotel zurückwollten, anzusprechen und nach Möglichkeit abzuschleppen.

Die Prostitution hat immer schon existiert, häufig sogar als verlängerter Arm der Polizei, doch erst *Glasnost* hat die Presse in die Lage versetzt, auch darüber zu berichten. Eine für das Milieu typische Geschichte ist die der Lisa Tamarina. Sie hatte, bevor sie zu zweieinhalb Jahren Gefängnis wegen Drogenbesitzes verurteilt wurde, im Restaurant Arbat ›gearbeitet‹. Vor Gericht erklärte sie, daß sie angefangen hatte, auf den Strich zu gehen, um an ausländische Devisen heranzukommen, mit denen sie ihren Drogenkonsum finanzieren mußte.[3] Devisen sind der einzig mögliche Gegenwert für professionelle Liebesdienste; Gelegenheitsdirnen dagegen akzeptieren auch mal eine Bezahlung in Naturalien, Kleidungsstücken oder Luxusgegenständen. Die ›Professionellen‹ verlangen mehr: eine Datscha, ein Auto oder einen ausländischen Ehemann . . . Das ist der große Traum einer jeden ›Professionellen‹. Es geht ihr dabei gar nicht einmal um die Ausreisemöglichkeit (ein Visum dauert viel zu lange), sondern vielmehr um den Zugang zu ausländischer Währung. Freilich verschwindet der Ehemann nach der Hochzeit und vor allem nach der Wechselerklärung beim Notar. 1987 betrug der Preis für einen Ehemann 5000 Dollar. Wenn man davon ausgeht, daß ein Liebesabenteuer einhundert Dollar einbringt, »muß die Verlobte«, so errechnete die Zeitung *Moskowskij Komsomolez*, »mit fünfzig Ausländern schlafen, um einen Ehemann zu kaufen«.[4] Die Zeitung wollte ganz offensichtlich alle jungen Mädchen vor den Gefahren des ›schönen Lebens‹ warnen.

Zwischen Miliz (und selbstverständlich auch zwischen dem KGB) und professionellen Prostituierten existieren Übereinkünfte, die den einen Informationen garantieren und den anderen die Gewißheit verschaffen, in Ruhe ›arbeiten‹ zu können. Diese Tatsache führt bisweilen zu eigenartigen Situationen. Als eine Gruppe von *Druschinniki* eine Dirne zum Polizeirevier bringen wollte, »preßte diese ihre smaragdgrüne Handtasche an den Busen und fragte: ›Wollt Ihr Schwierigkeiten bekommen, Jungs?‹« In der Annahme, sie stecke mit dem KGB unter einer Decke, ließ man sie frei, in Wahrheit hatte sie jedoch gar nichts mit ihm zu tun.[5]

Bis Juni 1987 gab es schlichtweg kein Gesetz gegen einen Mißstand, der in der Sowjetunion offiziell gar nicht existierte! Die Zeitungen sprachen von ›Geschäftsfrauen‹ (immer in Anführungszeichen gesetzt), was immerhin ein Fortschritt war, denn damit wurde wenigstens ihre Existenz zugegeben. Sie konnten zwar verhaftet werden, weil sie keiner ordentlichen Arbeit nachgingen, doch ein ärztliches Attest ließ sich jederzeit gegen Geld beschaffen. Übrig blieb dann nur noch der Vorwurf des ›Devisenhandels‹ beziehungsweise anderer Geschäfte. Die *Komsomolskaja Prawda* schreibt sehr mutig: »Dieses ehrlose Business existierte seit jeher, zumal wir auch nichts dagegen unternommen haben. Wir haben jahrelang die Augen verschlossen und so getan, als wüßten wir nichts davon. Es ist beschämend, doch verständlich, daß wir geschwiegen haben . . .«

Zwischen den ›Krisenherden der Sünde‹ in Moskau oder Minsk und denen der südlichen Meere liegen zweitausend Kilometer, nach Osten bis zum Pazifischen Ozean erstrekken sich weitere achttausend Kilometer, und entlang dieser Tausende von Kilometern haben sich Hunderttausende von Sowjetmenschen auf diverse Spielarten verbotener Arbeit verlegt. Weit verbreitet ist die Wilddieberei von Lachsen und Stören. Wegen ihres Fleisches und vor allem wegen des roten und schwarzen Kaviars sind sie die bevorzugten Opfer von Wilddieben.

Die Staatsfischereien gewinnen den Kaviar, indem sie die Weibchen in großen Netzen einfangen und ihnen durch seitlichen Druck den Rogen aus dem Körper herauspressen. Anschließend werden sie wieder ins Wasser gesetzt. Die Fischdiebe dagegen, welche die Weibchen im allgemeinen nicht von den Männchen unterscheiden können, fangen und töten die Tiere, wie sie ihnen ins Netz gehen. Sie holen die Fischeier heraus, salzen sie und verkaufen sie zusammen mit dem Fleisch so schnell es geht auf dem nächsten Markt.

Der Verlust ist sowohl für den Staat als auch für die Natur beträchtlich.

Auf der Insel Sachalin wurde 1985 der durch Wilddieberei entstandene Schaden auf 750 000 Rubel geschätzt. Unter den Übeltätern befanden sich ein Diplomingenieur, ein Kapitän zur See, eine Professorin der Kunstakademie aus Korsakow und eine alte Dame. Der Oberinspekteur der Inselfischerei konnte eine hübsche Ansammlung von Steinen vorweisen, mit denen man ihm die Fensterscheiben zertrümmert hatte. Andere Untersuchungsbeamte erstatteten Anzeige, weil man sie »mit Axt und Gewehr verfolgt hatte, um sie zu vertreiben«.[6]

Wird ein Wilddieb in flagranti erwischt, erfindet er mitunter die unglaublichsten Entschuldigungen. Das satirische Wochenblatt *Krokodil* legte drei Arbeitern eines staatlichen Bauernhofs, die gerade einen Lachs mit einer Mistgabel aufspießen wollten, folgende Erklärungen in den Mund: »Als wir die Furt durchquerten, wurden wir plötzlich von Lachsen angegriffen, die so groß wie Haie waren. Wir haben in reiner Notwehr gehandelt. Glücklicherweise haben wir uns samt einem Fäßchen Kaviar in Sicherheit bringen können . . .«[7]

Aufseher, die diese Art der ›Fischerei‹ unterbinden sollen, erhalten dreißig Prozent der konfiszierten Waren, höchstens allerdings das Fünffache ihres monatlichen Einkommens. Überschreiten sie diese Grenze, verlieren sie das Interesse an ihrer Tätigkeit und schlagen sich nicht selten auf die Seite ihrer ehemaligen Gegner.

Im Juli 1986 berichtete die *Sowjetskaja Rossija* über den illegalen Vertrieb von schwarzem Kaviar und geräuchertem Fisch in Südrußland. Um die Fischereiaufseher zu unterstützen, hatte man eine ›Gewässermiliz‹ gegründet und ihnen zur Seite gestellt. Doch diese Maßnahme hatte nicht mehr als symbolischen Charakter.

Zwei Monate vorher war einer dieser Gewässerpolizisten in einem Krankenwagen aufgefallen, der bis an den Rand mit Kaviar vollgepackt war, den eine Bande veboteneweise in der Bucht von Agrachanskij im Kaspischen Meer verarbeitet hatte. »Bei der Durchsuchung des Fahrzeugs stieß man auf 346 Kilo schwarzen Kaviar und 21 Störe. Die Hälfte des Kaviars war ungenießbar. Die Untersuchungen führten zu einem Depot, wo Waffen, Netze und Sprengsätze versteckt waren. Dort hatten die Wilderer die Störe aufgeschnitten und ihnen den Kaviar entnommen. Die Fleischreste waren ins Meer zurückgeworfen worden.

Der Kaviar wurde an Ort und Stelle gepökelt und in Konservendosen abgefüllt. Um etwa einhundert Kilo daran zu gewinnen, hat diese Bande mit Sicherheit 240 bis 250 Störweibchen und ebenso viele Männchen getötet.«

Weiter nördlich hat die Miliz Reste eines anderen Störmassakers (an die vierzig Köpfe) entdeckt und vier Personen festgenommen. »Und was meinen Sie, wer der Anführer war? – Ein Fischereiaufseher.«[8]

Die Sowjets neigen dazu, die Verbrechen ihrer Mitbürger gerne auf den Kontakt mit Ausländern zurückzuführen. Diese Vermutung ist im Hinblick auf den Antiquitätenmarkt nicht ganz unbegründet. Es gibt zwar in den Städten Antiquitätengeschäfte, wo die Sowjets Gegenstände gegen eine Kommission von sieben Prozent verkaufen lassen können (der private Handel ist verboten), und es existieren auch einige offizielle Läden, in denen man, selbstverständlich gegen Devisen und zuzüglich einer Ausführungssteuer, Gegenstände erwerben und rechtmäßig, das heißt, mit einer Bescheinigung des Kultusministeriums versehen, über die Grenze bringen kann. Die Mehrzahl aller Antiquitäten wird jedoch auf dem Schwarzmarkt in Rubel eingekauft und in den Koffern der Diplomaten, die vom Zoll nicht kontrolliert werden, außer Landes geschmuggelt.

Um wirklich gute Geschäfte zu machen, braucht der Antiquitätenhändler einen von Berufs wegen unverfänglichen Grenzgänger. 1986 wurde in einem Prozeß gegen einen Sowjetbürger und einen Ausländer wegen Instrumentenschmuggels deutlich, mit welchen Praktiken in diesem Bereich gearbeitet wird.

Am 8. Februar wurde auf dem Flughafen Scheremetjewo Thomas d'Oriya mit einer Galliano-Geige im Wert von 200 000 Rubel verhaftet. Wie sich während des Prozesses herausstellte, hatte er im Auftrag eines Musikprofessors des Moskauer Konservatoriums, Sergej Djaschenko, versucht, die besagte Violine zu exportieren. D'Oriya, Übersetzer des Progress-Verlags, war aus den Vereinigten

Staaten mit billigen Geigen eingereist, die er ordnungsgemäß beim Zoll angemeldet hatte, verließ aber das Land mit antiquarisch hochwertigen Stücken. Dieses System hatte sich 1984 ausgezeichnet bewährt, als eine Santa Serafin auf diese Weise in den Vereinigten Staaten für 40000 Dollar verkauft worden war. Nur wurde der Zollbeamte im Februar 1986 leider mißtrauisch und ließ einen Experten kommen, der den Schwindel bemerkte und aufdeckte. Die Untersuchungen ergaben, daß Djaschenko zwischen 1983 und 1986 mit Hilfe eines ausländischen Studenten fünf alte Violinen im Wert von 98000 Rubel außer Landes geschafft hatte. Um an sein Geld zu kommen, hatte Djaschenko die Tochter eines Freundes in New York, Leute in Israel und sogar seine Eltern in Suchumi eingespannt. Man errechnete eine Gewinnspanne von insgesamt 160000 Rubel.

Djaschenko wurde zu sieben Jahren Gefängnis und d'Oriya zu dreieinhalb Jahren verurteilt. *Sowjetskaja Rossija* ließ sich die Gelegenheit nicht nehmen, darauf hinzuweisen, daß »die Arbeit russischer Leibeigener die Bezahlung« dieser Geigen seinerzeit ermöglicht hatte und ein neues, erst nach der Verhaftung d'Oriyas erlassenes Gesetz, das die Registratur der in Privatbesitz befindlichen historischen Schätze vorschreibt, leider zu spät gekommen sei.[9]

Ein sowjetischer Tanker, an dessen Bord sich der zweite Offizier Iwan Brunowskij befand, verließ aus unerklärlichen Gründen seine vorgeschriebene Route. Bei der Überprüfung des Schiffs wurden, in einem Navigationsteil versteckt, vier Leninorden, drei Orden des Roten Sterns und weitere Medaillen aufgefnden.

Brunowskij hatte sie für ausländische Sammler mitgenommen. Was den Fall noch erschwerte, war die Tatsache, daß der Sohn eines Veteranen aus dem Großen Vaterländischen Krieg bereits vormals 150 Autoradios und »sogar zwei Personenkraftwagen unter der Kategorie ›Ersatzteile‹« in die UdSSR eingeführt hatte.

Es handelt sich hierbei um nur eine Affäre unter vielen, die sich hauptsächlich zwischen der Sowjetunion und Finnland in Form von Tauschgeschäften abspielen.

1986 stand der Finne Palo Jarmo vor einem sowjetischen Gericht und wurde bezichtigt, 21 pornographische Fotos, in einer Plätzchendose versteckt, eingeführt zu haben. Ein anderer Finne hatte versucht, ›antisowjetische‹ Kassetten in seinem Gepäck mitzuführen, und ein dritter, ebenfalls Finne, wollte in einem Blumentopf 1450 Dollar in die Sowjetunion bringen.

Ogonjok zufolge besuchen zahlreiche Finnen die Hafenstadt Tallinn für einige Tage, »nicht etwa, um in die Oper zu gehen oder in den Straßen der Altstadt zu flanieren, sondern um ihre Koffer in Estlands Hauptstadt zu erleichtern«.

Die finnische Zeitung *Helsingin Sanomat* berichtete im November, daß von der Hafenstadt Pori aus über vier Jahre hinweg großangelegte Schmuggelgeschäfte getätigt worden seien. Man hatte finnische Arbeitslose für einen kleinen Aufenthalt in der UdSSR, einschließlich 100 Rubel Taschengeld und ein Essen im Restaurant, angeheuert, auf daß sie westliche Waren in der Sowjetunion verkauften und im Gegenzug begehrte sowjetische Artikel ausführten. Auf diese Weise wurden Jeans, Turnschuhe, Radios, Armbanduhren, Videokassetten, Videorekorder und Kfz-Ersatzteile gegen Farben, Kaviar und Antiquitäten getauscht.

In einem Land, wo ›nichterarbeitete Einkommen‹ illegal sind und das Durchschnittseinkommen 1987 bei 193 Rubel lag, ist die Existenz von berufsmäßigen Spielerrunden zumindest überraschend. Immerhin wurden von den Behörden an die dreihundert Spielhöhlen[10] ausgehoben. Allerdings gibt es in den meisten Unionsrepubliken kein Gesetz, das Geldspiele unter Strafe stellt. So ist man gezwungen, gegen Spieler andere Anklagen zu erheben, was meistens nicht allzu schwer fällt, da in diesem Metier bekanntermaßen mit kolossalen Summen jongliert wird.

Ein gewisser Brodskij, der mit einer (selbstverständlich illegalen) Jeansfirma Unsummen verdiente, machte in der Presse von sich reden, nachdem er 390 000 Rubel Spielschulden auftreiben mußte und die ihm noch fehlenden 90 000 kurzerhand stahl. Dabei wurde er verhaftet und zu einer schweren Gefängnisstrafe verurteilt.[11]

Diese Berufsspieler gehören unweigerlich ins Milieu der Schwarzmarkthändler. Ihre Einnahmen sind geheim und ihre Ausgaben erst recht. Um ihre Gelder genießen zu können, müssen sie sich in hohem Maße vorsehen. Für den Kauf einer Datscha brauchen sie einen Strohmann, für die Anmeldung einer Jacht genügt der Name eines Clubs. Falls Schwierigkeiten auftauchen, müssen sie damit rechnen, daß es keinen Ausweg gibt, denn die sowjetischen Grenzen sind sorgfältig bewacht und die Gepflogenheiten des Milieus kennen kein Erbarmen: Spielschulden oder gezinkte Karten werden gnadenlos geahndet.

Ein Journalist der *Iswestija* hatte sich 1986 einen Tag in Polizeiuniform auf den Jaroslawl-Prospekt in Moskau gestellt und die Autofahrer wegen kleiner Vergehen angehalten. Jedesmal, wenn man ihm den Führerschein vorzeigte, war ein Drei- oder Fünfrubelschein beigefügt, was ihn sehr erstaunte. Das gleiche ereignete sich an anderen Kreuzungen Moskaus.

Ein Major der GAI (Verkehrspolizei) sagte dazu ganz offen: »Ihnen hat man drei beziehungsweise fünf Rubel angeboten, einem Inspektor werden systematisch 25 Rubel angeboten. Und stellen Sie sich einen jungen Inspektor vor, dem jedes Mal Geld angeboten wird! Am Anfang nimmt er es nicht an. Er lehnt einmal, zweimal, dreimal ab, aber beim zwanzigsten Mal? Oder beim hundertsten Mal? Die Schwachen geben nach und stecken das Geld ein. Nach und nach finden sie Gefallen daran und verlangen es sogar.«[12]

Laut Statistik der GAI geht die Initiative zum Schmieren nur zur Hälfte auf die Polizisten selbst zurück, die andere Hälfte sind die Bürger. Nationale Erhebungen haben herausgefunden, wo die korruptesten Inspektoren sitzen: in Moskau, Usbekistan, Georgien, Kirgisien, Tashikistan und den nördlichen Regionen des Kaukasus. Tausende, so berichtete die *Iswestija* 1984, wurden aus der GAI entlassen und Hunderte dem Richter vorgeführt. Ein Jahr später sollen sich die Delikte verringert haben[13], doch gibt es keine verläßlichen neueren Untersuchungsergebnisse. Es ist nicht ausgeschlossen, daß mittlerweile die Grenze von fünf, zehn oder sogar fünfundzwanzig Rubel überschritten worden ist. Eine unserer Bekannten mußte sich 1987 einem Alkoholtest unterziehen, weil sie eine weiße Linie überfahren hatte. Um den Verlust ihres Führerscheins zu verhindern, bezahlte sie 300 Rubel.[14]

Das Ausmaß von Korruption bei der Verkehrspolizei ist allerdings in keiner Weise mit dem zu vergleichen, was sich im Waren- und Güterhandel abspielt.

1986, als der Prozeß gegen die Direktoren der großen Kaufhäuser (das neue Arbat, Gum und Gastronom Nr. 1) angestrengt wurde, gab der Untersuchungsrichter W. Olejnik der Zeitung *Iswestija* ein Interview. Dort berichtete er, daß die fünfzehn Direktoren und die für die Abteilung Handel zuständigen Funktionäre mehr als eine Million Rubel Bestechungsgelder entgegengenommen und ihrerseits eine dreiviertel Million Rubel Bestechungsgelder gezahlt hatten.

Zur Veranschaulichung dieses Protektionssystems erwähnte Olejnik das Buch des Moskauer Großmarktdirektors Ambarzumjan, in dem dieser über zehn Jahre hinweg peinlich genau jedes ›Geschenk‹ aufgeführt hatte, das den Funktionären zugekommen war. »Viermal im Jahr wurden zu den großen Festtagen Geschenkkörbe mit den exklusivsten Delikatessen zusammengestellt, die an Funktionäre der Partei und der städtischen Exekutivkomitees, an die Industrie- und Handelskammer sowie an das Handelsministerium und sogar an die OBKhSS geschickt wurden.«

Auch Vorgesetzte erhielten diese Art von Geschenken –

eine Form des Entgegenkommens, die niemals ihren Zweck verfehlte.

Einem Untersuchungsbeamten zufolge hat sich auf dem Handelssektor durch den Prozeß nicht viel verändert. »Solange diese verurteilungswürdigen Protektionsmechanismen nicht durch seriöses Management ersetzt werden, werden wir immer in den Anfangsschuhen steckenbleiben.«[15]

Im Jahre 1986 wurden vier hohe Beamte des Außenhandelsministeriums – Likow, Nikitin, Michajlow und Proslow – zu einer Gefängnisstrafe von fünfzehn Jahren verurteilt, weil sie von ausländischen Geschäftsleuten Schmiergelder bezogen hatten. In diesem Zusammenhang wurde der verführerische westliche Einfluß ins Feld geführt. Likow erzählte vor Gericht, die Ausländer »hätten ihnen im wahrsten Sinne des Wortes die Wünsche von den Augen abgelesen. Beim geringsten Anzeichen von Interesse für ein bestimmtes Objekt, befand sich dasselbe wenig später in unserem Hotelzimmer«. Die Verteidigung zeichnete ein Bild aus ›Tausendundeiner Nacht‹: In ihren Hotelzimmern wurden sie mit »Rasenmähern, Badezimmerarmaturen, heizbaren Wagensitzen, Radarmeßgeräten in Geschenkform, ganzen Saunas und weiß der Himmel was noch alles« nur so überschüttet. In ihrer Begeisterung schlossen die vier Politiker Verträge ab, die den Staat Millionen von Rubel kosteten. Darunter befand sich beispielsweise eine Bestellung von Fertighäusern ohne Badezimmer zu einem horrend hohen Preis. (Der sowjetischen Regierung wurden letztlich elf Millionen Rubel zurückerstattet.) Der Staatsanwalt forderte für den Hauptschuldigen Likow die Todesstrafe. Das Gericht begnügte sich jedoch mit fünfzehn Jahren Gefängnis.[16]

Die UdSSR konnte in den letzten Jahren die vermehrte Zunahme von Privatbesitz vor allem bei denjenigen, die in der Schattenwirtschaft tätig sind, feststellen und in gleichem Maße einen Anstieg von Diebstählen und Einbrüchen verzeichnen. Besucht man die Sowjetunion, fallen überall die vergitterten Fenster der Erdgeschosse auf. Wohnungseinbrüche gehören schon fast zur Tagesordnung, so daß man immer häufiger zu Nummernschlösser übergeht.

Die Polizei unterscheidet zwei Typen von Einbrechern: der eine, gewissermaßen ein ›Reisender‹, verläßt nach dem Einbruch Tatort und begibt sich danach woanders hin, um dort weiterzumachen; der andere operiert von einem festen Wohnsitz aus. Beide sind jung, ordentlich gekleidet und verfügen über gute Umgangsformen. Das Bandenwesen dagegen ist relativ wenig verbreitet.

Die meisten Wohnungen werden am Tag zwischen zwölf und vierzehn Uhr geknackt. Türen und Schlösser sind gewöhnlich so beschaffen, daß sie sich mit einem Schulterdruck öffnen lassen. Wohnblocks mit 18 oder 22 Etagen begünstigen auch wenig die Wachsamkeit der Nachbarn.

Schwerer Diebstahl mit Gewaltanwendung ist in der UdSSR relativ selten. In Moskau und auch in anderen Städten ist es ohne weiteres möglich, des Nachts durch die spärlich beleuchteten Straßen zu gehen. Überfälle oder Diebstähle, wie man sie aus zahlreichen westlichen Städten kennt, hat man nicht zu befürchten. Zum Mord kommt es meist unter Alkoholeinfluß und im Affekt. Das Opfer ist häufig ein naher Verwandter oder, in den meisten Fällen, der Ehegatte.

Beunruhigend allerdings ist die zunehmende Straffälligkeit von Jugendlichen: ein Fünftel aller Diebstähle, ein Drittel der Vergewaltigungen und die Hälfte aller Autodiebstähle gehen auf das Konto von Minderjährigen.

Der Anstieg von Verbrechen und Jugendkriminalität ist nicht zuletzt auf den vermehrten Rauschgiftkonsum zurückzuführen. Wie in den meisten anderen Ländern auch reicht das normale Einkommen eines Süchtigen nicht aus, um den täglichen Bedarf an Drogen zu decken. Er benötigt 170 bis 200 Rubel pro Tag, denn ein Gramm Morphium kostet 600 bis 700 Rubel und ein Glas getrockneter und gestoßener Mohn bis zu 150 Rubel.[17]

In Alma Ata, der am meisten betroffenen Stadt, sind die Hälfte aller Diebstahlverbrechen auf Rauschgiftkonsum zurückzuführen. »Ein Gramm Opium ist genauso teuer wie ein Gramm Gold«, erklärte der Leiter des Innenministeriums von Kasachstan, Ernst Barasow. Seine Beamten hatten einen Rauschgiftring ausgehoben, der seine Ware mit Hilfe des Express-Zuges Alma Ata-Leningrad beförderte. Die Drogenhändler, so berichtete Barasow, lassen sich in Kasachstan, wo Arbeitskräfte immer gebraucht werden, in der Nähe von Hanf- und Mohnanbaugebieten als landwirtschaftliche Aushilfsarbeiter einstellen. Wenn sie genug ›Stoff‹ gesammelt haben, verschwinden sie von einem auf den anderen Tag, meist sogar ohne ihren Lohn abzuholen. Trotz verstärkter Kontrollen bei der Einstellung läßt es sich nicht vermeiden, daß Rauschgifthändler aus allen Teilen der UdSSR – ›Frunse, Dnjepropetrowsk, Irkutsk, Togliatti‹ – die Felder der Unionsrepublik unsicher machen. Auf die Frage, ob man nicht wenigstens die illegalen Felder vernichten könne, antwortete der Minister, daß ›Hunderttausende von Hektar‹ Weideland mitbetroffen wären und daß, selbst wenn man das Land mit Unkrautvernichtungsmitteln behandelte, der Hanf nachwachsen würde, sobald die Herbizide das Weideland zerstört hätten.[18]

Bei einer Razzia in Usbekistan fiel der Polizei auf einem staatlichen Hof in der Nähe von Kokand ein Arbeiter in die Hände, der in seinem Auto 190 000 Rubel und in seinem Kühlschrank ein halbes Kilo Opium versteckt hatte. Die Miliz erklärte die Vorgehensweise: »Man läßt seinem Verbindungsmann in der Region eine hohe Summe – sagen wir mal 50 000 Rubel – zukommen und dieser versucht, mit jemand, der in einer Kolchose arbeitet, Kontakt aufzunehmen. Nach dem Motto: ›Säe dir ein Feld und ernte im Mai, hier ist ein Vorschuß!‹ steckt er ihm das besagte Geld zu, um im Frühling wiederzukommen und die Früchte seiner Tätigkeit abzuholen.«[19] *Wetschernjaja Moskwa* meldete die Festnahme eines Mannes am Moskauer Bahnhof Kasan, »der mit eineinhalb Kilo Haschisch angekommen war, in der Hoffnung, sich von dem Erlös ein Auto kaufen zu können«.

Die Rauschgift-Mafia freilich unterhält ein perfektes Transport- und Verteilungssystem und umgibt sich selbst mit der Aura des ehrenhaften Bürgers. »Kein Mensch käme auf die Idee, daß sie ihre Leibwächter im Bett neben sich liegen haben und daß unter den Matratzen Hunderttausende von Rubel versteckt sind.« Unter den Festgenommenen, von denen die Zeitungen berichten, befinden sich ebenso Chefärzte eines Krankenhauses wie Trainer einer Sportmannschaft.

Doch all dies ist vergleichsweise harmlos, im Land des vorbildlichen Arbeiters, gegenüber der Mangelerscheinung par excellence, dem *Brak:* Gebrauchs-, Transport- und Industriegüter, die wegen ihrer miserablen Qualität praktisch unbrauchbar sind. 1980 erklärte eine Freundin, warum ihre gesamten Töpfe nur einen Stummel anstelle des Griffs hatten: »Das ist nichts Besonderes. Ich habe die wackeligen Griffe abgemacht, bevor mir die Suppe die Füße verbrennt.«

Die Situation war 1986 nicht viel besser. Selbst in den Wohnungen für Ausländer, wo der Quadratmeterpreis genauso hoch war wie in einem Appartement mit Blick auf die Champs-Elysées, konnte man von Glück reden, wenn die beiden Aufzüge funktionierten. Ansonsten hatte man sich mit zahllosen Ärgernissen abzufinden, als da sind: tropfende Wasserleitungen, stundenlange Warmwasserunterbrechungen beim geringsten Anlaß – im Mai sogar drei bis sechs Wochen lang wegen ›prophylaktischer Reparaturen‹ und vieles andere mehr, was nicht ganz einwandfrei ist.

Was soll man in Anbetracht dieser Tatsachen zu den Sowjetmenschen sagen, die ihre wenigen Geschäfte für Baumaterialien abklappern müssen, – nicht jeder hat schließlich gute Beziehungen zum Lastwagenfahrer einer Baufirma – wenn sie ihre schlecht isolierten Wohnung winterfest machen wollen, wenn sie Risse in den Wänden beheben wollen, die meist schon kurz nach der Fertigstellung entstehen, oder wenn sie nur eine Schraube brauchen, um wieder mal einen Gegenstand zu befestigen, der nur an einem Zipfel hängt. (Zweifellos haben die Arbeiter bei der Erstellung des Hauses alles Fehlende mitgenommen, genau wissend, welchen Tauschwert auch nur der geringste Nagel hat.)

Ende 1986 führte die Geschäftsführerin eines Schuhladens ihre vor wenigen Tagen eingetroffene Lieferung im Fernsehen vor: Nicht ein einziges Paar Schuhe war in einem ordentlichen Zustand und für den Verkauf geeignet. Auch die industrielle Produktion bleibt von *Brak* nicht verschont: Eisenbahnwagen ohne Anhängervorrichtung oder Laufkräne ohne Laufmechanismus sind durchaus keine Erfindung.

Die ins Leben gerufene unabhängige Qualitätsprüfungskommission *Gosprijomka* wurde Ende 1986 zwar als ein wichtiges Instrument wirtschaftlicher Erneuerung angesehen, hatte aber nicht unwesentliche Anfangsschwierigkeiten zu überwinden. Arbeiter, die Gehaltseinbußen hinnehmen mußten, und Direktoren, die ihre vorgeschriebenen Pläne nicht einhalten konnten, verurteilten dieses Kontrollsystem Anfang 1987 »als zu realitätsfern und zu wenig anpassungsfähig«. In manchen Betrieben kam es sogar zu Arbeitsniederlegungen, da die von *Gosprijomka* veranlaßte Abnahmeverweigerung Einkommensminderungen verursacht hatte.

Aber nach dieser etwas chaotischen Anfangsphase sind ermutigende Erfolge zu verzeichnen. Anfang 1987 zum Beispiel war in ganz Moskau kein Photopapier aufzutreiben. *Gosprijomka* nämlich hatte im vorhergehenden Sommer fast die gesamte Produktion eines Großherstellers, der für die Moskauer Geschäfte zuständig war, wegen unzureichender Qualität abgelehnt. die Firma ergriff daraufhin entsprechende Maßnahmen und brachte im November 1987 ein Papier von nie gekannter Qualität auf den Markt, so daß achtzig Prozent der Produktion den Prüfungskriterien standhielt.

SIEBTES KAPITEL

Politisches Leben

Parteieintritt – Bedeutung des Komsomol – Politische Erziehung – Politik und junge Werktätige – Bürokratismus innerhalb des Komsomol – Kongreß 1987 – Gorbatschows Machtübernahme – Wahlen mit Kandidatenwettbewerb – Neuerungen im Moskauer Stadtrat.

In der Sowjetunion gibt es nur zwei politische Bekenntnisse: Entweder man ist in der Partei oder nicht. Doch wer meint, der Schritt zur Zugehörigkeit wäre eine rein persönliche Entscheidung, der irrt. Das zukünftige Mitglied muß von Zugehörigen der Partei vorgeschlagen werden und eine Art Probezeit bestehen, bevor es aufgenommen werden kann. Es werden die Kandidaten ausgewählt, die sich »am Arbeitsplatz und im sozialen Umfeld durch Aktivität auszeichnen«.[1]

Der Eintritt in die Partei ist schwierig, doch der Austritt ist vor allem gefährlich. Scheidet man freiwillig aus, ist man als Staatsbürger erledigt, wird man aus der Partei verstoßen, schleppt man diesen Makel wie eine schwere Last sein Leben lang mit sich herum. Nur politisch wichtige Personen dürfen mit einer Rehabilitierung und einer Rückkehr in die Reihen der Partei rechnen.

Die Kehrseite der Medaille ist der Vorbildcharakter, den ein Parteimitglied repräsentieren sollte. Im Kampf gegen den Alkohol und für eine bessere Disziplin sollten Parteimitglieder mit gutem Beispiel vorangehen, und wer dagegen verstößt, muß mit einer Verwarnung oder gar mit Ausschluß rechnen. Außer der Teilnahme an den Sitzungen der Basiszelle wird von einem Parteimitglied die Bereitschaft zu verschiedenen sozialen Tätigkeiten erwartet. Selbstverständlich sollte es auf gar keinen Fall die Subotniks versäumen, jene roten Samstage, die die Abrundung geistiger Tätigkeit bewirken sollen, aber in erster Linie nur Blasen an den Händen hinterlassen, weil niemand mit einer Schaufel umzugehen weiß.

Aus dem Selbstverständnis, ein sozialer Wegweiser zu sein, schöpft die kommunistische Zelle das Recht, sich auch in private Angelegenheiten einzumischen. In bestimmten gesellschaftlichen Gruppierungen – besonders bei der Armee – wird eine Scheidung nicht gern gesehen, schlimmer noch ist aber ›ein leichtfertiges Leben‹ oder Untreue. Diese enorme Bedeutung, die einem makellosen Privatleben beigemessen wird, führt unter Umständen zu üblen Methoden. »Meine Frau und ich waren uns darüber einig, daß wir uns scheiden lassen wollten. Schwierig wurde es, als sie meine Tochter und die Wohnung für sich allein beanspruchte. Kurze Zeit später kam in der Universität, wo ich seit sechzehn Jahren zur allgemeinen Zufriedenheit beschäftigt war, ein anonymer Brief an, der behauptete, daß ich mich zu Hause schlecht aufführte, meine Frau beschimpfte und an verschiedenen Publikationen ohne die Erlaubnis meines Dekans mitgearbeitet hätte. Zweifellos war meine Frau die Urheberin dieses Briefes. Ich habe es abgelehnt, auf die Forderungen meiner Frau einzugehen sowie mein Privatleben vor den Mitgliedern meiner Zelle auszubreiten. Ich bin aus der Partei ausgetreten und mußte meine Universitätslaufbahn beenden.« Wladimir, ehemals ein hervorragender Forscher, hat nie wieder eine Lehrtätigkeit, geschweige denn einen Lehrstuhl gefunden. Er ist für alle Zeiten aus den Lehrsälen verbannt und lebt mehr recht als schlecht von Übersetzungen.

Die Organisation innerhalb der Partei ist pyramidenförmig aufgebaut.

An der Basis agiert die Zelle (Perwitschnaja Partorganisazija), die an allen Arbeitsstätten und Dienststellen – oder auch im Alltagsleben – wirksam wird, sobald sich drei bis dreißig Parteimitglieder einfinden. Die Führung obliegt einer Person. Bei einer Anzahl von circa einhundert Personen erfolgt die Bildung von Abteilungen (Zechowaja Organisazija), die jeweils von einem vierzehnköpfigen ›Parteibüro‹ geleitet werden, an dessen Spitze ein Sekretär steht.

Umfaßt die Gruppe etwa 500 Parteimitglieder, spricht man von einer Grundorganisation (Partijnaja Organisazija). An der Spitze fungiert ein ›Parteikomitee‹, bestehend aus dem ersten Sekretär und den für verschiedene Fachgebiete zuständigen Mitgliedern. Das Gebiet ›Propaganda‹ zum Beispiel unterhält eine ›Schule des jungen Lesers‹, wo sich jugendliche Werktätige in der propagandistischen Vorbereitung der Wahlen üben oder selber Vorträge halten können. Auf dieser Stufe handelt es sich bei dem ersten Sekretär und teilweise auch bei seinen beiden Stellvertretern schon um hauptamtliche Parteifunktionäre.

Alle in der Hierarchie der Partei folgenden Gremien stimmen auf den jeweiligen administrativen Stufen überein. Ob *Rajon, Oblast, Republik* oder *Union,* sie alle verfügen über ein Parteibüro, ein Komitee und einen ersten Sekretär.

Das politische Leben des jungen Sowjetbürgers vollzieht sich in erster Linie im Komsomol.

Der Komsomol bildet die dritte Organisationstufe, der sich ein sowjetischer Jugendlicher zuordnen kann. Zwischen sieben und zehn Jahren ist er bei den ›Jungen Oktobristen‹ und trägt einen goldenen Stern mit dem Bildnis eines pausbäckigen Lenin. Die Pioniere im Alter von zehn bis vierzehn Jahren verstehen sich als ›aktive Kämpfer für die Sache der kommunistischen Partei. Liebe zur Arbeit, Wissensdurst, kommunistisches Bewußtsein und kommunistische Moral‹, das sind ihre Erkennungszeichen. Doch trotz dieser politisch-moralischen Zielvorstellungen dient die Pionierorganisation in erster Linie der Freizeitgestaltung. Die ›Pionierhäuser‹, die sich in jedem Dorf und in den Stadtteilen der großen Städte befinden, bieten ein umfangreiches Angebot an Aktivitäten verschiedenster Art. Das reicht vom Modellflugzeugbau bis zur Theatergruppe. Im Sommer fahren an die 25 Millionen Kinder in die Ferienlager auf dem Land oder am Meer. Nur wenige Kinder gehören nicht zu den Pionieren.

Ernsthafter und seriöser versteht sich die Jugendorganisation Komsomol. Bereits die Aufnahme geht weniger automatisch vonstatten, und die breite Altersfächerung (14 bis 28 Jahre) ermöglicht in vielerlei Hinsicht, nicht nur was die Organisation angeht, die Übernahme der grundsätzlichen Strukturen der Partei, welche im übrigen eine Kontrollfunktion ausübt.

Der Beitritt erfolgt mittels einer der 500 000 Basisorganisationen, die es am Arbeits- oder Studienplatz ebenso wie in der Armee gibt. Jede einzelne hat das Recht, die Delegierten in der nächsthöheren Instanz zu bestimmen. Sie verfügt über einen Sekretär und ein Büro, das die laufenden Geschäfte erledigt. Oberstes Organ ist das Zentralkomitee des Komsomol, welches zusammen mit dem Politbüro und dem Generalsekretär, die alle fünf Jahre während des Kongresses neu gewählt werden, den Kopf der Organisation bilden.

Dem Komsomol unterstehen drei Verlagshäuser. Neben den Regional- und Lokalblättern, von denen *Moskowskij Komsomelez* das renommierteste ist, gibt er die, vergleichsweise zur *Prawda,* wesentlich lebendigere und offenere Tageszeitung *Komsomolskaja Prawda* heraus.

Den Statuten gemäß soll der Komsomolze seine politische Bildung höchstmöglich fördern und im politischen wie sozialen Leben des Landes eine aktive Rolle spielen.

Sieben von zehn Jugendlichen sind Mitglieder des Komsomol, jedoch ist nur ein Teil davon auch politisch aktiv. Die Studenten unter ihnen lassen sich vor allem zu den Wahlen aufstellen (2000 studentische Delegierte) und nehmen vorrangig an den politischen Fortbildungskursen teil, die von den ›sozialen Fakultäten‹ und den ›Schulen für junge Redner‹ angeboten werden. In gewissen Abständen werden die politischen Kenntnisse der Studenten sowie ihre Fähigkeiten, diese weiterzugeben (eine Diskussion leiten, eine Agitationskampagne organisieren, eine Rede halten oder dazu anleiten) innerhalb eines Wettbewerbs getestet.

Die Jungarbeiter und Jungbauern in den Kolchosen nehmen an ähnlichen Fortbildungsveranstaltungen teil, nur daß ihr politisches Betätigungsfeld in enger Verbindung zu ihrer Arbeit und ihrem Arbeitsplatz steht. Der Komsomol übernimmt hier die Aufgabe, dem Jugendlichen die Integration in das Arbeitskollektiv zu erleichtern, ihn bei der Wahrnehmung seiner Rechte zu unterstützen und seine politische Weiterbildung zu fördern. Der Grad seines sozio-politischen Engagements hängt von seiner Qualifikationsstufe ab[2], das heißt: je mehr Engagement, desto höher die Qualifikation.

Der Komsomol verfolgt als Verband der kommunistischen Jugend im wesentlichen zwei Ziele: Er dient der Partei als Kaderreserve (70 % ihrer Mitglieder sind ehemalige Komsomolzen) und gewährleistet gleichzeitig die politische Erziehung der 14- bis 28jährigen Sowjetbürger.

Doch die Wirklichkeit sieht, wie man auf dem XX. Kongreß im Juni 1987 in Moskau erfuhr, sehr viel anders aus. Der Komsomol ist die festgefahrenste Massenorganisation der Sowjetunion. »Es gibt folglich nichts Härteres und nichts Schwierigeres, als einen jungen Bürokraten zu verändern«, erklärte der politische Kommentator Alexander Bowin.

Ursprünglich, als sich der Verband im Taumel der Revolution konstituierte, verstand sich die Liga junger Kommunisten in ihrer unpolitischen Organisationsform als ein Instrument zur sozio-kulturellen Betreuung von Jungarbeitern und Arbeiterkindern. Doch sehr schnell besetzten junge Bolschewiken die führenden Positionen. Auf dem ersten Kongreß im Jahre 1918 wurde noch lange und ausgiebig über die Frage diskutiert, ob man das Wort ›kommunistisch‹ in den offiziellen Namen des Verbandes aufnehmen solle oder nicht.

In der Folgezeit war der Komsomol bei allen großen Ereignissen des Landes an vorderster Front dabei: bei der Industrialisierung, der Alphabetisierung, während des Widerstands gegen die Besatzungsmächte, bei der Neulanderschließung, der Besiedlung und dem Bau der BAM. Nicht nur glorreiche, sondern auch düstere Kapitel lassen sich darüber berichten. Die Rolle des Komsomol bei der Zwangskollektivierung von Grund und Boden, im Kampf gegen die Religionen sowie bei der ›Hetzkampagne gegen unliebsame Elemente‹ war offenbar derart ehrenrührig, daß man beim XX. Kongreß der Organisation über diese Tatbestände stillschweigend hinwegging. Statt dessen versuchte man, indem man die ursprünglichen Ziele neu zu beleben trachtete, der Bewegung ihre ›avantgardistische‹ Funktion zurückzugeben.

Auch heute noch erwartet man in politischer und wirtschaftlicher Hinsicht den Beitrag des Komsomol. Wenn beispielsweise in der Viehzucht Leute gebraucht werden, stellen sich immer wieder eifrige Komsomolzen zur Verfügung.[3] Nichtsdestotrotz hat der erzieherische Einfluß des Komsomol auf die Jugendlichen erheblich abgenommen.

Anfang 1987 wollte das Parteibüro der Region Donez wissen, wie es um die politische Bildung der werktätigen Jugend in ihrem Gebiet steht. Vorausgegangen war eine achtmonatige, intensive Informationskampagne, deren Ziel es war, die mit der *Perestrojka* verbundenen Forderungen nach neuen Arbeitsmethoden und qualitativ besseren Arbeitsergebnissen den Werktätigen nahezubringen.

Man veranlaßte eine Untersuchung, die in fünfzig Unternehmen durchgeführt wurde. Die Ergebnisse waren schockierend, denn die Mehrzahl der Jugendlichen zeigte sich über die aktuellen Vorgänge nicht im Bilde und hatte keine klare Vorstellung, welchen Platz und welche Rolle sie innerhalb der wirtschaftlichen Reform einnehmen sollte. 90 % Prozent sahen sich außerstande, Schlüsselbegriffe wie ›Selbstfinanzierung‹ und ›Wirtschaftlichkeit‹ eindeutig zu erklären, dabei bilden diese das Kernstück der wirtschaftlichen Erneuerungen, die zu jener Zeit in aller Munde waren. Überdies arbeiteten diese Jugendlichen in Betrieben, die sich den neuen Normen bereits unterworfen hatten.[4]

Wie anderswo, so heißt auch im Komsomol der Feind Nummer eins: Bürokratismus. Die dem XX. Kongreß vorausgegangenen Diskussionen skizzieren das Problem sehr anschaulich. »Trennen Sie sich von Ihren Papieren. Verlassen Sie Ihr Büro. Schauen Sie sich um. Das Leben hat sich verändert, so auch die Pflichten des Komsomol.«[5]

Olga, eine junge Frau, schreibt: »Ich bin seit meinem vierzehnten Lebensjahr im Komsomol. Mein Mann gehört zum Kader der Organisation. Wenn ich ihn frage: ›Warum kommst du so spät nach Hause?‹, sagt er fast jedes Mal zu mir: ›Ich mußte Formulare ausfüllen.‹ Sehr häufig arbeitet er die ganze Nacht, um Papiere fertig zu machen. Die leitenden Funktionäre des Komsomol sind bis an die Decke mit Papierkram eingedeckt. Bevor mein Mann im Apparat tätig war, beschäftigte er sich in der Schule, wo er arbeitete, mit vielen interessanten Dingen. Heute könnte ich nicht sagen, wann ich ihn das letzte Mal mit einem Buch in der Hand gesehen hätte ...«[6]

Doch weder dieses noch das Problem der Mitgliedschaft vermochte der Kongreß zu lösen.

Jahrelang sorgten steigende Mitgliederzahlen für das Prestige der Jugendorganisation. Gleichwohl verlangten zahlreiche Komsomolzen angesichts einer passiven, schweigenden Mehrheit die Änderung der Aufnahmemodalitäten.

»Ich will euch sagen, wie ich Mitglied geworden bin. Nach der zehnten Klasse wollte ich meine Aufnahmeprüfung am Technikum Nr. 4 in Schitomier machen. Ich muß dazu sagen, daß ich fest entschlossen war, nicht in den Komsomol einzutreten. Wir waren zu dritt und hatten ein bißchen getrunken. Am Eingang der Halle stießen wir auf einen Funktionär des Komsomol. Er wußte ganz genau, was mit uns los war und hat mich quasi dazu gezwungen, die Eintrittsformulare auszufüllen. Ihr könnt euch vorstellen, was für ein Komsomolze ich bin!« schrieb Oleg M. aus Kiew.[7]

Stanislaw Sekan aus Taschkent arbeitet in einer Fabrik und war während seiner Schulzeit nicht im Komsomol. An seiner Arbeitsstelle jedoch forderte man ihn auf, seinen Mitgliedsbeitrag zu zahlen. »Ich habe es drauf ankommen lassen und ein Jahr lang nicht bezahlt. Niemand hat etwas gemerkt.«[8]

Sergej Garschin, ein Angehöriger des Parteikomitees von Krasnojarsk, wurde innerhalb von zwei Stunden Komsomolmitglied, als er zum Wehrdienst eingezogen werden sollte.[9]

Die massivsten Einwände gegen die geltenden Aufnahmebestimmungen kamen von denen, welche die Spreu vom Weizen trennen wollten. »Man sollte das Eintrittsalter auf sechzehn Jahre festsetzen und vorher eine zweijährige Vorbereitungszeit beziehungsweise Hospitationszeit ermöglichen. Ein Vierzehnjähriger ist für die Aufnahme in den Komsomol noch nicht reif genug«, schrieb neben vielen anderen Katharina Gussenko, Studentin in Kursk.

»Man kann nicht in den Komsomol eintreten, weil alle anderen es auch tun. Das geht nicht«, erklärte der zweite Sekretär einer Sektion in Leninsk, Alexej Jakowlew. Auch er ist ein Gegner des bisherigen Eintrittsalters und befürwortet eine Vorbereitungszeit.

Was die gegenwärtigen Verhältnisse betrifft, so beobachtet man eine entgegengesetzte Tendenz: Ein Kind, das nicht in den Komsomol eintritt, wird zur Außenseiterfigur abgestempelt. Das ist häufig der Fall bei Kindern, die aus religiösen Familien kommen, wie zum Beispiel Natascha. »Ich wollte nicht in diese atheistische Organisation. Dadurch stehe ich zwar irgendwie außerhalb, aber es stört mich nicht wirklich. Die Ehrgeizlinge beim Komsomol mag ich überhaupt nicht.« Ihr kleinerer Bruder, der sich nur schweren Herzens gegen eine Mitgliedschaft bei den Pionieren entschieden hat, meint: »Der Priester hat uns gesagt, wir sollten nicht in diese atheistische Organisation gehen, aber meinen Freunden scheint es gut zu gefallen.« Der ältere Bruder dagegen war sowohl bei den Pionieren als auch bei den Komsomolzen, da die Eltern ihren Kindern die Entscheidung selbst überlassen hatten.

»An unserer Universität wurde eine Umfrage durchgeführt, bei der man wissen wollte, ob wir aus dem Komsomol austreten würden, wenn wir nichts zu befürchten hätten. Die meisten Studenten antworteten mit ja. Wir treten mit vierzehn Jahren in den Jugendverband ein, und das einzige, was wir über ihn wissen, ist, daß er während des Bürgerkrieges und während des Großen Vaterländischen Kriegs eine heroische Rolle gespielt hat. Aber was bedeutet der Komsomol heutzutage für die Jugend? Seine Ideale sind dieselben wie diejenigen aller sowjetischen Bürger. Um die Probleme unseres Instituts beispielsweise kümmert sich niemand sonderlich. Das letzte Wort hat doch immer der Dekan oder das Parteikomitee des *Rajon*. Wir dürfen uns um den Kleinkram und die auch so hochgelobten politischen Prüfungen kümmern, dabei wissen wir nicht einmal, wo das durch unsere Arbeit verdiente Geld hingelangt ist. Ich habe auch keine richtigen Freunde im Komsomol. Es zwingt mich zwar niemand drinzubleiben, aber, nachdem man so problemlos eingetreten ist, möchte man auch nicht gerade einen aufsehenerregenden Austritt inszenieren. Ich will weder Anstoß erregen noch Schwierigkeiten heraufbeschwören«, schrieb Larissa S. aus Moskau an die *Sobessednik*.[10]

In derselben Ausgabe beschrieb D. Alexandrow aus Taschkent, wie er vom Komsomol seiner Schule ausgeschlossen wurde, weil der sich den sogenannten *›inoffiziellen Gruppen‹* angeschlossen hatte. Als er seine Hochschulausbildung aufnahm, durfte er wieder in die Organisation eintreten und sah sie nun mit vollkommen anderen Augen: »Es gibt viel zu viel Trägheit in diesem riesigen Heer von mehreren Millionen Mitgliedern. Besser wäre, wenn man sich auf die verdienstvollsten unter ihnen beschränken würde. Ich wäre glücklich darüber, selbst wenn ich gehen müßte.«

Andererseits aber hören dieselben Apparatschiks, die dem Formalismus (eine der Kernforderungen der *Perestrojka)* den Kampf angesagt haben, es gar nicht gern, wenn sie von den Jugendlichen beim Wort genommen werden. davon zeugt der folgende Bericht einer zehnten Klasse in Semipalatinsk.[11]

Ermutigt durch die *Perestrojka* und durch *Glasnost* hatten die Schüler begonnen, über die Schulreform zu diskutieren. Der für diese Klasse verantwortliche *Starost* (Gruppenleiter) wertete dieses Vorgehen als ›schändlich‹ und bezeichnete es als ›unzulässig‹, daß der Komsomol die Schüler ermuntere, sich gegen die Lehrer zu stellen. Für die Schüler dagegen »war es die erste Versammlung, die diesen Namen zu Recht trug, denn es waren wirklich alle versammelt; zudem war es nicht so langweilig und uninteressant, wie im vergangenen Jahr. Wir wollen gegen den Formalismus ankämpfen, wir wollen die aktive Mitarbeit der Jugendlichen gewährleisten. Doch wenn man die Forderungen aufnimmt und vertritt, muß man sich auf allerhand Widrigkeiten gefaßt machen.«

Der Direktor der Schule meinte zu der Angelegenheit, es handele sich bei diesem Leserbrief um ›hohles Gerede‹, und er verstehe nicht, wie eine Zeitung so etwas veröffentlichen könne. Die Diskussion über die Schülerinitiative sei sehr schnell beendet gewesen, weil »letztlich mir das entscheidende Wort zukommt. Im übrigen, glauben Sie vielleicht an all das Geschwätz der Jugendlichen, die so tun, als wollten sie etwas bewirken? Meiner Meinung nach ist das nur leeres Gerede.«

Immerhin fand man in der Presse die greifbare Spur eines Zugeständnisses an *Glasnost.*

Am 2. September 1986 veröffentlichte die Zeitung *Moskowskij Komsomolez* eine Zusammenfassung der im Vorfeld des Kongresses gehaltenen Plenumsdebatten des Moskauer Komsomol. In früheren Jahren wurden solche

Debatten allenfalls einem kleinen Kreis Eingeweihter zugänglich gemacht, waren aber im allgemeinen nur dem internen Gebrauch vorbehalten.

Ansonsten hat dieser vielgerühmte XX. Kongreß im Juni 1987 nicht mehr als die bereits bestehende konservative Struktur der Jugendorganisation bestätigt. Es gab zwar einige heftige Beiträge verschiedener Delegierten, doch so heikle Entscheidungen wie die Modifizierung der Aufnahmebedingungen oder die gezieltere Förderung motivierter Mitglieder wurden nicht gefällt.

Der Komsomol ist nicht der einzige, der für die politische Erziehung der Jugend zuständig ist. »Das politische und moralische Bewußtsein gründet sich in erster Linie auf Kenntnisse«, argumentiert die *Komsomolskaja Prawda.*[12] Diese Kenntnisse werden natürlicherweise in der Schule erworben, wo man weniger auf einen speziellen Unterricht in Politik, als vielmehr auf eine politisierte Atmosphäre setzt, die sich durch sämtliche klassischen Fächer zieht.

In ihrem ersten Studienjahr besuchen die Studenten einen Geschichtskurs der Kommunistischen Partei. Im zweiten und dritten Jahr hören sie marxistische Philosophie und *Politekonomija* (eine Mischung aus Politischen Wissenschaften und Wirtschaftslehre), während sie sich im vierten Jahr mit Wissenschaftlichem Kommunismus beschäftigen müssen. Außerdem ist ein politisch orientierter Psychologie-Pädagogik-Kurs zu belegen.

Der junge Sowjetbürger kann sich in den Basisorganisationen oder in den Bewegungen für den Frieden politisch betätigen.[13] Hier erfüllt er seine internationalistische Pflicht in gleicher Weise, wie wenn er ein anderes Volk im Freiheitskampf unterstützt. Dieser Aufgabe konnte er in den achtziger Jahren in Afghanistan nachkommen.

Beide Betätigungsfelder gewährleisten laut *Prawda*[14] insofern die politische Bildung, als daß sie auf alle Lebensfragen eine Antwort geben und die soziologische-ökonomische wie politische Entwicklung des Landes miteinbeziehen.

Zahlreiche Vorgänge, die im Westen mit den verschiedensten Gründen erklärt worden wären, wurden in der Sowjetunion allein auf die unzureichende politische Erziehung zurückgeführt. Eines der besten Beispiele für diese Gepflogenheit sind die Reflektionen und Analysen im Zusammenhang mit den Unruhen in Alma Ata vom Dezember 1986. Die Untersuchungskommission fand sehr schnell heraus, daß sich unter den Aufständischen nicht nur ›jugendliche Herumtreiber‹ und ›antisozialistische Elemente‹ befanden, sondern in gleichem Maße untadelige Studenten, ehrenwerte Professoren und sogar Mitglieder des Komsomol.

Schule und Komsomol wurden daraufhin beschuldigt, »die Charaktere der jungen, internationalistischen Kommunisten nicht ausreichend geformt zu haben«.

Unter der Schlagzeile ›Bittere Lektion‹ verbreitete die *Komsomolskaja Prawda,* daß die Vorgänge in Kasachstan auf Fehler in »der ideologischen Arbeit mit der Jugend zurückzuführen sind sowie auf eine ungenügende partriotisch-internationalistische Erziehung«. Die Zeitung zitierte hierzu eine Reihe von Fakten, die von seiten des Verbands mehr Beachtung verlangt hätten: Verteilung der Studentenzimmer nach nationalen Kriterien, Parteinahme der lokalen Miliz zugunsten der ›Ihrigen‹, ungenügender russischer Spracherwerb in den usbekischen Schulen, Clanbildungen bestimmter Dorfangehöriger in der Stadt... Daraus folgerte das Komsomol-Organ:[15] »Ein Leben wie früher ist nicht mehr erlaubt.« So und ähnlich lauteten auch die Erklärungen für die Unruhen in Nagornyj-Karabach, Eriwan, Baku und Sumgait im Februar 1988.

Diese Tendenz, den Komsomol für alles verantwortlich zu machen, was die Jugend betrifft, wurde auf dem XX. Kongreß von zahlreichen Delegierten scharf verurteilt. Es sei vielmehr die Unfähigkeit der Gesellschaft zu beklagen, die sich den Bedürfnissen der neuen Generation nicht zu stellen vermag.

In der Tat ist es so, daß dem Komsomol auch dann die

Schuld in die Schuhe geschoben wird, wenn junge Leute beispielsweise in der Lotterie spielen. Man behauptet, die Jugend sei gewinnsüchtig und habe nicht das richtige Verhältnis zum Geld.[16] Es ist die Aufgabe der Jugendorganisation, für Ordnung in den Studentenheimen zu sorgen, bei den Studenten der PTOus die rechte verantwortliche Haltung gegenüber ihren zukünftigen Unternehmen[17] zu erzeugen, die jungen Wähler zu ›bearbeiten‹[18], bei allen Veranstaltungen dabei zu sein, wo es um Angelegenheiten der Jugendlichen geht[19] sowie für die sozialen Interessen der sowjetischen Jugend einzutreten.[20] Weitere Aufgabengebiete sind Freizeit, Vorbereitung auf den Militärdienst, Präventivmaßnahmen zur Verhinderung von Straffälligkeit und sogar die Mitwirkung bei der Aufrechterhaltung der Ordnung.[21]

Die Reform der Partei hingegen gestaltet sich vielversprechend, zumal diese als Instrument für die neue Führung von außerordentlicher Wichtigkeit ist.

Als Michail Gorbatschow die Macht übernommen hatte, steuerte er ganz offensichtlich ein neues Verhältnis zwischen dem Volk und seinen Führern an. Man erinnere sich nur an seine Besuche in einer Lastwagenfabrik, einer Schule und einem Krankenhaus am Stadtrand Moskaus! Während er sich, umgeben von Menschenmassen, vorwärtsbewegte, sagte eine Dame zu ihm: »Kommen Sie näher zu uns!« Darauf antwortet er ohne den geringsten Anflug von Demagogie: »Wie soll ich näher bei Ihnen sein, als ich es jetzt bin.«

Doch wesentlich war, daß die Parteistatuten verändert wurden. Bereits 1981 nach dem XXVII. Parteitag hatte Breschnew einer ›Arbeitsgruppe‹ den Auftrag erteilt, die Statuen der KPdSU zu überprüfen. Andropow griff dieses Thema im Juni 1983 anläßlich seiner Rede vor dem Plenum des Zentralkomitees erneut auf. Aber erst der XXVII. Parteitag sowie das Plenum im Januar 1987 erarbeiteten eine neue Fassung.

Schon im Vorfeld des Januar-Plenums 1987 wurden

Begriffe wie ›Demokratie‹ und ›Demokratisierung‹ lebhaft gehandelt. Das Volk freilich hörte mit Erstaunen aus dem Mund des Generalsekretärs von ›Wahlen mit mehreren Kandidaten‹. Das hatte es in der UdSSR noch nie gegeben. Die Partei hatte ihr System eines einzigen Kandidaten pro Aufgabengebiet bislang immer mit dem Hinweis verteidigt, daß dieser Kandidat in ›demokratischer‹ Weise von der Basis aufgestiegen sei. Letztendlich aber war jede Wahl nur die Bestätigung dieses einen Kandidaten.

Nach dem Motto ›Demokratie in den Fabriken – ja oder nein‹ wurden die ersten Wahlen in einer Reihe von Betrieben durchgeführt. Die Werktätigen bestimmten ihre Brigadeführer, Werkstattleiter und sogar Direktoren selbst.

Zur selben Zeit fanden im ganzen Land die Wahlen der Kolchosenvorsteher (die es theoretisch immer schon gegeben hatte, praktisch aber nicht mehr als eine Bestätigung des von der Partei vorgeschlagenen Kandidaten waren), der Kaufhausdirektoren und der Chefingenieure statt.

Eine weitere Etappe auf diesem Weg vollzog sich im Juni 1987, als die lokalen, regionalen und republikanischen Deputierten sowie die Volksrichter gewählt wurden. Die in der Presse veröffentlichten Ergebnisse wiesen einige interessante Details auf. Zum Beispiel befanden sich unter den Gewählten mehr Parteilose als Parteimitglieder, was darauf hindeutet, daß Gorbatschow, zumindest auf regionaler und lokaler Ebene, eine breite politische Betätigung befürwortet, wobei die Schlüsselpositionen Parteimitgliedern vorbehalten sein dürften.

Auch im Moskauer Stadtrat zeichneten sich einige Veränderungen ab. In seiner ersten Sitzung nach den Wahlen im Jahre 1987 hatte er über einen Apparat von circa zweihundert Personen zu befinden, der die Geschicke der Neun-Millionen-Stadt lenken sollte. Bislang war dies eine rein formelle Bestätigung der Kandidaten, die der vorherige Apparat nominiert hatte. Dieses Mal jedoch wurde ein Komitee gebildet, das aus achtzig neu hinzugekommenen Mitgliedern bestand und die Aufgabe hatte, eine Kandidatenliste zusammenzustellen, über die die Vollversammlung des Stadtrats in geheimer Wahl abstimmte. Überdies wurde die Zusammensetzung des Exekutivkomitees zum ersten Mal in geheimer Wahl entschieden.

Sollten sich diese Bestrebungen zugunsten eines anderen Wahlrechts durchsetzen, würde dies die politische Landschaft der Sowjetunion erheblich verändern. Damit würde sich sogar jene marxistische Theorie als wahr erweisen, die der Partei nur eine vorübergehende Rolle zugesteht und sich in dem Augenblick erschöpft, wo das Volk reif genug ist, sich selbst zu bestimmen.

ACHTES KAPITEL

Erwünschte Freizeitgestaltung

Organisierte Ferien – Werteskala – Formen des Urlaubs – Kultureller Aspekt der Freizeitgestaltung – Modernes Freizeitverhalten – Mangel an Einrichtungen auf dem Land und in neuen Städten – Jugendcafés – Diskotheken – Rolle des Komsomol – Rock und Musik – Schwarzmarkt der Freizeitbeschäftigungen.

Die sowjetische Verfassung regelt nicht nur die Arbeit, sondern auch die Freizeit. Im Artikel 46 wird dem Bürger das Recht auf Kultur und im Artikel 41 dasjenige auf Erholung zugestanden. Wie aber der Sowjetbürger seine Freizeit verbringt, das ist nicht nur seine persönliche Angelegenheit. Schließlich geht es um die Ausgeglichenheit des Individuums und somit um die Gesellschaft.

›Freie Zeit‹, das ist Zeit, in der der Mensch Gelegenheit findet, seine Kräfte zu erproben, seine kreativen Fähigkeiten zu entwickeln sowie seinen Unternehmungsgeist unter Beweis zu stellen. Von persönlichem Vergnügen ist nur selten die Rede, ausschlaggebend ist der erzieherische Effekt der Freizeitbeschäftigung.

Freizeitbeschäftigungen der Jugendlichen sollen dem jeweiligen Alter angepaßt sein. Sie sollen sinnvoll und von erzieherischem Wert sein, so daß der Heranwachsende dadurch lernt, mit seiner Zeit in ›positiver‹ Weise umzugehen. In diesem Sinne hat man ein eindrucksvolles Netz von Kunst- und Musikschulen, von verschiedenen Clubs, Jugendzentren und Jugendhäusern, Bibliotheken, Theatern, Camps usw.[1] geschaffen, deren Aufgabe es ist, den Erziehungsprozeß des jungen Menschen günstig zu beeinflussen und dort, wo Eltern nicht in der Lage sind, ihre Kinder genügend zu fördern, helfend einzugreifen.[2]

Dieses System funktioniert bis zu einem gewissen Grad sehr gut. Doch wenn die Bedürfnisse des Kleinkindes gedeckt sind, gerät zu Beginn der Pubertät das schöne Gleichgewicht ins Wanken. Der Jugendliche will nicht länger die vorgezeichneten Wege gehen, er entwickelt Vorlieben, die nicht immer mit den offiziellen Vorgaben übereinstimmen. Der Mißerfolg dieser Politik der Freizeitgestaltung trägt die Namen ›Alkoholismus‹ und ›Kriminalität‹, wobei die sozialen Ursachen dieser Phänomene viel zu wenig Beachtung finden. Das nächste Kapitel wird sich mit den daraus resultierenden Auswirkungen befassen.

Soweit man in der UdSSR zurückdenken kann, liegt die Urlaubsorganisation in den Händen der Gewerkschaften. Dies ist seit den zwanziger Jahren so, und daran hat sich auch im Laufe der Zeit nichts geändert. ›Familienurlaub‹, wie man ihn in unseren Breiten kennt, ist in der Sowjetunion nicht üblich. Man verbringt seine Ferien getrennt, selbst wenn die Eheleute in demselben Unternehmen beschäftigt sind. Erst in jüngerer Zeit versucht der Staat im Rahmen seiner Bemühungen um eine niedrigere Scheidungsrate, die Familien zu einem gemeinsamen Urlaub zu ermuntern.

Doch die meisten Sowjetbürger kommen nach wie vor auf die von den Gewerkschaften angebotenen und organisierten Reisen zurück. Man erwirbt zu einem unverhältnismäßig niedrigen Preis *Vouchers* oder *Putjowka* und kann damit seine Ferien in einem Hotelzimmer oder in der betriebseigenen Ferienanlage verbringen. Ein Doppelzimmer in einem Ferienzentrum kostet beispielsweise 150 Rubel. Die Gewerkschaft dagegen vermietet es für 50

Rubel. Im Preis eingeschlossen sind die Mahlzeiten (nach allgemeinen Aussagen sehr gut) und die Benutzung sämtlicher Einrichtungen des Clubs.

Die *Vouchers* sind übertragbar, sie werden zu teilweise unerschwinglichen Beträgen gehandelt. Die damit verbundenen Leistungen bilden ebenso wie die Ferienlager der Kinder einen wesentlichen Teil des ›Sozialfonds‹, auf den jeder Werktätige ein Recht hat und der etwa 30 % seines Einkommens ausmacht.

Für Kurzaufenthalte stellen die Städte in den sie umgebenden Erholungsgebieten ›Ferienhäuser‹ zur Verfügung. Moskau hält zum Beispiel für jedes Stadtviertel ein Haus bereit. Andere Städte sind dagegen sehr viel einfallsreicher. In Wilna (Litauen) vergeben die Betriebe und Ämter an ihre Angestellten ein Stück Wald, wo sich jeder seine individuelle Datscha bauen kann.

Aber nicht alle Sowjets nehmen diese Ferienorganisation in Anspruch. Nicht ganz ein Viertel der Bevölkerung bucht selbst einen Aufenthalt in einem Hotel oder einer anderen Unterkunft. Der Rest bleibt zu Hause (in der Stadt oder unmittelbar vor den Toren der Stadt in einer Datscha), fährt zu Verwandten aufs Land oder sucht sich eine Privatunterkunft. Letztgenannte Gruppe bezeichnet man als *Dikari* (Wilde). Hierzu zählen zahlreiche Familien, denen der Staat nur wenig beiseitesteht.

Sie werden teilweise schamlos ausgebeutet, indem sie für eine Schlafgelegenheit auf dem Balkon den Preis eines Einzelzimmers zahlen müssen. In einer Umfrage auf der Krim, dem klassischen Urlaubsgebiet, bemängelten 60 % der *Dikari* den schlechten Komfort, das Fehlen von Toiletten und Duschen, das Essen, die Strände, die Freizeitangebote, die allgemeinen Kosten sowie die touristische Übervölkerung. »Man behandelt sie wie Störenfriede, sie sind fast eine Katastrophe«, meint dazu die *Sowjetskaja Kultura.*[3]

Aber auch wer sich mehr leisten kann, wird nicht zwangsläufig besser behandelt. Der Regisseur Stanislaw

Goworukin, der sich gern auf die Insel Jalta zurückzog, stellte fest, daß die guten Hotels ausschließlich für Ausländer reserviert werden und die verbleibenden 96 Zimmer, die den Sowjetbürgern offen stehen, häufig in primitivem Zustand sind.

Wem es gelingt, in einem Intourist-Hotel unterzukommen, der muß sich auf allerlei Demütigungen gefaßt machen, schrieb Goworukin. Ein Sowjetmensch ist nicht dasselbe wie ein Ausländer, »mit anderen Worten: man hat nur auf einen minimalen Service Anrecht, nicht jeder Service des Hauses ist auch für Sowjetbürger gedacht«.

»Die Ausländer fühlen sich wohl auf Jalta. Sie lachen, tanzen und amüsieren sich nicht schlecht. Doch die Russen sehen bloß von weitem zu und trauen sich weder in die Cafés und Restaurants noch in die Swimmingpools. Gewiß, unsere Regierung braucht starke Devisen, um Computer, medizinische Geräte, Kleidung und Parfum einzukaufen. Aber verlangen diese Devisen nicht einen zu hohen Preis? Wenn man den Bedienungen, den Portiers und dem Personal zusieht, wie sie vor den Ausländern katzbuckeln und die eigenen Landsleute sehr ungebührlich behandeln, fragt man sich doch, inwieweit wir zulassen müssen, daß sich eine neue Klasse von Sklaven sowjetischer Nationalität vor unseren Augen entwickelt.«

Im Jahre 1982 wurden 698 Bewohner von Kertsch befragt, wie sie ihre Freizeit verbringen. Die Resultate der Umfrage zeigten im Vergleich zu früheren Ergebnissen einen deutlichen Rückgang kultureller Aktivitäten. Der Durchschnittsbürger verbringt demnach zwei Drittel seiner freien Zeit zu Hause, wo er den Platz vor dem Fernsehapparat am meisten bevorzugt.

Das Wort ›Kultur‹, das in den offiziellen Freizeitprogrammen häufig wiederkehrt, hat im Russischen eine vielfältige Bedeutung. Als ›unkultiviert‹ bezeichnet der Russe zum Beispiel auch denjenigen, der im Winter ein Büro betritt, ohne vorher seinen Mantel draußen aufgehängt zu haben.

Die Warteschlangen an den Vorverkaufsstellen für Theater signalisieren jedenfalls einen Hunger nach Kultur, wie man ihn sich im Westen kaum vorstellen kann. Eintrittskarten gehen weg wie warme Semmeln. Gute Bücher, und dazu gehören auch die russischen Klassiker, sind hochgeschätzte Geschenke und Dichterlesungen heißbegehrte Veranstaltungen für alle Alters- und alle Gesellschaftsgruppen.

Dieser Kulturhunger ist weder von der Generationszugehörigkeit noch von der geographischen Situation abhängig.

Junge Leute haben zugegebenermaßen einen anderen Geschmack als Erwachsene, doch das Interesse für kulturelle Ereignisse teilen auch sie. Und wenn sich die Sowjetunion darüber beklagt, daß die Jugend beispielsweise zu wenig liest, dann sollte man die in einer Umfrage 1987 ermittelten Ergebnisse einmal relativieren: 4 % der Oberschüler, 5,4 % der Fachoberschüler und 11,9 % der Berufstätigen ›lesen praktisch nie‹. Das sind Zahlen, die einen westlichen Pädagogen in Hochstimmung versetzen würden.[4]

Provinzstädte wie Nowosibirsk geben Unsummen für erstklassige Ensembles aus (Ballett, Theater, Konzerte), Kolchosen sind stolz darauf, wenn sie auf eigene Kosten eine Opernsängerin für ein Konzert gewinnen können. Ohne Rücksicht auf Moden oder Zeitgeschmack ist man in der UdSSR darauf bedacht, dem Volk ›nur das Beste‹ in Sachen Kultur anzubieten.

Diese Freizeitpolitik, auf die die Sowjets enorm stolz sind, wird allerdings in banaler Weise von dem Faktor ›Zeit‹ beeinträchtigt. Betroffen sind vor allem Eltern mit Kleinkindern, die ständig zwischen Krippe und Arbeitsplatz hin- und herhetzen und kaum Zeit finden, ihre notwendigen Einkäufe zu tätigen. Weitere Störfaktoren sind das System der Reservierung sowie die langen Warteschlangen vor den Restaurants, Cafés, Kinos und Diskotheken.

Eine absurde Regelung findet sich im Artikel 947 der Moskauer Stadtverordnung. Darin heißt es, daß sich

Jugendliche ›ohne Begleitung‹ nach 21 Uhr (im Sommer nach 22 Uhr) nicht mehr auf der Straße aufhalten dürfen. (In der *Komsomolskaja Prawda* wurde im Juni 1987 von Jugendlichen vorgeschlagen, man möge in Moskau doch dem Rigaer Beispiel folgen und das Alter auf sechzehn Jahre begrenzen, da man zu dem Zeitpunkt auch einen Paß erhält.)

Schließlich gibt es noch die finanzielle Seite und die der ›geschlossenen Kreise‹. Davon berichtet die 32jährige geschiedene Moskauerin T. Kalinina. Mit ihrer kleinen Tochter und einem monatlichen Einkommen von 150 Rubel (ihr Betrieb hatte ihr verboten, zusätzliches Geld mit Englischunterricht zu verdienen), beschloß sie, schwimmen zu lernen. Doch das Abonnement für eine Stunde in der Woche kostete pro Trimester 45 Rubel, so daß sie gezwungen war, dieses Vorhaben aufzugeben. Sie wandte sich daraufhin dem Tennis zu.

»Zwei Monate lang bin ich jeden Tag zum Tennisplatz gegangen, um eine Karte zu kaufen. Jedes Mal sagte man mir, ich sei zu früh dran. Eines Tages, als ich wieder einmal kam, sagte man mir, die Saison sei bereits ausverkauft. Als ich mich erkundigte, wie dies denn möglich sei, reagierte man nur mit einem Achselzucken und gab mir den Rat, an der Wand zu üben.«[5]

Die namhaften Ausstellungen sowie die großen Konzerte, ja sogar die weniger berühmten Veranstaltungen der kleineren Städte, sind für den Normalbürger kaum zugänglich. Aus Platzmangel – aber auch aus Furcht, dem Bürger etwas zu zeigen, ›was nicht für ihn bestimmt ist‹ – stellen die Museen nur einen geringen Teil dessen aus, was sich in ihrem Besitz befindet.

Besonders ungünstig ist die Situation in den neuen Städten und in den Entwicklungsgebieten, wo es für eine Million Einwohner häufig nur ein Kino gibt, ganz zu schweigen von der Bereitstellung sportlicher Einrichtungen!

Sowjetskaja Rossija berichtete 1986 über eine Umfrage, die in dem Lastkraftwagenwerk Kamas durchgeführt worden war. Eine der Arbeiterinnen beklagte sich, daß sie täglich zwei bis drei Stunden für ihre Einkäufe benötigt, da es keine Dienstleistungszentren* gibt und man außerdem sehr viel Zeit in den Warteschlangen verbringt. Die wenige freie Zeit, die dann noch verbleibt, widmen die Mütter ihren Kindern. Ledige Frauen haben die Wahl zwischen einem Chor, einer Theatergruppe oder einer Abendschule. Andere Freizeitangebote sind spärlich: Die Bücher der Bibliothek sind relativ uninteressant, und die wenigen guten sind ständig ausgeliehen. Theater- und Konzertveranstaltungen finden nur selten statt.[6]

Vereinzelt kann man beobachten, wie sich örtliche Initiativen zugunsten der Jugendlichen stark machen. In Nowosibirsk zum Beispiel bemüht sich eine Gruppe von Pädagogen um die Freizeitgestaltung von Jugendlichen. In Moskau gibt es zahlreiche Clubs, die zum Teil schon fünfzig Jahre existieren, ohne daß sie aus der Mode gekommen wären. Viele junge Leute sind Mitglied im Fischereiverein und nehmen regelmäßig an Angelwettbewerben teil, die an der Moskwa abgehalten werden.

In den achtziger Jahren haben sich auf Anregung der *Moskowskij Komsomolez* Freiwillige aller Berufssparten zusammengetan, um erhaltenswerte Denkmäler zu restaurieren. Zwischen 1983 und 1986 haben 29 000 Moskowiter 620 Sonntage mit Restaurationsarbeiten verbracht. Museen, Klöster, Grabsteine berühmter Sowjetbürger und sogar die Teiche von Zarizyno aus Turgenjews Roman *Nakanune* wurden wieder auf Hochglanz gebracht.

Andere Gruppen, darunter in der Mehrzahl Jugendliche, trafen sich in Leningrad, Jaroslawl, Andropow, Tallinn, Kiew und anderswo, um ihre Wochenenden mit dem Ziel des Naturschutzes auf dem Land zu verbringen.

All diese Initiativen sind privater Natur. Die einzige Unterstützung, die ihnen der Staat gewährt, sind die äuße-

* Haus oder Gebäude, in dem mehrere Dienstleistungsbetriebe untergebracht sind: Elektro- oder Schuhreparatur, Schneiderei, Wäscherei usw.

ren Bedingungen, das Material und die Bekanntmachung ihrer Treffpunkte durch die örtliche Presse.

In der Fußgängerzone Moskaus, dem Arbat, befinden sich zahlreiche Cafés, wie sie von Jugendlichen gern besucht werden. In einem von ihnen unterhält der Komsomol ein ›Forum für junge Künstler‹, wo Diskussionen über Filme, Rock-Musik, Dichtung und ähnliches mehr von namhaften Künstlern geleitet wird.[7] Das Ergebnis entspricht jedoch nicht den Erwartungen. Häufig ist auch das eine oder andere Café wegen ›technischer Schwierigkeiten‹ geschlossen oder – wie sollte es anders sein – man kommt nicht hinein, weil zu viele Leute draußen warten! Sogar die Betreiber finden ihr Angebot an Fruchtsäften und Eis lächerlich, Kaffee gibt es nur, wenn die Zufuhr nicht gerade unterbrochen ist. Schwierig hinsichtlich der Planerfüllung sind manche Besucher, die sich für 25 Kopeken ein Glas Saft kaufen und eine Stunde davor sitzen bleiben, während andere, ›bessere Kunden‹ vor der Tür auf Einlaß warten. Aus diesen Gründen mußten schon einige Cafés schließen.[8].

Die jungen Leute, welche sich die Zeit auf dem Arbat vertreiben, beklagen sich ihrerseits über die Warterei und die fürchterliche Musik. »Es gibt gute Musik im Meteliza auf dem Kalinin-Prospekt«, erzählt der PTOu-Schüler Dima, »aber dort kommt man nicht unter fünf Rubel weg: drei für den Eintritt und der Rest für Getränke.« Er beschimpft die Clubs als ›idiotisch‹, weil vom Komsomol dirigiert, und die Video-Salons als ›stupide‹. »Immer die gleichen blöden Filme, die man in der Stadt zu sehen kriegt.« Und außerdem schließen die Kaffeehäuser um 21.45 Uhr![9]

Der Komsomol befindet sich in der Schußlinie der Kritiken. Man wirft ihm vor, nicht genügend auf die Bedürfnisse der jungen Generation einzugehen, so daß diese sich gezwungenermaßen anderen Beschäftigungen zuwendet, die sich der allgemeinen Kontrolle entziehen.

Jugendliche, die sich ›einfach so‹, unabhängig von äußeren Organisationsformen, treffen, scheinen in der UdSSR zum Leidwesen vieler Schule zu machen. Folglich ist der Komsomol aufgerufen, sich etwas einfallen zu lassen.

In den achtziger Jahren hat man den ›Clubs‹ und ›Cafés‹ des Komsomol, an denen Dima kein gutes Haar läßt, einige andere hinzugefügt. Diese Maßnahme erwies sich als geglückt, wenn der jeweilige Verantwortliche selbständig arbeiten durfte oder die Jugendlichen ihr Café selbst organisieren konnten. Doch in der Mehrzahl der Fälle genügte das Eingreifen des Komsomol, um die Kundschaft zu verjagen. Man traf sich dann zum Beispiel kurzerhand bei Sanja.

Sanja servierte nicht nur alkoholische Cocktails, sondern galt mit seinem Café Chabarowsk als Treffpunkt der Schieber und Schwarzhändler. Wenn es nötig war, half er auch selbst schon einmal als Zwischenhändler aus, schließlich handelte es sich nur um ›kleine Gefälligkeiten‹. Sein ›Kulturhaus‹ war bei Polizei und Jugendamt wohl bekannt. Der Versuch des Komsomol, in der Stadt alkoholfreie Diskotheken aufzuziehen, veranlaßte Sanja zu der ironischen Bemerkung: »Die organisieren sogar noch alkoholfreie Hochzeiten! Aber Leute wie mich wird es immer geben, wir werden einfach gebraucht. Wenn man meine Bar zumacht, ist es auch gut! Ich hab' schon genug Aufträge, Abende zu Hause zu organisieren. Und zwar in den besseren Kreisen.«[10]

Im Dezember 1986 kritisierte die *Komsomolskaja Prawda* das VII. Festival des Jugendfilms, welches in Baku stattfand. Die Zeitung schrieb anläßlich des Films *Wie kann man Millionär werden?*: »Wieso gibt es keine einzige lebendige Figur? Nichts als Worte! Da braucht man sich nicht zu wundern, daß sich die Jugend langweilt.«

Hinsichtlich der Fernsehreportagen war die Kritik nicht weniger harsch: »Es ist sicher nicht sehr klug, die jungen Leute während des Tanzens zu unterbrechen und sie zu fragen, welches Buch sie zuletzt gelesen hätten oder welches

Bild sie in der Galerie Tretjakow am meisten beeindruckt hätte. So geschehen in der Fernsehsendung von Kubyschew ›Laßt die Jugendlichen auf die Straße‹.«[11]

Mittlerweile hat sich die Situation im sowjetischen Fernsehen allerdings verbessert, da die neuen Direktoren ihre Aufgaben mutiger und intelligenter wahrnehmen. In der Sendung ›Die Welt und die Jugend‹ gehen die Journalisten auf die Straßen, in die Schulen und in die Clubs, um zu hören, wie die Heranwachsenden über ihre Probleme und ihre Wünsche denken. ›Zwölfte Etage‹ heißt eine andere Sendung, die zwar aus dem Studio, aber prinzipiell in gleicher Weise verfährt. Ebenso ›Telemost‹ (Tele-Brücken), wo Jugendlichen die Möglichkeit gegeben wird, direkt mit Gleichaltrigen anderer Städte (sogar in den Vereinigten Staaten) zu sprechen und Kontakt aufzunehmen.

Diese Programme zeigen eindeutig, daß das sowjetische Fernsehen durchaus in der Lage ist, moderne Jugendsendungen ohne Moralpredigten und ohne erhobenen Zeigefinger anzubieten. Vorgeworfen wird ihnen allerdings – insbesondere dem Beitrag ›Zwölfte Etage‹ – daß hier Jugendliche zu Wort kämen, »die sich gern in den Vordergrund drängen«, und insofern ein wenig repräsentatives Bild der sowjetischen Jugend vermittelt wird.[12]

Da sich die Jugendlichen von den offiziellen Clubs mehr und mehr abgestoßen fühlen und sie den permanenten Dirigismus des Komsomol nicht länger hinnehmen wollen, ist die Straße der Ort geworden, wo sie sich am liebsten aufhalten. Auf Treppenstufen oder in Hinterhöfen, ausgestattet mit Zigaretten, Wein und Gitarre. So bleibt natürlich nicht aus, daß sich irgendein Erwachsener über die Faulenzerei der jungen Leute sowie ihr schlechtes Benehmen aufregt und sie anfährt: »Ihr habt wohl auch nichts Besseres zu tun?«[13]

Ein weiteres Phänomen der Geselligkeit unter Jugendlichen hat die Moskauer Behörden 1986 vor neue Probleme gestellt: die Umtriebe der Motorradfans. An Sommerabenden brausen fast tausend Jungen und Mädchen Richtung Olympia-Komplex, um dort ihre Maschinen auszufahren. Abgesehen davon, daß sie einen Clubbeitritt verweigern, »hätten sie als reine Amateure auch gar kein Recht«, wie *Nedelja* bemerkte, »auf dem offiziellen Motorradgelände zu fahren, da dieses nur den Motorradsportlern vorbehalten ist.«[14]

Ihr Verhältnis zur Polizei ist schwierig. Zahlreiche Einwohner beschweren sich täglich wegen nächtlicher Ruhestörung. Doch damit nicht genug. Ihr gruppenweises Auftreten in der Stadt, das Rasen über die Ringstraßen in der Nacht und sogar durch die Fußgängerzone geben der Polizei immer wieder Anlaß einzugreifen. Die Motorradfahrer machen sich bei diesen Angelegenheiten einen Spaß daraus, der Polizei davonzufahren. Die Verkehrsbeamten haben bei einer derartigen Verfolgungsjagd in ihren kurzatmigen Schigulis keine Chance. Doch manch ein Motorradfahrer ist auf diese Weise schon im Krankenhaus gelandet. Das im Februar 1987 von der Stadt Moskau erlassene Verbot von Motorradgruppen auf den Hauptstraßen hat an der Situation jedoch nicht viel geändert.

Die Polizei herauszufordern, ist eine der Lieblingsbeschäftigungen dieser Motorradrocker. »Wir haben gern Spaß. Wir lachen uns kaputt dabei, besonders wenn die GAI auftaucht. Ein Polizist hält uns an, wir stoppen. Wenn er dann mit selbstsicherer Miene auf zu uns zukommt, geben wir Vollgas, und er hat gerade noch genug Zeit, um sich auf den Bürgersteig zu retten. Oder wir klauen ihm seinen Schlagstock und hauen schnell ab. Zum Totlachen, wenn er hinter uns her ist!«[15]

Die kleineren und mittleren Städte in der Provinz sind von dieser Gegenbewegung nicht ausgenommen. Eine Zeitung in Kasan hat im August 1987 in ungewohnt offener Weise eine ganze Seite Leserzuschriften veröffentlicht, die sich auf eine ausführliche Reportage über die unerfreulichen Beschäftigungen nicht-organisierter Jugendlicher bezogen. Das Blatt hatte über feucht-fröhliche Partys berichtet, die Jugendliche außerhalb der Stadt in Datschas veranstaltet hatten. Angeblich war es zu Gruppensex und zu Bezahlungen junger Mädchen gekommen, obwohl es sich bei diesen keineswegs um Prostituierte gehandelt hatte.

Neben den üblichen Reaktionen der Leser, die einerseits das Verhalten der jungen Leute abscheulich fanden, andererseits jene verurteilten, die solche Vorkommnisse zu vertuschen suchten, erhielt die Redaktion auch besonnenere Zuschriften: »Diese nicht-organisierten Jugendlichen haben sehr unterschiedliche Ziele, und man kann nicht alle in einen Topf werfen. Manche von ihnen wollen sich bloß mit gleichgesinnten Freunden treffen und sind weit davon entfernt, die beschriebenen Spielchen zu praktizieren.«[16]

Solche ›nicht-organisierten‹ Gruppen sind vor allem in den neugebauten Arbeitervierteln wie Pilze aus dem Boden geschossen. Die Jugendlichen halten diese Art der Freizeitgestaltung für das beste Gegenmittel, um mit der Langeweile fertig zu werden.[17] Sich den organisierten Clubs zu verweigern, ist sicherlich auch eine Reaktion auf die zu stark organisierte Umwelt.

Junge Menschen haben das Bedürfnis, sich nützlich zu machen, und zwar in Gemeinschaft mit anderen. Sie knüpfen lieber menschliche Kontakte als Briefmarken zu tauschen oder etwas zu basteln. Aus diesem Grund brauchen sie Gelegenheiten und Lokalitäten, wo sie sich treffen können. Die von offizieller Seite veranstalteten kulturellen Abende, bei denen sich die Musiker oder Schriftsteller anschließend zur Diskussion stellen, sind, sofern man beim Thema bleibt, in der Regel sehr beliebt.

Der größte Wunsch aller Jugendlichen ist allerdings ein westlicher Import: die Diskothek. Die ersten sowjetischen Diskotheken gab es, sofern man die Kombination von Lautsprecher und großem Tanzsaal als solche bezeichnen kann, in den Studentenclubs Ende der siebziger Jahre.

Heutzutage werden Diskotheken sogar vom Komsomol verwaltet, nachdem man erkannt hat, daß dieses Symbol nichtssagender Freizeitgestaltung ein notwendiges Übel darstellt, das sich nicht so einfach aus der Welt schaffen läßt, wie man es zu Beginn versucht hatte. Die Arbeit der Discjockeys wird mittlerweile genauso als sozial nützlich eingestuft wie jede andere auch. Er hat sich einer Berufsausbildung zu unterziehen, wie sie für die Unterhaltungsbranche üblich ist.[18] Interessant ist in diesem Zusammenhang, daß die Diskotheken, im Gegensatz zu den Restaurants, in dem am ersten Mai 1987 erlassenen Gesetz über die Privatinitiative nicht erwähnt werden.

Wenn man in eine sowjetische Diskothek geht (gemeint sind nicht die Disco-Bars in internationalen Hotels, zu denen der Sowjetbürger keinen Zutritt hat), kann man nur schwerlich begreifen, daß dies ein Ort der Sünde sein soll. In den meisten Fällen handelt es sich um eine düsterschummerige, leidlich dekorierte Halle, wo man, wie überall im Land, nicht rauchen und keinen Alkohol trinken darf und die Bedienungen hausbacken-ländlich wirken. Die Musik läuft zwar auf voller Lautstärke, doch sie klingt für westliche Ohren überholt und armselig. Den Kopf verlieren oder seine Gesundheit ramponieren in diesen verrückten Nächten, das bleibt einem sowjetischen Jugendlichen erspart: Um 22.45 Uhr kündigt der ›DJ‹ den letzten Tanz an, denn wie in allen Restaurants und Cafés werden auch hier die Pforten um 23 Uhr geschlossen.

In den achtziger Jahren hatte jemand die originelle Idee, die ›Diskothek unter der Brücke‹ einzuführen. Junge Leute trafen sich samt Discjockey und Supertänzern unter der Krimski-Brücke in Moskau. Eine ›Vortänzerin‹ kümmerte sich sogar um die Mauerblümchen und animierte sie zum Tanzen. Die Atmosphäre war locker und gelöst, Passanten blieben auf der Brücke stehen, um dem fröhlichen Treiben zuzuschauen. Manch einer warf zum Spaß ein Geldstück hinunter. Als die Zuschauer immer zahlreicher wurden und nicht nur Geldstücke, sondern auch Zigaretten hinunterwarfen, kam die Polizei und verbot diese ›Open-Air-Disco‹. »Wie kommt es, daß die Miliz und nicht der örtliche Komsomol auf diese Diskothek aufmerksam geworden ist?« fragte sich die *Sobessednik*.[19]

Freilich gibt es innerhalb des Systems durchaus Möglichkeiten zu ungewöhnlichen Versuchen. Zum Beispiel hat die sowjetische Eisenbahngesellschaft den Lettland-Expreß, der zwischen Moskau und Riga verkehrt, mit einer ›rollenden Diskothek‹ ausgestattet, wo man alkoholfreie Getränke, Tee, Kuchen oder Gebäck zu sich nehmen kann.

Die von Jugendlichen bevorzugte Musik in der UdSSR reicht von der Folklore eines Bulat Okudschawa bis zur modernen Rock- und Pop-Musik.

Seit Beginn der achtziger Jahre machen die Behörden gute Miene zum bösen Spiel. Obwohl John Lennon beispielsweise als Opfer der kapitalistischen Gesellschaft angesehen wurde und eigenartigerweise von offizieller Seite immer einer gewissen Toleranz sicher sein durfte, mußte man dennoch auf das Jahr 1986 warten, um eine Schallplatte der Beatles legal zu erwerben.

Das Jahr 1987 brachte eine weitere Neuigkeit. *Komsomolskaja Prawda* und andere Blätter veröffentlichten in regelmäßigen Abständen die ›Hitparaden‹, die sich aber bei genauerem Hinsehen aus ziemlich unaktuellen ›Hits‹ zusammensetzten.

Die meisten sowjetischen Sänger – ausgenommen natürlich Alla Pugatoschwa – betreiben die Musik als Hobby oder im Zweitberuf. Der große Wyssozkij war Theaterschauspieler, der ›Barde‹ Alexander Rosenbaum war lange Zeit als Arzt in einer Leningrader Ambulanz beschäftigt und die Nikitiny arbeiten in der Forschung. In den Rock- und Popgruppen musizieren Ingenieure, Wissenschaftler und Lehrer. Ihre Schallplatten haben eine begrenzte Auflage, doch ihre Kassetten werden von enorm vielen gehört.

Zuschauer der nicht gerade zahlreichen Konzerte nützen häufig die Gelegenheit aus, um eine Kassette mitzuschneiden, die sie danach verkaufen oder als Tauschmittel auf dem Schwarzmarkt einsetzen. Es gibt Leute, die alles, was verboten ist, besonders gern tun, aber die Mehrzahl der Bevölkerung würde es vorziehen, im legalen Handel zu kaufen, anstatt für eine Raubkopie siebzig Rubel zu bezahlen oder gar zweihundert für bestimmte westliche Gruppen.

Zielscheibe der Kritik ist die staatliche Firma Melodija, die sich durch eine besonders magere Produktion hervortut (auch im klassischen und populären Bereich) und absolut nicht geneigt ist, dem Publikumsgeschmack nachzugeben. Dieser Haltung ist die Entwicklung des Schwarzmarktes zu verdanken. 1987 gab es in Moskau ein einziges gutes Aufnahmestudio und zwei weitere, die im Aufbau begriffen waren – eins bei Melodija und ein anderes in den Filmstudios. Etwas besser ist die Situation in den Städten Riga, Tallinn und Leningrad, die man als die Geburtsstätten des Rock in den sechziger Jahren bezeichnen kann.

Zu Anfang versuchte die sowjetische Rockmusik die amerikanischen Gruppen zu kopieren. Mitte der achtziger Jahre aber hatte der sowjetische Rock die ganze Bandbreite dieser Musik begriffen und begann, eine eigene sowjetische Note zu entwickeln. Themen wie Langeweile und Einsamkeit der Jugendlichen, Perspektivelosigkeit, Freundschaft, gesellschaftliche Trägheit und Scheinheiligkeit schlugen sich in den Texten nieder.

Am anschaulichsten war diese Entwicklung zweifellos von der Rockgruppe ›Die blauen Käppis‹ (die sowjetischen Fallschirmspringer) unter Beweis gestellt. Ihr Leader, ein ehemaliger Kapitänleutnant, der zweimal den Orden ›Roter Stern‹ erhielt, war wie die übrigen Mitglieder der Gruppe im Afghanistankrieg. Die Platte dieser Amateure, die im September 1987 in Taschkent aufgenommen worden war, hatte wegen ihrer Texte und ihrer musikalischen Qualität sowie auf Grund der persönlichen Ausstrahlung der Musiker bei den Jugendlichen unmittelbar nach ihrem Erscheinen durchschlagenden Erfolg. Die Auflage war auf 15 000 Exemplare begrenzt, doch bald nach ihrem Fernsehauftritt waren zahllose Kassetten im Umlauf.

Im Januar 1987 druckte die *Sowjetskaja Kultura* ein Interview mit dem Star-Sänger der bekannten Gruppe ›Aquarium‹, Boris Grebenschtschikow, ab. Er berichtete über die fünfzehn Jahre gemeinsamer Arbeit einschließlich ihrer Probleme als Amateure (denn als solche verstehen sie sich).

Als die Gruppe gegründet wurde, verließ Grebenschtschikow gerade die Universität von Leningrad und trat eine Stelle als Programmierer an. Acht Jahre später, 1980, waren er und seine Musiker dank mitgeschnittener Kassetten im ganzen Land beliebt und bekannt. ›Aquarium‹ wurde zum Musikfestival in Tiflis eingeladen. »Wenig später kam ein Brief, der behauptete, wir hätten Punk-Rock gespielt. Ich wurde aus dem Komsomol rausgeschmissen und gebeten, meine Anstellung aufzugeben.«

Grebenschtschikow arbeitete einige Jahre als Nachtwächter in einem Sägewerk. Erst 1986 wurde er als Mitglied des Verbands der Musiker anerkannt (er komponiert Musik für Theaterstücke) und konnte seine Arbeit aufgeben, ohne fürchten zu müssen, als gesellschaftlicher Parasit angeklagt zu werden. »Ich möchte die Musik hören, die ich gern mag. Aber die gibt es nicht. Ich fülle eine Lücke aus. Wir gehören nicht zu den Leuten, die auf Bestellung komponieren«, erklärte er dem Journalisten.

Dann erzählte er von einem Konzert, das sie kürzlich im Leningrader Stadion gegeben hatten. »Das war ungeheuerlich. Wir spielten mit einer zwanzig Jahre alten Anlage. Entweder hörte man ständig ein Geräusch im Hintergrund, oder sie gab gar keinen Ton von sich. Ich habe zwei elektrische Schläge abbekommen, ein Wunder, daß ich noch am Leben bin. Niemand konnte unsere Texte verstehen, die bei uns immerhin das wichtigste sind.«[20]

Jugendliche beurteilen die Rock- und Popmusik sehr viel differenzierter als die ältere Generation. Sie wollen, so sagen sie, eine andere Art von Musik, eine, die »unmittelbar ihr Innerstes anspricht«, »zu der sie sofort eine Beziehung haben können«, eine, die etwas mit ihnen zu tun hat.[21] Der Rhythmus spielt dabei eine entscheidendere

Rolle als die Texte. Daher rührt auch der große Erfolg westlicher Gruppen. Für die Jugendlichen, »ist der schnelle Rhythmus nicht ein Zeichen von Aggressivität, sondern Ausdruck einer Zeit, deren Lebensweise einem immer schnelleren Tempo unterworfen ist«.[22]

Für andere sind dies jedoch bloß ›Allerweltserklärungen‹. Die Musik ist ihnen »fremd«, da »deren Ursprünge in einer anderen Gesellschaft als der sozialistischen liegen«.[23]

Kraft des sowjetischen Wahlspruchs, daß es nichts gibt, was neutral ist, wird die Rockmusik mit Vorliebe für alle Schlechtigkeiten der sowjetischen Jugend verantwortlich gemacht. Hierzu zählen nicht nur ausgefallene Kleidung und bizarre Frisuren; Rockmusik ist auch das Grundübel des vorzeitigen Geschlechtsverkehrs, der Faulheit im Beruf, des Verfalls der Umgangsformen, der zunehmenden Kriminalität und der Drogen.

Das letzte Stadium dieser Entwicklung wird von den Hard-Rockern verkörpert. In ihrer schwarzen (unechten) Lederbekleidung, behängt mit schweren Ketten und Armbändern, sieht man sie weit häufiger in Zeitungen abgebildet als auf der Straße. Doch allein ihr Auftreten genügt, um einen Vorstadtzug in Angst und Schrecken zu versetzen. An einem Abend 1987 erschien eine Gruppe schwarzgekleideter Rocker in der U-Bahn und trank aus einer Flasche, die, wie sich später herausstellte, keinen Tropfen Alkohol enthielt. Der Anblick rechtfertigte jedoch ein verstärktes Polizeiaufgebot.

Die Obrigkeiten geben sich die größte Mühe, den sowjetischen Rock als ›einheimisch‹ darzustellen und nicht als eine armselige Kopie des Westens. Ausländische Studenten, die sich vorübergehend am Puschkin-Institut aufgehalten haben, mußten sich eine derartige Rede anhören. Wie massiv hier vorgegangen wird, soll durch nachfolgende Äußerungen belegt werden:

1. »Boy George sagt selbst, daß die Zukunft von der Suche nach Arbeit gekennzeichnet sein wird und diese ihm die Möglichkeit bietet, ›der Realität zu entfliehen‹. Sein Stil ist anarchistisch, nihilistisch, wie man ihn von den Punks her kennt. Die ›Sex Pistols‹ befolgen das Prinzip: ›Sieh zu, daß du zwei Akkorde lernst, und versuche, damit der Gesellschaft auf die Nerven zu gehen.‹ Sie geben sich bewußt häßlich und stimmen Loblieder auf die primitiven Instinkte des Menschen an, als da sind: Grausamkeit, brutale Gewalt und Profitgier. Sie sind Teil derselben Gesellschaft, die sie vorgeben anzugreifen.«
2. »Der Haß charakterisiert die Stücke eines anderen Rockidols – David Bowie. Obgleich in Stil und Erscheinung nicht immer derselbe, verfolgt er doch im wesentlichen eine Idee: Der Mensch ist allein, verabscheut die anderen und rächt sich an ihnen. Auf die Frage ›Warum ist Ihre Musik so aggressiv?‹ liefert er ein unfreiwilliges Zeugnis von der Verlogenheit seiner bürgerlichen Moral: ›Ich hasse diese ganzen Geschichten von Liebe, Frieden und geistiger Verbundenheit. Das ist seichtes Geschwätz und entbehrt jeder Grundlage.‹«
3. »Madonna, eine bei jungen Leuten sehr beliebte Rocksängerin, führt ihrem Publikum vor, mit welchen Mitteln man Pornokönigin werden kann.«

»Die Antwort auf die Frage ›Warum ist die Rockmusik grausam, widerwärtig und unmenschlich?‹ ist im sozialen und politischen Klima der Länder zu suchen, in denen sie entstanden ist und wo sie sich fortentwickelt hat. Eine der Ursachen ist die Arbeitslosigkeit. Sie führt zwangsläufig zu Haß und Mißtrauen gegenüber dem besten Freund, der nur noch als Konkurrent betrachtet wird. Arbeitslosigkeit bedeutet Demütigung der jungen Menschen. Unmenschlichkeit und Härte sind nicht selten die Folgen davon. Die meisten jungen Musiker sind gezwungen, dem ›Goldenen Kalb‹ und nicht der Musik zu dienen. Reich werden ist ihr oberstes Gebot.«[24]

1987 hat man sich entschlossen, von Staats wegen auf die Rock-Welle zu reagieren und hat im Kulturhaus von Gorbunow (in der Nähe des Kursker Bahnhofs in Moskau) ein ›Rock-Meeting‹ abgehalten, bei dem drei Heavy Metal Gruppen auftraten. Obwohl die Veranstaltung vom ›Künstlerischen Rat‹ abgesegnet worden war, müssen sich, wie zwei Journalisten der *Komsomolskaja Prawda* berichteten, erschreckende Szenen von »Hooliganismus, Perversion und schamloser Obszönität« abgespielt haben. Die Gruppe Schudo-Judo warf beispielsweise mit Präservativen auf der Bühne herum und beschimpfte das Publikum in ärgster Weise. Die Zeitung fragte deshalb: »Sind Präservative und ausfallende Äußerungen notwendig, um neue Formen des Ausdrucks zu entwickeln?« Abgesehen von den russischen Texten wird kein Unterschied zu westlichen Gruppen festgestellt, im Gegenteil:

»Sie kopieren alles: das aggressive Verhalten auf der Bühne, die Spielchen mit den Mikros, die schwarzen Schmierereien in den Gesichtern und die Metallgehänge auf ihren Lederwesten. Wir sind keineswegs für eine Schließung des Rock-Meetings, doch meinen wir, daß das derzeitige Konzept auf Grund der Vorgänge gestoppt und neu überdacht werden müßte.«[25]

Trotz alledem fand in Samarkand ein weiteres Rockkonzert auf einem Militärgelände statt, wo mit Hilfe von nichtorganisierten Jugendlichen die Säle dekoriert und hergerichtet wurden. Acht Tage lang verfolgten 15 000 Jugendliche das, was die usbekische *Komsomolez* als ›großes Ereignis‹ angekündigt hatte. Dieses an sich eher betuliche Blatt ließ mehrere Fans zu Worte kommen. Einer erklärte: »Wenn wir in Samarkand kein Rockkonzert kriegen, greifen wir eben zum Rauschgift.«[26]

NEUNTES KAPITEL

Unerwünschte Freizeitgestaltung

Alkoholproblem – Antialkoholkampagne – Jugendliche und Alkohol – Drogen – Jugendliche und Drogen – Entziehungskuren – Jugendstraffälligkeit – Ljubery.

Parallel zu den von der Partei so ehrgeizig geförderten Freizeitaktivitäten hat sich eine Art Gegenkultur entwikkelt, die mehr als zersetzend wirkt. Die beliebteste aller ›falschen‹ Freizeitformen, wie man sie gegenwärtig bezeichnet, wird nach Gläsern veranschlagt und in Litern gemessen.

Neun Monate nach Inkrafttreten des neuen Anti-Alkohol-Gesetzes wollte ein gewisser Wladiwarow wissen, ob und was sich denn seitdem in Sachen Alkohol geändert hätte. Als er mit seinem Fahrzeug über die etwas außerhalb gelegenen größeren Straßen Moskaus fuhr, wurde er innerhalb von fünfzig Minuten zwanzig Mal von Fußgängern angehalten. Nur drei von ihnen wollten mitgenommen werden, die restlichen waren ausnahmslos auf der Suche nach Wodka, der sich nicht selten in den Kofferräumen der Taxis versteckt.

In der Nähe der U-Bahnstation wurde sogar vor den Augen der Miliz von einigen Chauffeuren Wodka verkauft. »Offenbar haben einige Funktionäre ein Interesse daran, zu zeigen, daß alles beim alten geblieben ist«,[1] konstatiert Wladiwarow.

Man schätzt, daß 65 bis 75 Prozent der Alkoholiker bereits vor ihrem zwanzigsten Lebensjahr in gesundheitsschädigender Weise getrunken haben. Angefangen haben die meisten von ihnen, und dazu gehören auch nach eigenen Bezeugungen die Mädchen, im Alter von dreizehn bis vierzehn Jahren. Ärzte beklagen eine zunehmende Quote von anormalen Neugeborenen, bedingt durch die Alkoholsucht ihrer Mütter. Nicht selten suchen Jugendliche ihre ›letzte Zuflucht‹ bei der Zeitung, an die sie schreiben – ein Beweis für die Unwirksamkeit staatlicher Hilfen.

In der Tat schickt man den Alkoholiker weder zum Psychologen noch zum Soziologen, sondern einzig und allein zum Arzt. Der Patient gilt als gesund, wenn er das unheilvolle Getränk, das ihn krank macht, nicht mehr zu sich nimmt. Folglich werden während einer Entziehungskur die Ausscheidungen strengstens überwacht. Die Entwöhnungsmethoden sind brutal und werden teilweise unter Androhung von Strafen oder Arbeitsplatzverlust erzwungen. Die Erfolgsziffern sind dementsprechend niedrig. Daneben existiert eine Therapie, die auf Veränderungen verschiedener Komponenten abzielt: Lebensweise, Arbeitsplatz oder Kollektiv. Selbstverständlich hört man auch in diesem Zusammenhang die unvermeidlichen Aufrufe zu besserer Freizeitgestaltung und zu einem gehobeneren kulturellen Niveau.

Gorbatschows Gesetz aus dem Jahre 1985 hat zwar den Alkoholverkauf drastisch gesenkt, doch sind die Probleme deshalb noch lange nicht gelöst. Die Straßen sind praktisch frei von Betrunkenen, aber eine Reihe physischer wie psychischer Probleme sind noch zu beheben.

Ein Teil der Trinker, darunter nicht wenige Jugendliche, haben sich in Folge der neuen Gesetzgebung auf Drogen beziehungsweise auf *Samogon* verlagert (30 Prozent der *Samogontschiki* sind junge Leute aus der Stadt mit gehobener Schulbildung). Geringerer Alkoholverkauf ist also noch kein Beweis für die Lösung des Problems. Es wird weiterhin getrunken, zwar anders, aber teilweise mehr als zuvor. Die Polizei hatte zum Beispiel im ersten Halbjahr 1987 65 Prozent mehr Jugendliche wegen Trunkenheit zur Wache geführt als im Vorjahr.[2]

Andere Alkoholiker sind auf industrielle Substanzen ausgewichen, die sie meist unrechtmäßig an sich gebracht haben. Der Konsum war in höchstem Maße gefährlich und führte in einigen Fällen zum Tod. In Moskau stiegen die Vergiftungen mit tödlichem Ausgang nach dem Inkrafttreten des neuen Alkoholgesetzes um 30 Prozent an, in Minsk verfünffachte sich gar die Zahl. Die von diesem Phänomen am meisten betroffenen Gebiete waren Moskau, Kasachstan, die Ukraine sowie die Regionen von Krasnojarsk und Tjumen.

In Buchara starben drei Menschen nach Genuß von ›nicht identifizierbarem Alkohol‹ während eines Hochzeitsessens.

In Dankow (Zentralrußland) starben drei Arbeiter nach dem Genuß von gestohlenem Methanol.

In Tschimkent (bei Taschkent) starben drei Menschen nach dem Genuß von industriellem Alkohol, den sie gestohlen hatten.

In Tschapajewsk (nördlich des Kaspischen Meers) vergifteten sich drei Mitglieder einer Familie beim Hochzeitsessen. Der Bräutigam starb am nächsten Tag.[3]

Andere Ersatzmittel sind Insektizide, Fleckenmittel, Deodorants, bestimmte Medikamente, Zahnpasta- sowie Wachsextrakte und vor allem Parfums, die zu den begehrtesten Waren zählen.

Die häufig vernachlässigte Frage nach denen, die am meisten unter dem strengen Gesetz gegen den Alkohol zu leiden haben, wird von einer Leserin der *Sowjetskaja Kultura* in beklemmender Weise beantwortet.

Hinsichtlich der langen Warteschlangen vor den Weingeschäften schreibt sie: »Ich bin eine von denen, die immer wieder in der Schlange stehen, auch wenn ich lieber zu Hause bei meinen Kindern wäre. Was mich und andere in diese Weingeschäfte treibt? Das will ich Ihnen sagen. Mein Mann ist Trinker, schon lange ... Ich will gar nicht beschreiben, was zu Hause los ist, wenn er heimkommt und keine Flasche findet. Er droht, mich und die Kinder umzubringen. Und das sind keine leeren Drohungen. Deshalb stelle ich mich in die Schlange. Wenn er seine Flasche findet, haben wir einen ruhigen Abend... Mein Mann trinkt sie aus, schläft so wie immer, wenn er betrunken ist und läßt uns in Frieden.«[4]

Die Sorge um die Kinder ist den sowjetischen Behörden ein besonderes Anliegen. In der *Selskaja Schisn* (›Landleben‹) schrieb der Leiter der wissenschaftlichen Abteilung der Gesellschaft für Pädagogik in der RSFSR: »Ich habe mich mehr als 25 Jahre lang mit kranken, zurückgebliebenen und problematischen Kindern beschäftigt. Dabei habe ich festgestellt, daß ein Großteil von ihnen, und dazu gehören auch Kinder der ersten Klasse (Sechs- bis Siebenjährige), bereits Wein konsumiert hatte. Dieser war ihnen nicht nur von den ›lieben‹ Eltern angeboten worden, sondern auch von den Großeltern, mit der Begründung, dies sei die Stimme der Weisheit in der Familie...«

Ein Lehrer hatte seine Schüler aufgefordert, von ihrem Geburtstag zu erzählen. »Eine berichtete, sie habe Champagner getrunken, ein anderer Wein und ein dritter Likör.« Ein anderes Mal, als die Schüler ihre Unterscheidungsfähigkeiten unter Beweis stellen sollten, zeigte der Autor einem achtjährigen, geistig behinderten Mädchen ein leeres Glas und eines, das mit Tee gefüllt war. Auf die Frage nach dem Unterschied antwortete das Kind stolz: »Im zweiten Glas ist *Samogon*.« Ein siebenjähriges Kind starb an den Folgen einer Alkoholvergiftung, denn seine Eltern hatten ihm aus Spaß ein halbes Glas Wodka zu trinken gegeben.[5]

Mitte der sechziger Jahre wurde ein Gruppe junger Leute zwischen 20 und 30 Jahren in der Nähe von Petropawlowsk (Sibirien) nackt auf einem Hügel schlafend aufgefunden. Da man sich ihren Zustand nicht erklären konnte, entließ man sie alsbald wieder, in der Annahme, es handele sich um ›Hedonisten‹! Mit ein bißchen mehr Aufmerksamkeit hätten die Behörden schon damals erkennen müssen, welche Gefahr in Form von Rauschgift auf das Land zukam.[6]

Noch Anfang der siebziger Jahre verkündete der damalige Gesundheitsminister schwarz auf weiß, daß »der Drogenkonsum kein ernsthaftes Problem darstelle«. Der Journalist und Schriftsteller Sorij Balajan beschäftigt sich seit längerem mit diesem Sozialproblem Nr. 1 und bemerkt dazu: »Wir haben uns Illusionen hingegeben und tun es immer noch. Man soll doch endlich aufhören zu behaupten, daß die Drogensüchtigen ausschließlich aus problematischen oder gestörten Familienverhältnissen kämen. Mehr als die Hälfte aller befragten Süchtigen stammt aus einer völlig normalen Umgebung. Von Wohngemeinschaften kann überhaupt keine Rede sein.«

In den meisten Republiken ist das Betäubungsmittelgesetz hart und eindeutig.

Artikel 44 des russischen Strafrechts, gültig seit der Revolution, verbietet die Einnahme von Drogen ohne ärztliches Rezept. Artikel 16 verbietet jeglichen Mißbrauch. Artikel 59 des Familien- und Eherechts sieht bei Drogenabhängigkeit den Entzug der elterlichen Gewalt vor. Die Ende 1986 erlassenen Gesetze stellen die Herstellung, den Kauf, den Transport und die Verteilung von Drogen, die für den Weiterverkauf bestimmt sind, unter Gefängnisstrafe bis zu zehn Jahren (bei persönlichem Gebrauch bis zu drei Jahren). Die Aufforderung zum Drogenkonsum (jemand einen Joint anbieten) ist ebenso verboten wie seine Organisation und wird im Höchstfall mit fünf Jahren geahndet.

Im Januar 1987 sprach der Innenminister Alexander Wlassow von 46 000 registrierten Drogenabhängigen in der UdSSR, davon 80 % unter 30 Jahren. Sie beziehen ihren Stoff entweder durch Händler aus den Mohnanbaugebieten des Landes – wo vor kurzem 30 000 illegale Plantagen und 100 000 Hektar wilder Hanf vernichtet worden sind – oder aus der Apotheke. Verfügt man über keine gefälschten Rezepte, so ist man gezwungen, in das Depot einzubrechen.

Die während der Breschnew-Ära praktizierte Vogel-Strauß-Politik verbot selbstverständlich jeglichen Hinweis auf die Droge. Erst 1986, als Tschingis Aitmatow seine Novelle *Placha* (›Der Richtplatz‹) veröffentlichte, wurde dieses Thema öffentlich besprochen. Auf die Frage: »Wieso wird dieses Problem erst jetzt diskutiert? Ist es neu für uns?«, antwortet der für Betäubungsmittel zuständige Leiter im Gesundheitsministerium, Wladimir Jegforow, ausweichend, daß es in bestimmten Gebieten der UdSSR seit Jahrhunderten üblich sei, zum Rauschgift zu greifen und daß »einige Soziologen die Hauptursache für Drogenabhängigkeit in einer sozialen Unreife« sähen. Als man wissen wollte, welches die besten Präventivmaßnahmen seien, meinte Jegforow ironisch: »Das ist ganz klar, man muß die neue Generation im Geiste des sowjetischen *Way of life* erziehen.«[7]

Vielleicht war dies eine Anspielung auf die 29jährige Olga Konopolewa, eine Rauschgiftsüchtige, die in der *Wetschernjaja Moskwa* zu Wort kam.

Aus guter Familie stammend, erzählt sie: »Ich wohnte im Zentrum, in der Hertzenstraße, und besuchte eine Spezialschule für Englisch. Mein Großvater war im Innenministerium beschäftigt, und meine Eltern waren beide Ingenieure. Es ging uns also sehr gut. Dann sind wir umgezogen. Das war zu der Zeit, als die Hippie-Bewegung in Moskau aufkam. Ich schloß mich ihr an, und abends zogen wir durch die Gegend. Entweder waren wir am ›Wasser‹, so nannten wir den Brunnen gegenüber vom Bolschoi, oder in der ›Röhre‹, der unterirdischen Passage in der Nähe des Hotels National. Als mir ein guter Freund einen Schuß anbot, habe ich eingewilligt. Mit fünfzehn ist man auf alles neugierig.«

Sie bekam ihren ersten Schuß – drei Kubikzentimeter Morphin – auf der Außentreppe eines Gebäudes in der Puschkinstraße. Sie war sofort ›gut drauf‹ und fühlte sich wie neugeboren.

Olga erinnert sich, daß sie »mit Jungen und Mädchen aus der sogenannten guten Gesellschaft zusammen war.

Söhne bekannter Musiker und Schauspieler. Irgendwas lockte sie aus ihren komfortablen Wohnungen heraus in die Treppenhäuser, an die ›Pfütze‹ oder in die ›Röhre‹.«[8]

Der Kampf gegen das Rauschgift ist auch in der UdSSR nicht einfach. »Wir sind sehr beunruhigt«, äußerte Kira Agafonowa aus dem Erziehungsministerium. »Der Rauschgiftkonsum hat in der letzten Zeit in den Schulen erheblich zugenommen.« Besonders betroffen sind Odessa und bestimmte Gebiete Zentralasiens.[9]

Der Minister gab zu, daß »im Kampf gegen die Droge ernstzunehmende Organisationsmängel aufgetreten sind«. *Utschitelskaja Gaseta* beklagte, daß es keine Bücher über das Suchtproblem und keine Statistiken in der UdSSR gäbe. Sämtliche Briefe, so berichtete das Blatt, die die Schulen ans Ministerium gerichtet hatten, bemühten sich, die Tatsachen herunterzuspielen, und die Behörden »waren entweder zu faul zum Zählen« oder wollten das Geheimnis für sich behalten. Der zuständige Minister in Lettland gab zu bedenken, daß die Ärzte zu geringe Kenntnisse hätten, um einen Rauschgiftsüchtigen zu erkennen und daß die Zahlen gewöhnlich eher von der Miliz als von Eltern oder Lehrern vermittelt werden könnten. Im Februar beschloß das Ministerium, die Schulen mit Aufklärungsbüchern zur Drogenproblematik und zuvor mit entsprechenden ›Empfehlungen‹ zu versorgen. Als *Utschitelskaja Gaseta* mit dem Verlag telefonierte, stellte sich heraus, daß ein einziges Buch vorgesehen war, welches mit Sicherheit nicht vor 1989 erscheinen würde! Auch die angekündigten ›Empfehlungen‹ waren, wie sich aus diversen Telefonaten mit Schulleitungen ergab, nicht zum Einsatz gekommen.[10]

Ein seit 1987 bestehendes Gesetz verpflichtet jugendliche Drogenabhängige zur Behandlung in einem der ›Behandlungs- und Vorsorgezentren‹, die der Miliz unterstehen. 16–18jährige, die den Aufenthalt in normalen Drogenzentren ablehnen, können für einen Zeitraum von einem halben bis zu zwei Jahren in diese ›Zentren‹ eingewiesen werden. Ihr vordringliches Ziel ist Behandlung und ›Resozialisierung‹. Sie unterhalten Schulen und PTOus, die für Abschlüsse und Arbeitsstellen sorgen. Jene, die sich der Behandlung entziehen, riskieren bis zu einem Jahr Gefängnis.

Der Drogenentzug weist kaum höhere Erfolgsquoten als der Alkoholentzug auf. Nur ein Fünftel aller Therapierten kommt freiwillig, und, wie man von Generalleutnant Pankin in der *Iswestija* erfuhr, »nur jeder zehnte Rauschgiftsüchtige ist nach dem Entzug in der Lage, ein normales Leben zu führen.«[11]

Serjoscha N., ein junger Moskauer, ehemals süchtig, berichtet von einem bisher nicht erwähnten Detail. »Ich wurde zwar erfolgreich behandelt, alles war anonym, nur stand auf meinem Entlassungsschein der Vermerk: Süchtig. Damit konnte ich weder Arbeit finden noch in meinem alten Institut wieder anfangen. Ich kenne viele Drogenabhängige, die keine Therapie machen wollen, weil sie Angst haben, dieses Handicap ihr Leben lang mit sich herumzuschleppen.«[12]

Alkohol- und Drogenabhängigkeit wird in der UdSSR gern in einem Atemzug mit Delinquenz genannt, wobei sich dieser Begriff in der Sowjetunion im wesentlichen auf Eigentumsdelikte bezieht. Der Diebstahl von Staatseigentum kommt häufiger vor als der von Privateigentum. (Dem Staat etwas wegnehmen, gilt offenbar nicht als richtiges Stehlen, man spricht hier von ›Mitnehmen‹.)

Soziologische Untersuchungen haben ergeben, daß besonders 15–17jährige Knaben zur Straffälligkeit neigen.[13] Der zu Alkohol- und Drogenkonsum hergestellte Zusammenhang verschleiert die eigentlichen Ursachen dieser Verbrechen. Selbst wenn man davon ausgeht, daß diese Suchtmittel beim Jugendlichen eine Schrankenlosigkeit hervorrufen, die ihn normalerweise von Straftaten abhalten würden, so muß man sich doch die Frage stellen, warum ein Jugendlicher zu Alkohol und Rauschgift greift.

Neben den verschiedenen Erklärungen, die sich auf das

fehlende Vorbild der Väter oder auf die unzureichende Erziehung in Schule und Jugendhäusern stützen, dominiert vor allem folgende Begründung: »Es wäre ein plumper Fehler, wollte man die Disziplinlosigkeit als unvermeidlichen Tatbestand der Jugend zuordnen. Die Problematik dieser Altersstufe ist weder auf Unreife noch auf Versagen der Gesellschaft im weitesten Sinne zurückzuführen, sondern allein auf die Unfähigkeit des Einzelnen, sich einem Leben in Gemeinschaft zu unterwerfen.«[14] Deshalb kann es nicht allein Sache des Staates sein, den Hooliganismus zu bekämpfen, auch der Bürger muß sich aufgerufen fühlen, dies zu tun.[15]

Die Allgemeinheit ist weit davon entfernt, sich für Kriminalität und für die Behandlung von Kriminellen verantwortlich zu fühlen. Die Mehrzahl verlangt eine rasche Beseitigung, um zu verhindern, daß weitere Mitglieder der Gesellschaft infiziert werden.[16] Jugendliche Straftäter werden von ihren Richtern in gesonderte Strafanstalten geschickt, wo sie sich gleichzeitig einer schulischen Ausbildung unterziehen können. Wie bei den Erwachsenen unterscheidet man auch hier den normalen und den verschärften Strafvollzug. Diese ›Kolonien‹ sind, wie auch die Gefängnisse und Lager immer umstrittener, da sie Asozialität und Rückfälligkeit begünstigen. Außerdem beanstandet man, wie auch bei der Unterbringung von Heimkindern, den Mangel an qualifiziertem Personal.[17]

Die Rechtsprechung dagegen zeigt sich ausgesprochen wohlwollend. Es sind Urteile gefällt worden, nach denen jugendliche Straftäter in den Boxring statt ins Gefängnis gewandert sind, um ihre Aggressivität loszuwerden. Andere ›durften‹ dem Staatsanwalt versprechen, sich in Zukunft besser zu benehmen.[18] Der Minderjährigen-Kommission fällt dabei die Aufgabe zu, dem Jugendlichen, der ein ganz normales Leben führen kann, hilfreich zur Seite zu stehen.[19] Außerdem gibt es eine ›psychologische Miliz‹, die Familien in Konfliktsituationen berät und unterstützt.

Die UdSSR sucht, wie andere Länder auch, nach einer vernünftigen Lösung, wie man die Gesellschaft vor bestimmten Personen schützen kann, auf welche Weise man sie zur Rechenschaft ziehen soll und, was vor allem bei jungen Straftätern wichtig ist, wie man ihnen am besten eine Chance geben kann, sich ins normale Leben wieder einzugliedern. Das Ideal wäre eine Kolonie à la Makarenko, wo auf der Grundlage des Gemeinschaftslebens und der Selbstverantwortlichkeit jedes einzelnen unerhörte Ergebnisse erzielt worden sind. Doch dieser Traum dürfte mit der gegenwärtigen Realität kaum in Einklang zu bringen sein. Abgesehen von einigen Initiativen bestimmter Personen, stößt man auf die gleichen Probleme wie bei der Unterbringung und Versorgung von ›Sozialwaisen‹ (vgl. Kapitel 2).

Im Februar 1987 entdeckte man in den sowjetischen Medien ein bisher unbekanntes Wort: *Ljubery*. Anlaß war eine Demonstration jüdischer Aktivisten im Arbat, wo es von seiten einer Gruppe jugendlicher Schlägertypen zu Übergriffen kam, die sich nicht nur auf die Demonstranten, sondern auch auf die anwesenden westlichen Fernsehteams bezogen.

Diese nach dem Industrievorort Ljuberzy, südöstlich von Moskau, benannten Schläger tauchten zum ersten Mal Mitte der achtziger Jahre in Moskau auf und griffen vornehmlich die *Brejkery* (Anhänger des Break-Dance), die *Fanaty* (Fans), die *Metallisty* (Anhänger des Heavy Metal) und die *Wolna* (Anhänger der neuen Welle) an.

Die Mehrzahl der Moskowiter hielten sie schlichtweg für Taugenichtse. Die *Ljubery* dagegen verfolgen eine ganz bestimmte Absicht. »Wir kommen seit zehn/fünfzehn Jahren nach Moskau und werden es auch weiterhin tun«, erklärte einer von ihnen. »Wir greifen nicht irgendwelche Leute an, wie man so pauschal behauptet, sondern nur solche, die uns nicht gefallen. Oder gefallen Ihnen vielleicht die Typen mit den Ketten und den Bolzen (die Metallisty)? Oder die mit den verschmierten Gesichtern (die Punks)? Die sind eine Schande für unser Land.«

In einem Bericht der Illustrierten *Ogonjok* war zu erfahren, daß es sich bei den *Ljubery* um eine Art Wehrsportgruppe handelt, deren Ziel es ist, Moskau von Punks, Hippies und ähnlichen Elementen zu befreien. Sie selbst lehnen Alkohol und Drogen ab und trainieren statt dessen in Kellern der Stadt, die extra für diesen Zweck eingerichtet sind.

Laut *Ogonjok* herrscht bei den 16- bis 17jährigen *Ljubery* die Meinung vor, »sie hätten durchaus das Recht, Leute zu verprügeln«. Die Chefs der Gruppe, 25 bis 30 Jahre alt, interessieren sich freilich mehr für die Ausbeute. Die Opfer nämlich werden nicht etwa wegen ihrer ideologischen Einstellung zusammengeschlagen, sondern auf Grund ihrer ›ausländischen Erscheinung‹. Lederarmbänder, Jeanswesten mit Nieten, Fußballschuhe und anderes mehr sind für den Weiterverkauf lohnenswerte Objekte.[20]*

* Die *Sobessednik* bezeichnete diesen Artikel über die *Ljubery* als reine ›Sensationsmache‹. Der eigentliche Grund der Aggressionen liege in dem Haß, den Provinzbewohner Städtern gegenüber empfinden, weil sie sich zurückgesetzt fühlen. Moskau ist ›chic‹, und in Ljuberzy »kann man nicht einmal eine gute Wurst kaufen«.

ZEHNTES KAPITEL

Im System leben

Eingliederung ins System – Persönlichkeitsentfaltung und Lebenserwartung – Einsamkeit und Selbstmord – Langeweile in ländlichen Regionen – Doppelleben – Religionen und Sekten – Joga – Übersinnliches – Soziale Minderheiten – Landstreicher – Homosexualität.

Schon seit geraumer Zeit beschäftigt sich die sowjetische Soziologie mit den Wünschen und Bedürfnissen junger Leute, um eine möglichst reibungslose Eingliederung in das marxistisch-leninistische Gesellschaftskollektiv zu gewährleisten. Wenn man den Publikationen glauben darf, zählen bei den Jugendlichen interessante Arbeit, gute Freunde und ein glückliches Familienleben weit mehr als materielle Werte oder persönliche Freiheit. (Die Bedeutung des Gehalts steigt bei beruflicher Enttäuschung oder familiärer Belastung.)[1] Zwei Worte werden im Zusammenhang dieser Thematik immer wieder genannt: ›*Obras schisni*‹ (Lebensweise) und ›Persönlichkeit‹. Diese beiden Begriffe stehen für das, was dem jungen Sowjetbürger in Schule und Elternhaus beigebracht werden soll, wobei die Partei eine übergeordnete Kontrollfunktion ausübt.[2]

Die richtige Lebensweise, die laut Bestuschew-Lada »beim sozialistischen Menschen Optimismus voraussetzt«,[3] ist an typisch sozialistische Tugenden (kollektive, humanistische und demokratische) gebunden.

Die Persönlichkeitsbildung, welche sich gleichermaßen auf der Grundlage einer optimistischen Sicht vollziehen muß, zielt über den erzieherischen Prozeß hinaus auf die Eigenverantwortlichkeit des Menschen.[4]

Das größte Hindernis, das sich diesem Bildungsvorgang in den Weg stellt und das mit allen Mitteln bekämpft wird, ist der *Formalismus*. Man versucht in der Schule und am Arbeitsplatz, dem Jugendlichen im Dialog klarzumachen, was es heißt, Verantwortung zu tragen. Nach langen Jahren des Übens kann seine Sozialisation als geglückt bezeichnet werden, wenn er seinen Platz im Arbeitskollektiv der Gesellschaft gefunden hat.

Dieser langwierige soziale Eingliederungsvorgang des jungen Sowjetbürgers verläuft nicht ohne Probleme und Rückschläge. Die Sowjetunion war lange Zeit stolz auf ihre soziale Mobilität. Wenn ein junger Mensch mutig und sozial engagiert war, konnte er machen, was er wollte.

Auch heute noch wird immer wieder der fundamentale Unterschied zwischen kapitalistischem und sowjetischem System betont. In ersterem handelt es sich um eine ›vertikale‹ Mobilität, wo ein Werktätiger aus der Klasse der Ausgebeuteten in die Klasse der Ausbeuter aufsteigt oder ein Proletarier selber zu einem Besitzenden wird. Im sozialistischen Regime hingegen vollzieht sich ein Aufstieg infolge höherer Qualifikation und umfassenderer Ausbildung. Die Möglichkeiten, dem Land zu dienen, erweitern sich hiermit und rechtfertigen deshalb eine Steigerung des Einkommens sowie eine Anhebung des Prestiges.[5]

Seit Beginn der siebziger Jahre allerdings muß man konstatieren, daß diese soziale Mobilität, was bestimmte Berufe und Gebiete sowie den Andrang zum Studium betrifft, nachgelassen hat oder zumindest stagniert, wenn man an die demographische Entwicklung denkt.[6]

Möglich, daß diese Binnenwanderung kompensatorischen Charakter hat, denn auffallenderweise sind davon besonders jüngere Leute betroffen, deren Eingliederung in die Arbeitswelt, welche schließlich das Ziel des Erziehungsprozesses darstellt, unmittelbar bevorsteht.

Unter den 25 Millionen, die in der UdSSR jährlich ihren Wohnort wechseln, befindet sich eine stattliche Anzahl Unverheirateter. Im Alter von 21–24 Jahren, wenn die Enttäuschungen am Arbeitsplatz am stärksten sind, begeben sich die meisten von ihnen ›auf Wanderschaft‹.[7] Diese Art der Migration hat sogar die Land-Stadt-Wanderung in den Hintergrund gerückt.[8] Daneben existiert, sei es aus Neugierde, Abenteuerlust oder Gewinnstreben, die Abwanderung in die Entwicklungs- und Neulandgebiete.

Ein Teil der Migranten, die ›Spontan-Wanderer‹, wechselt extrem häufig seinen Arbeitsplatz und erschwert die Planung von Arbeitskräften und Arbeitsplätzen enorm. Darüber hinaus verlassen sie häufig jene Regionen, die bereits einen Mangel an Arbeitskräften aufweisen (im allgemeinen der europäische Teil der UdSSR) und wandern in Gebiete mit einem Überangebot an Kräften ab (in den Süden und nach Zentralasien). Nur wenige begeben sich zum Beispiel nach Sibirien, wo Arbeitskräfte dringend gesucht werden.

Zwangsmaßnahmen gehören der Vergangenheit an, und so bemüht sich der sowjetische Staat um die Erforschung der Motive und versucht von daher, seine Planung zu gestalten.[9]

Junge Leute, die man aus ihrer gewohnten Umgebung herausgerissen hat, werden zunehmend von einer in der UdSSR bis dahin unbekannten Krankheit heimgesucht: der Einsamkeit.

Dazu gehören: junge Frauen, die tagsüber zwar in ihrem Beruf glücklich sind, aber abends dafür umso mehr leiden[10]; ledige Mütter, die sich unwohl fühlen, weil man ihre Schwierigkeiten ignoriert[11]; junge Leute, die durch Schulwechsel oder Umzug ihre Freunde verloren haben[12].

Die Hilflosigkeit der zuständigen Stellen ist verheerend. Im Falle eines jungen Mädchens, das in einer völlig verwahrlosten Wohnung vor sich hinvegetierte, fühlte sich weder die Polizei, noch der Komsomol oder die Schule verantwortlich genug, um einzugreifen (allen war die Situation bekannt).[13]

In erster Linie haben unüberschaubare Institutionen und die damit verbundene Anonymität diesen Zustand verursacht. Verstärkt wird er durch eine fehlende Infrastruktur für Heranwachsende, die über das Spielplatzalter hinaus sind.

Zunächst ist man, nach dem Motto ›Tut euch mit anderen zusammen‹[14] recht ziellos vorgegangen. Dann hat man in einigen Städten Beratungs- und Hilfsangebote für Einsame eingerichtet, die wenigstens den Griff zur Flasche verhindern sollen.[15] In Moskau gibt es einen Telefondienst, der unter einer bestimmten Nummer rund um die Uhr besetzt ist.[16]

In letzter Zeit hat man, vor allem im Zusammenhang mit der Anti-Alkohol-Kampagne, mehr und mehr in den einzelnen Wohnblocks angesetzt und das Augenmerk insbesondere auf die Jugendlichen gelenkt. So hatte sich in einer Wohnsiedlung in Moskau eine Mieterinitiative gebildet, der 68 Parteimitglieder, 180 Komsomolzen und eine Reihe Fachleute, darunter ein großer Schachmeister, angehörten und deren Ziel es war, für die Jugendlichen der Siedlung eine Freizeitanlage zu bauen. Neben Räumlichkeiten zum Schachspielen wurden Reparaturwerkstätten aller Art sowie spezielle Go-kart-Garagen und vieles andere mehr errichtet. Sehr schnell kam es zu der gewünschten Unterstützung durch die Jugendlichen.[17]

Doch diese Initiativen reichen nicht aus, um das eigentliche Problem zu lösen.

Am zehnten April 1986 schrieb Andrej, ein Student aus Krasnodar, an die *Komsomolskaja Prawda:* »Obwohl ich viele Freunde habe, bin ich allein. Ich habe niemanden, dem ich mich anvertrauen könnte.« Derartige Briefe kommen zuhauf. Am 11. Juni 1986 waren es 31 548 aus dem ganzen Land.

Nikolaj (Archangelsk), Sohn eines Seemanns und einer alkoholabhängigen Mutter, berichtet, daß er sich seit seinem zehnten Lebensjahr nur herumgetrieben hat. Er war häufig in Schlägereien verwickelt und hatte Alkoholprobleme. Erst, als er ein anständiges Mädchen heiratete, wurde er glücklich. Daraufhin hat er auch seinen Wehrdienst abgeleistet.[18]

Natascha (Odessa) hat niemanden, mit dem sie über ihre Gefühle sprechen kann, auch nicht mit ihrer Mutter, denn »die bestimmt alles zu Hause ... Helfen Sie mir, Freunde zu finden«.[19]

Maxim (Moskau), der gerade seinen Berufsschulabschluß erworben hat, versteht den Sinn all dieser Briefe nicht. Er ist immer beschäftigt und hat eine Menge interessanter Dinge zu tun. »Es ist zu einfach, sich hinzusetzen, auf Hilfe zu warten und zu stöhnen: ›Ich langweile mich, ich bin so allein‹.«[20]

Julia (Charkow) besuchte die Schule Nr. 3 in Tschernobyl und wurde evakuiert: »Ich bin sehr traurig ohne meine Freunde. Bitte helfen Sie mir, sie wiederzufinden.«[21]

Viele beklagen auch darüberhinaus ein Gefühl der Leere. Sie würden sich zwar gern für etwas engagieren, haben aber den Eindruck, daß alles schon geregelt ist. Sie ziehen sich folglich in ihre Privatsphäre zurück und machen es sich in ihrer kleinen Familie so gemütlich wie möglich.[22] Aber schon bald merken sie, daß dieses ›unabhängige‹ Leben mit Hilfe der Eltern besser zu bewerkstelligen ist. (Dieser Gefühlskomplex ist in dem weiter vorn zitierten Film *Es ist nicht leicht, jung zu sein* sehr gut dargestellt worden.)

Mit der Rubrik ›Einsame Herzen‹, in der junge Erwachsene – meist unter dreißig Jahren – einen Ehepartner suchen, versucht die sowjetische Presse seit Mitte der achtziger Jahre denen zu helfen, die mit der Einsamkeit nicht zurechtkommen. Die meisten Briefe, seien es nun Anfragen oder Beantwortungen, zeugen von dem Wunsch nach Sicherheit und dem Bedürfnis, eine harmonische, solide Verbindung einzugehen und eine Familie im herkömmlichen Sinn zu gründen. »Ich bin 22 Jahre alt und habe einen Sohn von drei Monaten. Uns fehlt ein starker, männlicher Halt. Wenn uns auch der eine verlassen hat, so glauben wir nicht, daß alle gleich sind.«[23]

Vermehrtes Alleinsein und das Gefühl der Verlassenheit

erklärt zum Teil die Selbstmordrate bei Jugendlichen. Es gibt zwar keine offiziellen Zahlen, aber die Quote scheint besorgniserregend hoch zu sein, sonst hätten sich 1986 die Zeitungen nicht in einer Reihe von Artikeln mit dieser Thematik beschäftigt.

Laut Frau Prof. A. Ambrumowa, Leiterin des Instituts zur Erforschung und Verhütung von Extremsituationen, steht der Selbstmord nach den Herz-Kreislaufversagen, dem Krebs und den Unfällen als Todesursache in der UdSSR an vierter Stelle. Ihrer Meinung nach sind Streß, die Anonymität der Großstädte (besonders für Studenten, die vom Land kommen) sowie die durch Alkohol, freizügigen Sex, Rockmusik und Drogen bedingte erhöhte psychische Zwangslage die Wurzeln des Übels.

Sie schätzt, daß von drei Selbstmordversuchen einer erfolgreich verläuft und die meisten von Jugendlichen zwischen 16 und 20 Jahren begangen werden. Wer überlebt, wird in einem speziellen Krankenhaus nachbehandelt.[24]

Die bei Jugendlichen vorherrschenden Motive für den Selbstmord sind fast klassisch zu nennen.

Oleg I., 16 Jahre, hat sich wegen einer unglücklichen Liebe die Pulsadern aufgeschnitten (wurde aber gerettet).

Olga D., 19 Jahre, hat nach einem Streit mit ihren Eltern 150 Beruhigungstabletten geschluckt (sie hat schwerste bleibende Schäden davongetragen).

Igor M., 20 Jahre, hat wegen schlechter Leistungen im Studium versucht, sich zu erhängen.

Erwähnenswert sind bei jedem einzelnen die vorausgegangenen Umstände. Oleg beging die Tat, nachdem er vor den ›pädagogischen Rat‹ zitiert worden war, weil er eine Klassenkameradin ›ständig belästigt‹ hatte. Igor, der aus Gomel nach Moskau gekommen war, hatte im dritten Jahr seines Studiums mit erheblichen Schwierigkeiten zu kämpfen, so daß man ihn mehrmals vor den Rat der Fakultät zitiert und ihm nahegelegt hatte, einen anderen Beruf zu ergreifen. Olga mußte jedes Mal, wenn sie nach zehn Uhr nach Hause kam, mit einer fürchterlichen Szene rechnen. Eines Abends beschimpfte ihr Vater sie als Prostituierte.

Es handelte sich in allen Fällen um den Tropfen, der das Faß zum Überlaufen brachte, bemerkte *Komsomolskaja Prawda.* In diesem Zusammenhang erwähnte das Blatt als weitere Ursache den fehlenden Respekt Erwachsener gegenüber Jugendlichen. »Bei welchem Erwachsenen würde man es wagen, ihn vor einen Klassenrat zu zitieren und aufzufordern, über seine intimsten Dinge zu reden, wie es im Fall ›Oleg‹ geschehen ist. Wäre Olga nicht vielleicht von den entsetzlichen Beschimpfungen ihrer Eltern verschont geblieben, wenn sie vier Jahre älter gewesen wäre? ... Wenn ein 16jähriger alt genug für einen Paß ist und damit zum vollwertigen Staatsbürger erklärt wird, sollte man ihn vielleicht auch dementsprechend behandeln. Junge Leute, die Selbstmord begehen, wollen selten wirklich sterben. Ihre Tat ist eher ein Hilferuf: ›Seht, wie unglücklich ich bin!‹ Das Drama besteht nur darin, daß nicht immer jemand zur Stelle ist, um sie von ihrem Vorhaben abzubringen.«[25]

In Zentralasien, wo junge Mädchen zu einem klösterlichen Dasein verdammt sind, ist die Situation um ein Vielfaches tragischer. Allein in Tadschikistan wählten 1986 vierzig junge Frauen und Mädchen den Selbstmord durch Verbrennung (1984 waren es 30). Die *Komsomolskaja Prawda* erläutert in diesem Zusammenhang die Hintergründe solcher Verzweiflungsakte. »Es ziemt sich nicht, ohne Kopfbedeckung auszugehen; es ist verboten, ins Kino zu gehen; es ist schändlich, sich mit einem Mann sehen zu lassen; es ist verboten, die Anweisungen der Eltern nicht zu befolgen; es ist schändlich zu studieren; es ziemt sich in keinster Weise, ohne das Einverständnis der Eltern zu heiraten.«[26]

Viele junge Mädchen werden gezwungen, einen Mann zu heiraten, den ihre Eltern für sie ausgesucht haben. In ihrer Ohnmacht und Verzweiflung sehen sie nur einen Ausweg: sich zu verbrennen. Insgesamt haben sich in den letzten drei Jahren in Mittelasien 200 junge Frauen auf diese Weise das Leben genommen, weil man sie in eine ungewollte Bindung hineinpressen wollte.

Die Situation auf dem Lande ist weniger von Einsamkeit als von einer unendlichen Langeweile gekennzeichnet. Man hat zwar Freunde, weiß aber nicht, was man zusammen unternehmen soll. »Du guckst in den Spiegel und siehst zu, wie du älter wirst. Das Leben geht weiter, aber du weißt nicht, wohin.«[27]

Um dieser Langeweile zu entkommen, sind die jungen Leute über Jahre hinweg in die Städte geflüchtet, die Mädchen nach ihrem Schulabschluß und die Jungen nach der Militärzeit. Doch die Ironie des Schicksals will es, daß die von der Trostlosigkeit des Landlebens angeödeten Jugendlichen mit den vereinsamten, entwurzelten jungen Leuten in den Vorortsiedlungen der Städte identisch sind.

Die Eintönigkeit der Dörfer wird gleichwohl von der Tristheit der aus dem Boden gestampften Städte noch übertroffen. Auch hier steht man Abend für Abend vor der gleichen Frage: Was soll man tun, wo kann man hingehen? Hinzu kommt die Tatsache der Anonymität: Man kennt niemand, und niemand kennt einen. Deshalb hat man Neuland-Regionen in bevorzugter Weise mit sportlichen und kulturellen Einrichtungen ausgestattet.

So schreibt zum Beispiel ein junger Mann aus dem nördlichen Kaukasus, wo sich Ende der siebziger Jahre drei ›perspektivelose‹ Dörfer zusammengeschlossen haben und schon 1986 eine Menge junger Einwohner zu verzeichnen waren, in der *Prawda*[28]: »Die Freizeitmöglichkeiten sind bei uns nicht schlechter als in den Städten.« Und es handelt sich dabei keineswegs um ein Einzelbeispiel. Wie wir schon an anderer Stelle dargelegt haben, ist in den letzten zehn Jahren das kulturelle Niveau ländlicher Gebiete enorm angehoben worden. Auch in den neueren Städten hat man die bei früheren Projekten gemachten Fehler zu vermeiden gesucht. Wenn man beispielsweise die aus dem Nichts entstandene Kleinstadt Nirungrin an der Baikal-Amur-Magistrale besucht, trifft man auf freundliche Häuser und saubere Straßen sowie auf die notwendigen Dienstleistungs- und Erholungseinrichtungen.

Trotz umfangreicher Betreuung und einer theoretisch klaren Vorstellung ihrer Rolle in der zukünftigen Gesellschaft, ist es für die Jugendlichen nicht immer ganz einfach, dem an sie gestellten Anspruch gerecht zu werden. Davon zeugen ihre teilweise chaotischen Befreiungsversuche, die selbstverständlich die Kritik der älteren Generation auf sich ziehen. Doch manche von ihnen vertreten die Ansicht, daß es besser sei, aus Fehlern zu lernen, als immer und ewig von den Eltern behütet zu werden. Andere fordern einen verstärkten Kampf gegen die bürgerlichen Lebensweisen, und wieder andere verurteilen das Erziehungssystem von Schule und Elternhaus sowie den Jugendverband, der sich ausschließlich den großen Linien widmet, dabei aber die kleinen Dinge des Alltagslebens außer acht läßt.[29]

Viele Jugendliche wollen ihr Leben genießen: »Wir wollen ein romantisches Leben führen mit Ausflügen aufs Land, nächtlichen Spaziergängen durch die Straßen, Geburtstagsfeiern am Bahnhof mit einer Flasche Champagner oder auch nur in andere Städte fahren.« Diese schönen Abenteuer wurden mit dem Rausschmiß aus der elterlichen Wohnung beantwortet.[30]

Um solche Unannehmlichkeiten zu vermeiden, haben sich in der UdSSR zahlreiche junge Leute zu einer Art Doppelleben entschlossen. Tagsüber, in Schule, Elternhaus und Komsomol zeigen sie sich als brave, ordentliche Kinder. Abends oder außerhalb dieser Institutionen aber, wenn sie sich im Kreise Gleichgesinnter aufhalten, rauchen und trinken sie, bewundern bedingungslos alles, was auf dem Schwarzmarkt angeboten wird und was ausländisch aussieht. Das reicht von der ›supermodernen Kleidung‹ bis zur Hard-Rock-Schallplatte. Sie scheuen sich keineswegs, diese Gegenstände illegal zu erwerben, im Gegenteil, sie sind sogar stolz auf ihre ›Pfiffigkeit‹. »Ich führe zwei Leben«, schreibt die junge Tatjana. »Eins in der Schule und zu Hause und ein anderes draußen, auf der Straße. Ich kann mich gut anpassen. Je nach Umgebung spiele ich die eine oder andere Rolle. Für die Lehrer und meine Klassenkameraden bin ich die intelligente, ordentliche Schülerin. Zu Hause bin ich, obwohl ich meine Eltern nicht verstehe, aufmerksam und liebenswürdig. Was ich gern habe? Rauchen, lachen, westliche Musik hören, vor allem Hard-Rock.«[31]

Dieser Brief animierte viele junge Leser, die sich darin wiedererkannten, ebenfalls zu schreiben. So gesteht Galina aus Archangelsk: »Ich kann sehr verschieden sein, und deshalb gefalle ich so vielen Leuten.«[32]

Die *Komsomolskaja Prawda* veröffentlichte den Brief einer Gruppe 16jähriger Schüler aus Belgograd, die darin bis in alle Einzelheiten hinein ihr doppelbödiges Leben[33] beschrieben. Diese Tatsache entfachte in der Schule sowie in den entsprechenden Gremien der Partei und des Komsomol einen Riesenaufruhr, der zur Folge hatte, daß man einen der Unterzeichneten von der Kandidatur für einen bestimmten Posten ausschloß.[34]

Doch trotz all dieser Tumulte haben die ›Doppelbödigen‹ einen besseren Ruf als die ›Pragmatiker‹. Deren Bestreben geht dahin, sich so reibungslos wie möglich mit dem System zu arrangieren. Dazu gehört selbstverständlich ›eine gute Partie‹, von der man sich, sollte sie den Erwartungen nicht entsprechen, auf dem schnellsten Wege auch wieder trennt.[35] Manche Jugendliche gehen sogar so weit, sich von ihren ehrlichen, unangepaßten Eltern zu distanzieren.[36]

Andere wiederum weigern sich strikt, die unredlichen Kompromisse der Erwachsenenwelt mitzumachen. Wie dieses junge Mädchen, das als angehende Medizinerin während eines Praktikums feststellen mußte, daß sich die Krankenschwestern für ihre Dienste Geld zustecken ließen. Als es sich diesem Verhalten nicht anschließen wollte, bezeichnete man es als ›Idiotin‹.[37]

Es gibt durchaus auch den Mittelweg der friedlichen Koexistenz, der weder die große Enttäuschung noch die offene Rebellion kennt (also weder zu den Punks noch zu den ›Metallisty‹ gehört), aber bestimmte, für das System charakteristische Werte akzeptiert. Gemeint sind zum Beispiel die jungen Leute, die zwar gern konsumieren, von einem Konsumverhalten westlicher Prägung jedoch meilenweit entfernt sind. Konsum ist für sie eine Art Kompensation, ein Zeichen der Ablehnung dessen, was ihre Eltern praktizieren. Sie wollen sich nicht wie diese mit den zahlreichen Mängeln abfinden, sie wollen auf irgendeine Weise, und sei es nur dadurch, daß sie ausländische Produkte erwerben (legal oder zumindest fast legal), über ihre Grenzen hinausgehen.

Jeder ist sich darüber im klaren. Lehrer, politisch Verantwortliche und Soziologen führen endlose Diskussionen zu diesem Thema. Sogar ein neues Wort wurde dafür kreiert: *Weschtschisme* abgeleitet von *Weschtsch* (die Sache, das Ding).

Offiziell hat man sich lange Zeit geweigert, den Tatsachen ins Auge zu sehen. Stereotype Erklärungen, hinter denen man sich zu verstecken suchte, waren an der Tagesordnung: Kopie einer kleinbürgerlichen Lebensweise, Verlust der wahren Werte, Passivität. Den Eltern wurde vorgeworfen, daß ihre heranwachsenden Kinder Summen ausgäben, die deren späteres Anfangsgehalt bei weitem überschritten.[38] Auch der ideologische Keulenschlag durfte natürlich nicht fehlen: Behaupten Radio Liberty und Radio Free Europe, die beiden Bastionen des C. I. A., nicht voller Stolz, daß die Mehrzahl ihrer Zuhörer Jugendliche seien? Und ist es nicht der Wunschtraum des Westens, aus der sowjetischen Jugend eine unpolitische Masse zu formen, die nichts anderes als materielle Befriedigung im Sinn hat?[39] Nicht zu vergessen die entsetzte Großmutter, die aus dem Westen zurückkommt und schon bei der Ankunft von ihrem Enkelkind gefragt wird: »Stimmt es, daß die Geschäfte da drüben ganz voll sind, und keine Leute warten müssen?«[40]

Trotz dieser abgedroschenen Phrasen sieht sich die Partei gezwungen, die neue Vorliebe der Jugendlichen ernst zu nehmen. Der Kauf westlicher Waren steht nämlich in unmittelbarem Zusammenhang mit dem Schwarzmarkt, wo sich sogenannte ›Geschäftsleute‹ in äußerst ungezwungener Weise als ›wahre Werktätige‹ aufspielen. Um dieses Bild zu zerstören, muß man den Schwarzmarkthändler als Krebsgeschwür der Gesellschaft darstellen, der langsam aber sicher das Wertsystem des Individuums und somit auch dasjenige der gesamten Bevölkerung untergräbt.[41]

Mit schöner Regelmäßigkeit findet man unter der Rubrik ›Leserbriefe‹ Zuschriften von bußfertigen Spekulanten. »Wie soll man mit einem Gehalt von 140 Rubeln auskommen, wenn man daran gewöhnt ist, auf nichts zu verzichten?« schrieb ein Leser aus Lwow, dessen Werdegang geradezu klassisch verlaufen ist. »Ich ging gern auf Reisen, besuchte gern Ausstellungen, habe viele Leute getroffen und immer wieder was Neues erlebt. Das kriegt man natürlich nicht geschenkt. Ganz zu schweigen von eleganter Kleidung.«[42]

Swetlana, Schülerin einer elften Klasse, berichtet: »In unserer Schule gibt es einen regen Handel mit Schallplatten, Zigaretten, Buttons und Kassetten, die alle aus dem Ausland kommen. Wer kein Geld hat, wird von den *Businessmen* nur als Halbmensch betrachtet. Ich finde sie ekelhaft.«

Leonid Botschkow aus Jaroslawl konnte sich nur im letzten Augenblick vor dem verhängnisvollen Fall bewahren, indem er sich sagte, daß »es besser ist, in alten Klamotten herumzulaufen, aber den Leuten in die Augen sehen zu können . . . Und arbeiten, arbeiten«.

Doch die ›Realisten‹ – und davon gibt es zahlreiche – sehen das Ganze etwas differenzierter. »Die Leute in meiner Umgebung schimpfen immer ›Oh, diese üblen Spekulanten! Wo ist die Moral geblieben?‹ . . . Aber es ist schließlich verständlich, daß man gut und modern angezogen sein möchte« (Irina Uztal, 21 Jahre, aus Tartu).[43]

Viele Jugendliche finden es ganz normal, zum Schwarzmarkt zu gehen. Sie machen auch keinen Hehl daraus, daß sie die dort ansässigen Händler wegen ihrer Gerissenheit und Schläue beneiden. Eine Gruppe von 16- bis 17jährigen, die für die Wochenschrift *Literaturnaja Gaseta* befragt worden ist, gibt offen zu, daß sie 40 % ihrer Kleider und ihrer Sachen ›unter der Hand‹ – und das bedeutet im Klartext: auf dem Schwarzmarkt – erworben hat.[44]

Kleidung hat für Jugendliche in der Tat eine besondere Bedeutung. Man spricht sogar von einer ›Jeans-Psychologie‹, von Gruppen, deren Markenzeichen eine bestimmte Jeansfirma ist.[45] Ausnehmend schwierig wird es, wenn Kleidungsstücke Aufschriften tragen, die »Todessynonyme für Nicaragua oder Salvador sind« (gemeint sind T-Shirts mit Aufschriften vom Stil *Death to Nicaragua, Sheriff* oder ähnlich).[46]

Die sowjetische Industrie versucht, dem zu begegnen, indem sie Spezialgeschäfte eröffnet, die in der Presse wohlgefällig aufgenommen werden. *Sobessednik* hat sogar im Oktober 1986 eine 22jährige Redakteurin – Marina – eingestellt, die eine eigene Rubrik ›Mode‹ zu betreuen hat. Die russische Ausgabe der Modezeitschrift *Burda* hat sehr viel Aufsehen erregt und wurde in großem Rahmen gefeiert.* Aber insgesamt gesehen ist die Industrie nicht in der Lage, die Bedürfnisse besonders der jungen Verbraucher zu befriedigen.

Der mit dem Schlagwort ›Jeans-Psychologie‹ bezeichnete neue Formalismus wird von der Jugend bereits schon wieder kritisiert. »Wir sind gezwungen, zum Hafen zu rennen, wenn die Seeleute aus dem Ausland zurückkehren. Und letztlich sehen wir in unseren Jeans alle gleich aus«, beklagt sich Oksana Donskaja aus Murmansk.[47] Ein 17jähriger ist der gleichen Meinung: »Die Kleider haben alle denselben Schnitt, die Schuhe sind von ein und derselben Marke, und die Haarschnitte sind auch alle gleich. Das ist die graue, zukunftslose Mehrzahl . . . Man sagt, dies sei die

* Die Verträge mußten erneuert werden, als sich herausstellte, daß die Sowjetunion keinerlei Maschinen besaß, die die Schnitte hätte drucken können. Die russische Ausgabe wird also in der Bundesrepublik Deutschland gedruckt und danach in Spezialgeschäften verkauft, wo man mit Devisen zu zahlen hat. Damit wurde das ursprüngliche Ziel, eine Illustrierte für Frauen, die selbst schneidern, möglichst weit zu verbreiten, völlig verfehlt.

Altersstufe der Persönlichkeitsbildung. Aber das Gegenteil ist der Fall: Mit 17, 18 Jahren wollen sie alle so aussehen wie ein westlicher ›Superman‹.«[48]

Abschließend kann man sagen, daß die ›Kopie einer kleinbürgerlichen Lebensweise‹ weniger stört, als vielmehr auf den Wunsch junger Leute aufmerksam macht, als ›soziale Gruppierung‹ in Erscheinung zu treten und eine eigene Moderichtung zu entwickeln, die ihren Bedürfnissen entspricht und sie von anderen sozialen Schichten abhebt.

Mitte der 80er Jahre wurden in der sowjetischen Presse in vermehrtem Umfang Leserbriefe und Artikel abgedruckt, die von einem neuerlichen Anstieg des ›religiösen Aberglaubens‹ wissen wollten. Um hierzu etwas zu sagen, müßte man auf seriöse Umfrageergebnisse zurückgreifen können. Doch dies ist gerade nicht der Fall, denn die meisten Sowjets, darunter vor allem die Jugendlichen, vermeiden es, sich als Gläubige zu bezeichnen, selbst wenn ihnen Anonymität zugesichert wird. Der Soziologe Bestuschew-Lada schätzt, daß die Religiosität bei den Jugendlichen eher rückläufig als ansteigend ist.

Die Realität sieht im Hinblick auf Sekten und ähnliche Gruppierungen anders aus. Seit der Zeit, in der Peter der Große die Kirche dem Staat unterordnete, wimmelt es in der russischen Geschichte nur so von Schismen und Sekten. Mißtrauen gegenüber den ›offiziellen‹ Priestern sowie eine gewisse Empfänglichkeit für das Geheimnisvolle und Wunderbare sind heutzutage wohl die Ursachen dieser Bewegungen.

1986 hieß es in der Akademie der Wissenschaften, daß in der Stadt Irkutsk etwa 40 % aller Jugendlichen Jogaanhänger seien. »Die Statistiken anderer Städte sind ähnlich beeindruckend«, erklärt P. P. Gurewitsch in der *Sowjetskaja Kultura.* Seiner Meinung nach ist dieses Phänomen darauf zurückzuführen, daß »Joga eine unerhörte Aktivierung der geistigen und körperlichen Kräfte des Menschen verspricht«.[49]

Eine Frau aus Gorki erzählte von ihrem Sohn Leonid, einem intelligenten, jungen Mann, daß er sich für nichts mehr interessierte, nachdem er Jogaschüler war. »Er hatte aufgehört, Fleisch zu essen, und ernährte sich ausschließlich von Gemüse und Fruchtsäften. Seine Kameraden konnten ihn gerade noch davon abbringen.« Diese Geschichte macht deutlich, welche Faszination Religionen und Sekten orientalischen Ursprungs (Joga, Hara Krishna, Hinduismus, Brahmanismus ...) auszuüben vermögen. Da man ihnen subversive Absichten zuschreibt, sind in Moskau zum Beispiel Jogazirkel verboten.

Die Sekten ziehen vor allem intellektuelle Jugendliche mit einem Faible für Exotik an. Rauschgift, Sexualität und Gewalt spielen in manchen von ihnen eine vorherrschende Rolle, was sich auch in den Einführungsriten niederschlägt, die an Entwürdigung und Grausamkeit nicht zu übertreffen sind. So wurde zum Beispiel der Darsteller des Tatarenprinzen in Tarkowskijs Film *Andrej Rubljow,* der einer Sekte angehörte, ermordet, weil er sich geweigert hatte, ein anderes Sektenmitglied zu exekutieren.

Gurewitsch berichtet auch, daß »in der letzten Zeit die Verbreitung handgeschriebener und photokopierter Texte, die sich auf ungewöhnliche Erkenntnisse beziehen, beträchtlich zugenommen hat«. Da ist zum Beispiel die Rede von »kosmischen Geheimnissen, magischen Formeln, Kontakten mit Verstorbenen, aber auch Anweisungen für eine gute Gesundheit«. Es soll sogar ›einen bestimmten Physiker‹ geben, der wegen seiner UFO-(Flugobjekte unbekannter Herkunft)-Kontakte Bekanntheit erlangt hat.[50]

Selbst seriöse Blätter widmen sich in langen Artikeln den erstaunlichen Dingen. So zum Beispiel die Geschichte des Jungen, der alle Dinge in seiner Umgebung in brennenden Zustand versetzen konnte. Oder eine andere von der Heilung gehörloser Jugendlicher durch Handauflegung.[51] Im ganzen Land werden an wissenschaftlichen Instituten enorme Kräfte und Mittel zur Erforschung übersinnlicher Fähigkeiten bereitgestellt.

Diese Tendenzen finden im Alltagsleben ihren Niederschlag in Form von Heilkräutern und pflanzlichen Mixturen, die zur Behandlung von Krankheiten verwendet werden. Heilpraktiker und Naturheilkundler werden in verstärktem Maße aufgesucht. Aber es sind durchaus auch schlimme Dinge in diesem Zusammenhang passiert.

Im Herbst 1986 wandte sich eine gewisse Marjana mit der Bitte um Hilfe an die Illustrierte *Rabotniza*. Man hatte sie aus ihrer Heimatstadt in der Nähe von Moskau nach Sibirien ›verbannt‹, weil man sie der Hexerei bezichtigte.

Nach genauerem Hinsehen stellte sich tatsächlich heraus, daß der Inhalt des Briefes der Wahrheit entsprach. Ein Chemielehrer war der Initiator der Anschuldigungen. Er hatte den Freundes- und Bekanntenkreis Marjanas gegen sie aufgebracht, indem er sie für den Tod eines früheren Freundes sowie die Mißgestaltung seines eigenen Kindes verantwortlich gemacht hatte. Als Marjana merkte, daß man ihr aus dem Weg ging, zog sie es vor, den Ort zu verlassen.

Bei der Untersuchung der Hintergründe dieses Falles stieß die Zeitung auf weitere interessante Details. Es gab an der betreffenden Schule bestimmte Lehrer, die die Schüler aufforderten, Horoskope zu beachten, ihre Träume zu deuten und ihre Nahrung von Flüchen zu befreien.[52]

Sich in das bestehende System zu integrieren und darin klarzukommen, ist für jene nicht ganz einfach, die selbst auf der Suche nach einem *Modus vivendi* sind. Von Bedeutung ist dabei auch, ob ihr Status bei der Bevölkerung auf Sympathie oder Ablehnung stößt.

Die Zahl derer, die zu den Exzentrikern beziehungsweise den Entwurzelten gehören, ist den den UdSSR verschwindend klein. Die *Bitschi* (Clochards, Penner) unter ihnen zählen noch am ehesten zu der Kategorie, die mit Sympathie rechnen darf. Zerlumpt, schmutzig, nachlässig gekleidet, meist mit einem Netz oder einem Rucksack unterwegs, in dem sie Nahrungsreste, ein Glas und einen Rasierapparat aufbewahren, lungern sie häufig in den

Bahnhöfen herum. Am liebsten in Sibirien, denn dort erregen sie weniger Aufsehen als anderswo und finden auch ab und an Tagelöhnerdienste.

1986 erschien in der *Sowjetskaja Rossija* eine Reportage über ein Resozialisierungsprogramm der Stadt Kirow. Penner gehören dort zum Straßenbild, und die Polizei wird täglich mit ihnen konfrontiert. Doch anstatt sie wegen Paßvergehens 30 Tage zu inhaftieren, um sie danach wieder auf die Straße zu schicken, hat die Stadt beschlossen, ihnen eine feste Arbeitsstelle zu beschaffen. »Die Hälfte von 250 Personen, denen eine Arbeit zugewiesen wurde, ist nach einem Jahr (1984) immer noch tätig und hat sich nichts zuschulden kommen lassen.«

Die Erfahrungen des Schriftstellers Alexej Lebedew aus Tscherepowez (350 km nördlich von Moskau), der sich für sechs Monate unter die Clochards begeben hat, zeigen, daß man mit fünf verschiedenen Typen zu tun hat: den Trinkern, den Romantikern, den Philosophen, den Landstreichern und den Debilen.

Der Romantiker ist auf sein Äußeres bedacht und trinkt in Maßen. Er verbringt nie mehr als eine Nacht im Freien, denn er zieht es vor, sich bei einer Dame einzuquartieren. Dieser hilft er bei der Gartenarbeit und repariert alles Nötige im Haus. Nach ein oder zwei Monaten zieht er wieder von dannen. »Er weiß, daß es viele andere Städte und viele alleinstehende Frauen gibt... und daß jene, die er verläßt, immer voller Zärtlichkeit an den ruhigen, fleißigen und energischen Mann zurückdenken wird.«

Der Philosoph versteht sich als ›einfacher Vagabund‹, der nicht arbeitet, aber auch niemandem etwas zuleide tut. Zu dieser Kategorie gehören häufig Anhänger illegaler Sekten, die ihre ›Mitbrüder‹ missionieren wollen. In Gelendschik (am Schwarzen Meer) traf Lebedew auf einen Adventisten, in Taschkent auf einen Russisch-Orthodoxen und auf der Krim auf einen Buddhisten. Alle drei gaben sich die größte Mühe, ihn zu ihrer jeweiligen Religion zu bekehren.

Der Landstreicher ist entweder ein echter Verbrecher

auf der Flucht oder ein Geschiedener, der sich um die Zahlung der Alimente drücken will.[53]

Die Situation der Homosexuellen dagegen ist sehr viel stärker von Vorurteilen belastet.

Anfang 1987 erhielt die *Moskowskij Komsomolez* den Brief eines 17jährigen Studenten, der lediglich mit A. E. unterzeichnet hatte.

»Ich wende mich an Sie, weil ich niemand anderen habe, mit dem ich über mein Problem sprechen könnte«, schrieb er. »Wir sind nicht gewöhnt, das Wort ›homosexuell‹ zu lesen – aber das bin ich. Meine Situation ist entsetzlich. Ich lebe in einer Kleinstadt, und jeder weiß Bescheid... Meine Freunde wollen nichts mehr mit mir zu tun haben, sie haben mich sogar schon geschlagen... Helfen Sie mir bitte.«[54]

Diese Zuschrift räumte mit einem der letzten Tabus der sowjetischen Gesellschaft auf. Die Homosexualität existiert natürlich in der UdSSR wie anderswo auch, nur hat man bislang dieses Thema totgeschwiegen – es sei denn, man wollte ein paar feindselige Bemerkungen über die ›ausländischen‹ Aidsvirus-Träger machen.

Der Zeitungsbericht erstreckte sich über eine ganze Seite und enthielt unter anderem die Meinung des Sexualforschers Wjatescheslaw Maslow vom Nationalen Institut zur Erforschung von Geschlechtskrankheiten.

Er bezeichnete die Reaktionen der Bekannten A. E.s als ›primitiv und schauerlich‹. Offensichtlich, meinte er, lägen Gerüchte und falsche Vorstellungen zugrunde: »Es gibt Leute, die sind der Ansicht, Homosexualität sei eine Art Geisteskrankheit, ekelerregend und schändlich, oder eine sexuelle Perversion. So wie andere Demokratie und Anarchie verwechseln, gibt es zum Beispiel im Westen Leute, die sich in leidenschaftlicher Weise für eine offizielle Anerkennung der Homosexualität einsetzen. Wieder andere wollen eine schärfere Gesetzgebung, um die Homosexualität vollständig auszumerzen.«

Die Fachleute selbst sind eher vorsichtig, wenn es

darum geht zu erklären, was Homosexualität ist, warum es sie in der UdSSR gibt und wie sie zustandekommt (ob durch Erziehung, Zufall, hormonelle Unausgeglichenheit oder aufgrund einer genetischen Schwäche). Die Diskussion dreht sich im wesentlichen um die Frage: Soll man den Homosexuellen als Kranken behandeln oder für eine tolerantere Gesellschaft eintreten, die den Homosexuellen akzeptiert?

Die einhellige Meinung der Bevölkerung geht freilich dahin, die Kinder zu beschützen und deshalb eine Ausbreitung der Homosexualität zu verhindern. Verhältnisse mit Minderjährigen werden selbstverständlich bestraft. »Doch meist erstatten die Eltern und nicht der Jugendliche Anzeige«, berichtet die Zeitung. Laut Artikel 121 des russischen Strafgesetzbuches wird Homosexualität unter Männern bestraft. »Folglich wird der Homosexuelle sein Privatleben geheimhalten. Doch nicht nur aus Angst vor dem Gesetz. Nur wenige Menschen nehmen das Risiko auf sich, von anderen abgelehnt und beiseitegeschoben zu werden.«

Bleibt noch zu beschreiben, wie sich jene glücklichen und zufriedenen Homosexuellen sehen, die sogar eine Ideologie entwickelt haben. »Sie haben nur das eine Bedürfnis, die Anomalität zu rechtfertigen ... Im Grunde genommen betrachten sich die Homosexuellen als eine gehobene Rasse, mit weißen Knochen, blauem Blut und anderen übermenschlichen Fähigkeiten.«* Als Beweis führen sie Künstler an, die homosexuell veranlagt sind oder es waren.

Zusammenfassend greift Maslow die Befürworter einer Legalisierung der Homosexualität mit der Begründung an, sie begünstige die Ausbreitung von Aids und anderer Geschlechtskrankheiten. Darüber hinaus sei es unverantwortlich, junge Menschen der Homosexualität auszuliefern, denn »dies wäre gleichbedeutend mit der Gefahr einer Syphilisinfektion«.

* Homosexuelle werden im Russischen *Goluboj* (= blau) genannt.

ELFTES KAPITEL

Junge Ehepaare

Überstürzte Eheschließung – Enttäuschung – Regionale Unterschiede – Widerstände gegen andere Nationalitäten – Scheidung – Unverheiratete Paare – Wohnungsprobleme – Familienbudget – Mangel an Krippen- und Kindergartenplätzen – Abhängigkeit von den Eltern – Abtreibungen – Außereheliche Beziehungen.

In der UdSSR darf man nach dem Gesetz ab dem 18. Lebensjahr heiraten, in einigen Republiken, je nach den örtlichen Traditionen etwas früher oder später. Die Hälfte aller Jugendlichen tritt vor dem 25. Lebensjahr in den Stand der Ehe, nur ein Drittel tut dies vor dem 20. Lebensjahr.[1]

Die sowjetischen Paare gehören meist derselben Berufs- und Altersgruppe an. Verbindungen zwischen Arbeiter- und Intellektuellenmilieu etwa sind selten und machen insgesamt nur weniger als ein Fünftel aus.[2]

Doch der Gang zum Standesamt entspringt nicht immer einer freien Entscheidung. In bestimmten Teilen des Landes, vor allem in den Großstädten und den Neuland-Regionen, heiraten junge Leute, weil ein Kind unterwegs ist.

Die Gründe dafür liegen auf der Hand: ungenügende sexuelle Aufklärung, frühzeitiger Geschlechtsverkehr und Mangel an effektiven Verhütungsmitteln. Die Pillenpräparate, meist aus östlichen Ländern importiert, sind überholt und verursachen unerwünschte Gewichtszunahme, ganz zu schweigen von der Unmöglichkeit einer regelmäßigen Einnahme aufgrund der Marktsituation. Andere Verhütungsmittel bieten zu wenig Sicherheit. Bleibt noch das Kondom zu erwähnen, dessen unsensible sowjetische Ausführung ihm die Bezeichnung ›Überschuh‹ eingetragen hat. Die Spirale wird zwar von den Frauen geschätzt, doch ist es nicht immer ganz einfach, einen Arzt zu finden, der gewillt ist, sie einzusetzen.

Auf der anderen Seite stürzen sich die jungen Leute, kaum daß sie sich kennengelernt haben, im Feuer der ersten Leidenschaft in die Ehe, ohne recht zu überlegen, was sie eigentlich erwartet. Ein Teil der Scheidungen ist dann auch auf diese Unreife zurückzuführen. Der Staat kann ihr nur insoweit entgegenwirken, als er zwischen Aufgebot und Eheschließung eine einmonatige Wartezeit verlangt. Zehn bis fünfzehn Prozent der Eheanwärter lassen sich zurückhalten, doch die meisten heiraten zwei Monate nach ihrer ersten Begegnung.

Ninas Geschichte veranschaulicht das, was man als überstürzte und zum Scheitern verurteilte Heirat bezeichnen kann: Eheschließung mit Sondergenehmigung im Alter von fünfzehn Jahren, erstes Kind mit sechzehn Jahren und weniger als ein Jahr später gerichtliche Regelung des Sorgerechts. Als der Richter sie fragte, warum sie zu ihren Eltern zurückgekehrt sei, antwortete sie: »Mein Mann hatte versprochen, mit mir in eine Diskothek zu gehen. Als es dann soweit war, wollte er doch nicht und verlangte von mir, auch zu Hause zu bleiben. Schließlich habe ich ein Recht darauf, allein auszugehen!«[3]

Obwohl beide Ehepartner mit ungeheuren Erwartungen in die Ehe gehen, bringt doch jeder für sich genommen ganz unterschiedliche Voraussetzungen mit. Der junge Mann hat bis dahin meist ein recht sorgloses Leben geführt. Ohne Verantwortung übernehmen zu müssen, wurde er im Schutz seiner Familie großgezogen (vgl. Kapitel 2). Das Mädchen ist im allgemeinen reifer. Vorbereitet durch die Mutter, die sich um alles gekümmert hat, übernimmt auch die Tochter in ihrem neuen Haushalt sehr schnell alle wichtigen Aufgaben und beginnt, ihren Mann zu bemuttern. Keiner von beiden findet im anderen das, was er sich erträumt hat (sie ist nicht die Sanfte, und er ist nicht der Starke). Jeder verabscheut seine Rolle, die er gezwungenermaßen spielen muß, um die Situation zu bewältigen. Aus lauter Verzweiflung »greift man zu Baldrian oder einem anderen populären Tropfen, bis schließlich die Frau die Scheidung einreicht . . .«

Die Zeiten haben sich geändert. Früher waren die Eheleute mit der Existenzsicherung und der Kindererziehung beschäftigt, wozu jeder seinen Teil beitrug. Heutzutage wünscht man sich obendrein noch Glück und Harmonie. Darüber hinaus sind die materiellen Ansprüche gestiegen, so daß das Familienbudget einer genauen Aufteilung bedarf. Enorm viele Paare streiten sich darüber, wer nun dieses Budget verwalten soll, ohne sich darüber im klaren zu sein, was das zu bedeuten hat. Kulturzentren organisieren bereits mit großem Erfolg Kurse zum Thema ›Haushalt und Budget‹. Die Zeitungen ermahnen die Eltern, und insbesondere die Mütter, ihre Kinder schon von klein auf in die Aufgaben des Haushalts miteinzubeziehen.

Das bisher Gesagte betrifft den ›russischen‹ Teil der sowjetischen Gesellschaft einschließlich Ukraine und Weißrußland. Dasselbe gilt mit wenigen Einschränkungen auch für das Baltikum und Moldawien. Völlig anders dagegen sind die Verhältnisse in den islamischen Republiken Asiens und des Kaukasus sowie in den christlichen Regionen Georgien und Armenien gelagert.

Familienwille und Traditionsbewußtsein bestimmen in erster Linie die Wahl eines Ehepartners. Lehnt sich ein junger Mensch dagegen auf, riskiert er nicht nur den Bruch mit der Familie, sondern auch die Ablehnung durch die Gemeinschaft.

In Zentralasien wird nach wie vor eine Ehefrau

›erkauft‹, obwohl daß Gesetz es verbietet. »Wir erfahren erst in dem Augenblick davon, wenn eine Ehe geschieden werden soll«, erklärt der stellvertretende Justizminister von Turkmenien. »Wenn geheiratet wird, verschweigt man diese Tatsache.«[4] In früheren Zeiten bestand der *Kalim* aus Vieh, heute handelt es sich eher um Haushaltsgegenstände – Kühlschrank, Fernsehgerät, eventuell ein Auto –, die die Familie des Bräutigams in den neuen Hausstand einzubringen hat.

Die Eheschließung wird in traditioneller Weise vollzogen. »Viele Hochzeiten werden wie in alten Zeiten begangen«, steht in einem Bericht der beiden sowjetischen Soziologen J. Kusmina und M. Poljaschek. »Nach Erledigung der Formalitäten im Standesamt und einer Gedenkminute vor dem Ewigen Licht begibt sich die Hochzeitsgesellschaft nach Hause, wo der Mullah die entsprechenden Verse aus dem Koran zitiert und die beiden zu Mann und Frau erklärt. Doch das bedeutet noch lange nicht, daß man jetzt zusammenzieht. Die Tradition des *Kaitara* verlangt, daß die Braut so lange bei ihren Eltern wohnen bleibt, bis der *Kalim* vollständig entrichtet worden ist.«[5]

Der Respekt vor der Tradition garantiert aber keineswegs eine stabile Ehe. Im Gegenteil, die in Zentralasien nach dem *Shariat* (islamisches Gesetz) geschlossenen Ehen müssen in Anbetracht der hohen Scheidungsrate als besonders anfällig eingestuft werden.

Die regionalen Verschiedenheiten machen sich freilich auch in anderen Bereichen bemerkbar. Einer 1986 veröffentlichten Studie zufolge werden Abtreibungen in Moskau weitaus häufiger vorgenommen als in der Stadt Fergana in Usbekistan. Verhütungsmittel sind in Fergana weniger gefragt als in Moskau.

In den großen Industriestädten oder den neuerbauten Städten ist die Situation noch extremer. In Perm, einer Industriestadt im Ural mit einer Million Einwohner, entfallen auf 1000 Erstschwangerschaften 272 Abtreibungen, 140 uneheliche Kinder, 271 Geburten nach einem Monat Ehe und 371 eheliche Kinder.[6]

Diese kulturellen Unterschiede der verschiedenen Nationalitäten werden von Eltern, vor allem wenn ihre Kinder heiraten wollen, sehr ernst genommen. Die 16jährige Jeanne beklagte sich in einem Brief an *Komsomolskaja Prawda* über ihre Mutter, weil sie sich der Freundschaft mit einem jungen Mann anderer Nationalität massiv widersetzte. 300 weitere Schreiber meldeten sich daraufhin zu Wort, und die Mehrzahl von ihnen, insbesondere Angehörige kleiner ethnischer Gruppierungen, berichtete von ähnlichen oder denselben Erfahrungen. Die Lösung dieser Konflikte ist immer schmerzhaft, fordert sie doch entweder den Verlust des Partners oder den Bruch mit den Eltern. »Da meine Eltern gegen meine russische Freundin waren«, schrieb ein junger Aserbaidschaner, »bin ich jetzt ein unglücklicher Vater, hin- und hergerissen zwischen einer rechtmäßigen Ehefrau, die ich nicht liebe, und meiner russischen Frau mit meinem Sohn.«

Diese oft anzutreffende Unterordnung deutet auf enge Familienbande, die eine Trennung von der Familie in den meisten Fällen verhindert. Lieber wird das kleinere Übel gewählt: die Trennung von dem geliebten Wesen. Denn, so meint die Zeitung: »Man muß kämpfen für seine Liebe, doch es gibt ein *aber.* Hier wird nicht gegen irgend jemand angekämpft, sondern gegen den eigenen Vater und die eigene Mutter.«[7]

Dennoch wollen wir auch jene glücklichen Verbindungen erwähnen, die insbesondere in den neuen Städten zu finden sind, wo der Einfluß der Eltern geringer und die Gelegenheit, mit anderen Nationalitäten zusammenzutreffen, häufiger ist. »Wir sind Freunde und haben verschiedene Nationalitäten: Kasachen, Russen, Ukrainer, Deutsche. Wir leben miteinander und kümmern uns wenig um die Nationalität«, schrieb einer begeistert an *Komsomolskaja Prawda.* »In unserer Wohnsiedlung haben die meisten Ehepaare verschiedene Nationalitäten . . . Glück und gesunde Kinder, das ist es, was eine normale russische Familie ausmacht.«[8]

Was ist übrig geblieben von der vielbesungenen ›freien Liebe‹ der nachrevolutionären Zeit? Paare, die nicht verheiratet sind, bilden in der heutigen UdSSR immer noch die Ausnahme. Das ›Leben in Sünde‹ wird hier genauso wenig geschätzt wie in manchen religiös geprägten westlichen Ländern.

Materielle Bedingungen und ganz besonders das Verteilungssystem von Wohnungen beschränken diese Lebensform in erheblichem Maße. Als unverheiratetes Paar ist es schier unmöglich, eine Wohnung zu zweit zu bekommen, es sei denn, der eine Partner ist geschieden und hat seine frühere Wohnung behalten. Wenn nicht, muß man das gefährliche Abenteuer des Wohnungstausches auf sich nehmen und versuchen, zwei Einzel-Wohnungen gegen eine zu tauschen, die zusammengenommen genauso viele Quadratmeter hat.

Selbst Autoren, die als relativ offen gelten, verwerfen die »sogenannte freie Liebe«, diese »eheliche Gemeinschaft westlicher Art«, die »nicht mit Liebe, sondern mit Leere zu tun hat«.[9] Auch junge Frauen äußern besorgt immer wieder dasselbe Argument im Hinblick auf unverheiratete Paare: »Die Frau befindet sich dadurch in einer unterlegenen Position, so ähnlich wie eine Dirne, und trägt dazu bei, daß der Mann, vor allem wenn sie schwanger wird, keine Verantwortung übernehmen muß.«

Das ehelose Paar, ein ›Faktum‹, dessen Existenz nicht zu bestreiten ist. »Was aber nicht bedeuten soll, daß sich die sozialistische Gesellschaft mit der sexuellen Freizügigkeit abgefunden hat.« Es stellt erst dann seine gesellschaftliche Verantwortung unter Beweis, wenn ein Kind geboren wird.[10]

In einer Leningrader Umfrage wurden von den jungen Leuten folgende Bedingungen an eine glückliche Ehe geknüpft: eine gute materielle Grundlage, ein angemessener Wohnraum und gegenseitiges Verständnis der Ehepartner.[11] Daß die Beziehung als solche so wichtig sein soll, das sieht A. Rojkowa aus Taschkent nicht ein: »In letzter Zeit ist der Ausdruck ›psychische Ungleichheit‹ in Mode gekommen. Man hört immer öfter: ›Wir lassen uns scheiden, weil wir zu verschieden sind.‹ Was soll das denn heißen? Man kann doch nicht sein Ebenbild heiraten.«[12]

Zweifellos werden die zitierten Bedingungen einer Ehe nicht immer erfüllt, denn wie wäre der enorme Anstieg von Scheidungen (das fünfzehnfache im Vergleich zu den Nachkriegsjahren) in der UdSSR sonst zu erklären? Die meisten Scheidungsklagen werden von Frauen geführt, wobei als häufigster Grund ›Alkohol‹ angegeben wird. Ein Drittel aller Klagen bezieht sich auf Gewalttätigkeit, einschließlich körperlicher Mißhandlung von Frau und Kindern. Die übrigen Scheidungsgründe sind Untreue, sexuelle Schwierigkeiten sowie Meinungsverschiedenheiten mit den Eltern.

Daneben sind die quasi ›programmierten‹ Scheidungen zu nennen, die lediglich den Schlußpunkt unter einen Vertrag setzen, dessen Interesse einer Ausreisegenehmigung beziehungsweise einem anderen, ähnlich gelagerten Vorteil galt. Eine 1986 durchgeführte Enquete in einer nicht näher benannten sowjetischen Millionenstadt ergab, daß die Hälfte aller Frauen zwischen 20 und 40 Jahren bei ihrer Eheschließung schwanger waren.

Junge Ehen sind rein äußerlich bereits durch die bestehende Wohnungsnot gefährdet.

70 % der kinderlosen Paare unter ihnen, selbstverständlich bei der Wohnungsvergabe nicht bevorzugt, leben zunächst einmal mindestens ein Jahr lang bei den Eltern, was verständlicherweise zu enormen Konflikten führt. Beweis dafür ist die hohe Scheidungsquote (40 %) im ersten Ehejahr wegen ›Wohnungsproblemen‹ und wegen ›Unverträglichkeiten mit den Eltern‹.

Gelingt es jedoch einem jungen Paar, diese erste Zeit des Wartens auf eine eigene Wohnung zu überstehen, so nimmt es meist eine sehr herzliche Erinnerung an die Eltern mit, denn ein Drittel aller Umzüge sind auf den Wunsch zurückzuführen, nahe bei der Familie zu wohnen.[13]

Andererseits gibt es genügend Beispiele für eine friedliche Koexistenz, wo jeder ›auf seine Kosten kommt‹. Als Beispiel sei jene Familie genannt, die der ältesten Tochter, zunächst schwanger und später Mutter eines Kindes, während der Militärdienstzeit ihres Mannes und sogar darüber hinaus auch nach dessen Entlassung der jungen Familie Unterschlupf gewährte, bis diese eine eigene Wohnung bekam. »Kein Problem«, sagte der Großvater. »Es ist zwar ein bißchen eng, aber das Haus war noch nie so lebendig. Meine Tochter kocht, sie ist ja im Mutterschaftsurlaub, und meine Frau muß sich nach der Arbeit nicht so hetzen. Meine andere Tochter liebt ihre kleine Nichte, und die jungen Eheleute können abends ausgehen, ohne sich um die Beaufsichtigung ihres Babys kümmern zu müssen. Außerdem habe ich noch einen Sohn. Wenn es mal zu hektisch wird, verziehen wir uns in den Wald nebenan, und dann ist alles wieder in Ordnung.«

In einigen Fällen wird weniger die Art der Unterkunft moniert (obwohl die eigene Wohnung innerhalb eines größeren Komplexes sicherlich die Ideallösung darstellt)[14], als vielmehr die Größe, der Komfort und die Störungen der Intimsphäre. Dies ist um so gravierender, wenn Kinder zum Haushalt gehören.[15]

Solange die jungen Paare in der elterlichen Wohnung leben, wird man ihnen meist das kleine Schlafzimmer zuweisen, während die Eltern mit der Schlafcouch vorliebnehmen, die in keinem sowjetischen Haushalt fehlt. Ansonsten verfügt man über eine Wohnküche und ein Badezimmer als einzigen separaten Raum.

Aber auch eine eigene Wohnung bietet nicht mehr als ein Zimmer, Küche und Bad. Erst wenn das Kind größer ist oder sich ein weiteres Kind eingestellt hat, besteht die Möglichkeit, ein zweites Zimmer beanspruchen zu können. (Intellektuellen wird zum Teil ein separates Zimmer für die Ausübung ihrer Tätigkeit zugestanden.) Ein ruhiges Familienleben ist aufgrund des allgemein hohen Lärmpegels, aber darüber hinaus auch wegen der schlecht isolierten Wände, kaum möglich. Viele Familien bemängeln auch das nichtregulierbare Heizungssystem und die einheitlich großen Fenster, die zum Lüften denkbar ungeeignet sind, da sie enormen Durchzug verursachen.

Seit 1986 praktiziert man ein Programm, MJK genannt (Wohnungen für junge Ehepaare), das die Eigenleistung der jungen Leute miteinbezieht. Unterstützt von sozialen Körperschaften wie den Gewerkschaften und dem Komsomol machen sich Gruppen von jungen Leuten daran, eine Wohnung selbst zu bauen (oder eine Altbauwohnung zu renovieren). Der MJK erörtert mit ihnen die technischen und finanziellen Probleme sowie die bestmögliche Umsetzung ihrer Vorstellungen und Versorgungseinrichtungen (wie Geschäfte, Schule, Grünflächen usw.). Für die Dauer der Bauzeit lassen sich die Gruppenmitglieder von ihren jeweiligen Arbeitgebern teilweise oder ganz beurlauben.

Die Idee zu diesen MJK-Gruppen wurde während der Erschließungsphase in Sibirien beziehungsweise im Fernen Osten geboren, wo man junge Arbeitskräfte dringend brauchte, aber keine hatte, weil für sie kein Wohnraum zur Verfügung stand.

Fünf Jahre zuvor hatte der Staat in anderer Weise versucht, jungen Ehepaaren unter die Arme zu greifen. Die Betriebe waren angewiesen, zinslose Einrichtungsdarlehen in maximaler Höhe von 1500 Rubel zu gewähren.

Doch diese Möglichkeit galt nicht für alle. Galina Blinowa aus Moskau, Mutter eines Zwillingspärchens, kann davon ein Lied singen: »Der Schlüssel der Dreizimmerwohnung, die wir bekommen sollten, hängt immer noch schön an seinem Nagel. Wir müßten wenigstens ein paar Hundert Rubel für die Kücheneinrichtung auftreiben, aber bei wem?«

Der bei der Firma ihres Mannes beantragte Kredit wurde mit der Begründung abgelehnt, man habe den Sozialfond anders aufgeteilt: »Wir investieren das Geld in Neubauten«, erklärte der Betrieb später einem Journalisten, den Galina informiert hatte. »Wenn Sergej so wenig verdient, dann deshalb, weil er eine neue Arbeit angenommen hat.« Als krasses Gegenbeispiel dazu erwähnte der Artikel den Betrieb Uralmasche in Swerdlowsk, wo man den besagten Kredit bloß mit einem Formblatt beantragen muß.[16]

Junge Ehepaare sind im allgemeinen auf den Verdienst der Frau angewiesen. Um so schwieriger ist deshalb die Situation, wenn für die Kleinkinder keine Beaufsichtigung gefunden werden kann. Mittlerweile verlangen junge Familien Krippen und Kindergärten am Arbeitsplatz. Die Unternehmer haben begriffen, daß dies die beste Lösung darstellt, um Spezialisten ans Haus zu binden. So berichtet die *Prawda* über die Familie Iwolgin, die, kaum daß sie in Iwanowo (eine Industriestadt nördlich von Moskau) war, für beide Kinder einen Krippenplatz erhielt. In demselben Artikel jedoch erinnerte die Zeitung an die unterschiedlichen Verhältnisse in den verschiedenen Regionen des Landes. In den Städten der Neulandgebiete beispielsweise sind 99,8 % der Bevölkerung berufstätig, und man hat vollkommen übersehen, daß diese Leute alle irgendwann einmal Kinder haben werden. In älteren Städten dagegen sind die Kinderkrippen in schlechtem Zustand, so daß es vorkommt, daß man die eine oder andere aus hygienischen Gründen schließen muß.[17]

So geschehen zum Beispiel in Solnyschno bei Saratow. Die wütenden Eltern zogen mit ihren Kindern auf dem Arm von Krippe zu Krippe. Der Betrieb verweigerte jegliche Hilfe. Die einen fanden für ihre Kinder eine Bleibe bei Verwandten oder Bekannten, die anderen trieben eine Großmutter auf, und der Rest nahm seine Kinder kurzerhand mit zur Arbeit. »Das ist der Grund, warum die kleine Nadja morgens mit ihrem Papa aus dem Haus geht und später in der chirurgischen Abteilung des Krankenhauses durch die Gänge rennt. Dies ist eine letzte Aufforderung an den Chefarzt«, kommentiert *Iswestija*.[18]

Es ist keine Seltenheit, wenn an Omnibushaltestellen Zettelchen mit kleinen Annoncen kleben, wie man sie aus Stadtteilblättern kennt: »Tausche Krippenplatz Nr. 85

gegen Krippenplatz Nr. 87. Oder: Kindergartenplatz in Woroschilow bzw. Balakirew. Alter des Kindes: 1 Jahr/2 Monate.« Adresse und Telefonnummer verweisen auf den Urheber der Anzeige.[19]

All diese Tatsachen belegen, daß junge Paare in den ersten Jahren ihrer Ehe noch keine finanzielle Sicherheit besitzen. So werden 61,1 % von ihren Eltern unterstützt. Die Hälfte des Geldes wird für die Wohnungseinrichtung und die andere Hälfte für Kleidung oder Bedürfnisse der Kinder ausgegeben.[20] Kluge Eltern beschränken ihre Unterstützung auf ein Minimum, so daß eine permanente Abhängigkeit vermieden wird.

»Als mein Sohn heiratete, hat er das bekommen, was er brauchte«, heißt es in einer Leserzuschrift in *Sowjetskaja Kultura.* »Bettwäsche, Geschirr und Kleidung. Das ist die beste Unterstützung für die jungen Leute. Sie haben das, was sie brauchen und freuen sich darüber, daß man es ihnen geschenkt hat. Gibt man ihnen fortwährend Geld, meinen sie schließlich, daß es ihnen auch zuständе.«

Freilich sind die Meinungen der Eltern in diesem Punkt nicht alle gleich.

»Wenn man eine Familie gründet, braucht man Geld und nicht nur Liebe.« (K. Tokarena aus Asow)

»Kinder, die ihre Eltern ausnehmen, sollten sich schämen.« (Rownina aus Moskau)

»Die jungen Leute müssen für unsere zukünftige Gesellschaft die volle Verantwortung übernehmen. Es geht nicht an, daß sie irgendeine finanzielle Hilfe entgegennehmen.« (S., Ingenieur aus Leningrad)

»Wie, ihnen nicht helfen? Solange sie Studenten sind, hängen sie doch vollständig von uns ab! Und die Einkommen von jungen Spezialisten sind auch nicht ausreichend.« (T. Wolkowa aus Moskau)[21]

Es gibt durchaus Jugendliche, die ihre Eltern ausnützen. Doch diese ›Raben‹, wie man sie im Russischen bezeichnet, sind nicht die Regel, obwohl sie in den letzten Jahren zugenommen haben. Bedingt durch Eltern, die ihren Kindern ›ein besseres Leben‹ bieten wollen, oder alleinstehende Mütter, die ihren Kindern nichts abschlagen können. Erhöhtes Konsumverhalten ist unerwünscht und wird dementsprechend scharf kritisiert.

Wie bereits zuvor erwähnt, gehört die unzureichende praktische sowie psychologische Vorbereitung auf die Ehe zu den Hauptursachen von Familienproblemen.

Mit genauen Zahlen kann in diesem Bereich niemand aufwarten. Zu groß ist die Tabuschwelle, die Befragte überwinden müßten, um aus ihrem Intimleben zu plaudern. Boris Malachow, Leiter des sexualmedizinischen Ressorts im Gesundheitsamt von Leningrad, spricht von 15 % der Scheidungen, die auf mangelnde Harmonie in der Intimsphäre zurückzuführen sind. 35 % der Befragten dieser Untersuchung vermieden es, klare Antworten zu geben. »Ausweichende Antworten in diesem Zusammenhang deuten darauf hin, daß man über den mißlichen Zustand seines Intimlebens nicht sprechen möchte. Insofern kann man mit gutem Grund davon ausgehen, daß diese Leute zu denen gehören, deren Intimbeziehungen nicht intakt sind.«

Bezeichnenderweise werden auch die meisten Scheidungen von Frauen beantragt. »Frauen leiden in stärkerem Maße als Männer unter Störungen im Geschlechtsbereich. Der Mann hält sich im allgemeinen für ›vollkommen gesund‹, während er derjenige ist, der sich einer Behandlung unterziehen müßte. Oft genügt es aber, ihn auf bestimmte Probleme aufmerksam zu machen«, meint Malachow. »Wenn der männliche Partner nur ein bißchen mehr auf seine Frau eingeht, gibt es weniger Konflikte. Zahlreiche junge Paare glauben, daß sich schon ›alles wieder einrenken wird‹. Aber häufig renkt sich gar nichts ein. Das Ergebnis einer beklagenswerten Erziehung ist, daß die meisten verheirateten Paare nicht in der Lage sind, zu einem Gleichklang zu finden. Die Frauen fühlen sich unbefriedigt, hernach verärgert und entwickeln sogar in manchen Fällen Haß gegen den, der ihnen so viel versprochen hat. So gerät die Ehe in eine ernsthafte Krise, die gleichzeitig das Ende signalisiert.«[22]

Malachow gehört zu den Fachleuten, die in zunehmendem Maße einen Zusammenhang zwischen Gesellschaft und Sexualleben sehen und von daher bestimmte Maßnahmen als dringlich erachten. Leningrad verfügt bereits über eine Sexualberatungsstelle, an der medizinischen Fakultät von Kirow werden zum Thema ›Sexualmedizin‹ Sondervorlesungen für Psychologen, Gynäkologen und Urologen gehalten, in Gorki existiert eine Familienklinik (wie sie in mehreren Großstädten in letzter Zeit entstanden sind), wo laut *Medizinskaja Gaseta* »alles so ist, daß Ehepaare sich wohlfühlen können. Ja, sogar Musik ertönt zu den psychotherapeutischen Sitzungen.«[23]

Aber wer kümmert sich um die Jugendlichen, um die nicht verheirateten Paare? »Vielleicht ist es nicht die Aufgabe einer Zeitung, dieses Thema aufzugreifen. Aber wer soll es sonst tun?« fragte Irina Andrejewna in der *Komsomolskaja Prawda.* »Ob wir es wollen oder nicht, unsere Kinder haben auch vorehelichen Geschlechtsverkehr (oft ein sehr unangenehmes Erlebnis). Wenn ein junges Mädchen unvorbereitet Mutter wird, sieht es sich zahllosen Problemen ausgesetzt, die es allein zu bewältigen hat. Es kommt sogar vor, daß manche nicht einmal wissen, woher die Babys kommen.«[24]

Eine verhängnisvolle Tatsache in der schulischen Sexualerziehung ist die Überzahl der weiblichen Lehrkräfte, während die Aufklärung der Knaben den Männern überlassen bleibt. Männer aber sind rar (1984 kamen auf 100 Eheschließungen 35 Scheidungen), zahlreiche Jungen wachsen ohne Vater auf. Viele kennen ihn nicht einmal, weil er schon vor der Hochzeit das Weite gesucht hat.

Aus diesem Grund schreibt Andrejewna weiter: »Wir brauchen in unseren Schulen Männer. Wir brauchen ein umfassendes Programm für den Unterricht in Sexualkunde, Eheberatungsstellen in allen Städten und Dörfern, Aufklärungsbücher . . .«

Vera Alexejewna, ein offizielles Parteimitglied, verlangt schließlich: »Hören wir endlich auf, Fragen der Sexualität unter den Tisch zu kehren.« Doch als der Progress-Verlag das hervorragende tschechische *Handbuch für junge Frauen* in russischer Sprache herausgab, fehlte das Kapitel über Sexualität.

Auch der Wirtschaftsexperte V. Perewedenzew meldete sich in einer Leserzuschrift zu dem Artikel ›Liebe ohne Liebe‹ zu Wort. Er bedauerte gleichfalls die Flüchtigkeit und Oberflächlichkeit sexueller Kontakte, ›vor allem in Großstädten‹, wies aber auch darauf hin, daß dieses Thema »nirgendwo sonst derartig tabuisiert und moralisiert wird« wie in der Sowjetunion. »Es wird Zeit, daß offizielle Organisationen wie das Gesundheits- und das Erziehungsministerium sich den Realitäten stellen.«

Die fehlende Aufklärung über natürliche, körperliche Vorgänge und deren mögliche Folgen ist um so unverständlicher, als die daraus resultierenden Übelstände hinlänglich bekannt sind. Nicht nur, daß Jugendliche vor der Ehe miteinander geschlechtlich verkehren, manche sogar sehr früh, schlimmer noch ist die Tatsache, daß diese Kontakte unbefriedigend und oberflächlich sind. Ein Journalist der *Moskowskij Komsomolez* besuchte eine Spezialklinik für Geschlechtskranke und war erstaunt, nicht nur über die Jugendlichkeit verschiedener Patienten, sondern vor allem über die breite Milieustreuung der Betroffenen. Als er einige Mädchen fragte, »wie das denn passieren konnte«, erhielt er Antworten wie: »Er wollte, und ich hatte nichts dagegen. Mir war es egal.« Oder: »Warum sollte ich mich sperren? Das ist doch ganz natürlich, oder?«[25]

1984 wurde in den Schulen das Fach ›Ethik und Psychologie des Familienlebens‹ eingeführt (vgl. 3. Kapitel). Doch ohne rechten Erfolg, denn entweder sind die Lehrer zu prüde, die Dinge beim Namen zu nennen, oder der Unterricht ist zu langweilig.

Drei Jahre später wurde dieses Fach von dem bekannten Soziologen Igor Kon in *Soziologitscheskije Issledowanija* unter die Lupe genommen: »Der Wissensstand der Heranwachsenden ist schlichtweg verheerend. Der neue Lehrplan beinhaltet zwar die Sexualerziehung, aber entweder wird sie oberflächlich oder gar zu ängstlich abgehandelt. Außerdem enthalten die entsprechenden Lehrbücher nicht alle Themen des Lehrplans, und die Lehrer selber sind nicht genügend vorgebildet, um dieses Fach zu unterrichten. Die Akademie der pädagogischen Wissenschaften macht sich, wie immer in solchen Fällen, Gedanken über den ethischen und ästhetischen Aspekt der Sexualerziehung, während sich die Jugendlichen glaubwürdige Antworten auf elementare Fragen erwarten, die ihre psychosexuelle Entwicklung betreffen. Auf dem XXVII. Parteitag hieß es, man müsse die Familie stärken. Doch mit moralischer Belehrung ist dies kaum möglich. Erforderlich ist dieselbe realistische Haltung und derselbe radikale Wechsel wie auch in anderen Bereichen unseres Lebens.«

Hinsichtlich des Personals in Sexual- und Eheberatungsstellen klagt Kon: »Die Beratungen und Anleitungen werden häufig von Personen durchgeführt, die über keinerlei spezielle Ausbildung verfügen. In zahlreichen Orten ist eine solche Ausbildung auch gar nicht möglich, denn die sowjetische Psychologie klammert die spezifischen Eigenheiten der Mann-Frau-Beziehung aus, ganz zu schweigen von dem Gebiet der Sexualität. Dies wird in den meisten Fällen zu Unrecht noch der Sexualmedizin zugeordnet.«

Nicht einmal das für Mediziner klassische *Handbuch der Sexualmedizin* von G. S. Wasilschenko ist in einem normalen Geschäft zu finden. Kon kritisiert: »Man braucht eine Sondergenehmigung, um es in einer wissenschaftlichen Bücherei einsehen zu können.«

In einem anderen Artikel[26] attackierte Kon die offiziellen Stellen wegen ihrer ›Politik der Koketterie‹ was empfängnisverhütende Mittel betrifft.

»Die Tatsache ist doch, daß in den Schulen aus Angst, man könne die Schüler zu früh aufklären, die Dinge nicht beim Namen genannt werden«, schrieb er in *Argumenty i Fakty.* »Die Mehrzahl der Eltern und Lehrer glauben, daß man die Schüler zu vorzeitigen sexuellen Kontakten ermutige, wenn man mit ihnen darüber spricht. Doch viele

Schüler beginnen, ihre Sexualität auszuleben, ohne die Zustimmung ihrer Eltern einzuholen. Ihre Unerfahrenheit führt häufig zu einer Schwangerschaft und damit zu einer Abtreibung. International gesehen werden in der UdSSR die meisten Abtreibungen vorgenommen. Es wäre sicherlich wünschenswert, die jungen Leute über weniger brutale Möglichkeiten der Empfängnisverhütung aufzuklären.«

Kon erklärte dieses ›krankhafte Schweigen‹ in bezug auf Sex mit der Haltung der orthodoxen Kirche. »Die russisch-orthodoxe Kirche ist sehr asketisch. Auf den Ikonen werden Gesichter dargestellt, die den Körper allenfalls erahnen lassen, jedoch niemals vor Augen führen werden. Versuchen Sie einmal, eine orthodoxe Ikone zu finden, die die Mutter Gottes beim Stillen zeigt, wie es die Renaissance-Gemälde beispielsweise tun! Die Ursprünge der Tabuisierung sind in Vergessenheit geraten, aber das Tabu selbst ist durchaus lebendig in unserem Unterbewußtsein ...«

Die Sexualwissenschaft umfaßt, laut Kon, drei Zweige: die Sexualmedizin, die Sexualsoziologie und die Sexualpsychologie. »Aber in der UdSSR erforscht kaum jemand die Sexualpsychologie oder die Sexualsoziologie. Es gibt auch keine systematische Erforschung des Sexualverhaltens Jugendlicher. Dieser Bereich fällt in die Tabuzone der Humanwissenschaften. Mit anderen Worten, wir beschäftigen uns mit einem einzigen von drei Gebieten – und auch das nur unregelmäßig. Selbst kultivierte Menschen verwechseln Sexualforschung mit Sexualmedizin, ja sogar mit Pornographie. Die UdSSR verfügt über ein wissenschaftliches Institut für Sexualmedizin, und das Netz öffentlicher Eheberatungsstellen dehnt sich zügig aus. Aber weder die zukünftigen Ärzte noch die zukünftigen Lehrer werden mit den Grundbegriffen der Sexualität vertraut gemacht. Schließlich sind sie es, die im 21. Jahrhundert die Jugendlichen behandeln und erziehen müssen!«[27]

Ein anderer Mißstand der sowjetischen Gesellschaft bezieht sich auf den Schwangerschaftsabbruch, der die sicherste Form der Empfängnisverhütung darstellt.

»Auf jede Geburt«, erklärt W. Wasjenka, Professor in Tallinn/Estland, »entfallen in der RSFSR zwei Abtreibungen. Dreiviertel aller sowjetischen Frauen haben im Durchschnitt einmal abtreiben lassen.« Am 25. November 1987 beschloß deshalb das Zentralkomitee in einem Plan zur Reformierung des Gesundheitswesens eine qualifiziertere Sexualerziehung, mehr Information über empfängnisverhütende Methoden sowie eine erhöhte Produktion von Verhütungsmitteln. Nach Aussagen des Gesundheitsministers Jewgenij Tschasow sind jährlich sieben Millionen Abtreibungen auf unzuverlässige Kontrazeptiva zurückzuführen.

»Eine Frau, die wegen einer Abtreibung zu uns kommt, ist zutiefst unglücklich, doch den Schock erhält sie erst danach. Niemand spricht mit ihr. Sie ist nur eine Person in einer gesichtslosen Masse. Die meisten Frauen verlangen eine Anästhesie, aber es gibt nicht genügend Betäubungsmittel. Die Grausamkeit einer Abtreibung erreicht einen Grad, der den Frauen als Abschreckung dienen könnte.«

Fehlende Diskretion ist ein anderer Grund, warum Frauen einen Abbruch im Krankenhaus vermeiden. Es sei denn, »man erkauft sich die Anonymität«, berichtet Wasjenka. »Ab 30 Rubel aufwärts erklärt sich ein Arzt bereit, eine Abtreibung diskret und mit Betäubung vorzunehmen.«[28]

Juri Tinismjagi, der erste Vertreter Tallinns, beklagt neben dem Mangel an Diskretion den ›entwürdigenden Charakter‹ der mit einer illegalen Abtreibung verbundenen Vorgänge, die vor allem junge Frauen gezwungenermaßen über sich ergehen lassen müssen. Insbesondere auf dem Land ist der Anteil junger Mädchen, die heimlich abtreiben lassen, enorm hoch, entsprechend gravierend deshalb auch das Sterberisiko.* Auch Frauen, die den Zeitpunkt einer legal möglichen Abtreibung überschritten

* Die Abtreibung wurde 1955 legalisiert, weil jährlich Zehntausende von Frauen bei unkontrollierten Schwangerschaftsabbrüchen ums Leben kamen.

haben, gehören zu denen, die verbotenerweise abtreiben lassen. Dies geschieht meist in Kliniken, nachts oder am Wochenende. Der ausführende Arzt muß im Falle der Aufdeckung mit zwei Jahren oder aber, wenn die Patientin stirbt beziehungsweise ›andere gravierende Schäden‹ davonträgt, mit acht Jahren ›Besserungsarbeit‹ rechnen.

Nachdem nun die Themenkreise Geschlechtsverkehr und Schwangerschaft im Jugendalter, Sexualerziehung, Abtreibung und Scheidung dargestellt worden sind, verbleibt die Frage nach der sowjetischen Einstellung zur vorehelichen und außerehelichen sexuellen Beziehung.

Vertraut man auf das, was man in Gesprächen mit Russen oder anderen europäischen Sowjets vernimmt, besteht kein Zweifel an der Tatsache, daß die meisten von ihnen schon in sehr jungen Jahren sexuelle Kontakte hatten. Die enorme Diskretion, mit der über diese Themen gesprochen wird, steht offenbar in keinem Widerspruch zu einer gesunden Ausübung der Sexualität.

Im offiziellen Schrifttum – denn schließlich verpflichtet die sozialistische Moral – ist immer von Ausschweifungen und schamlosem Betragen die Rede. Im normalen Leben hingegen wird Sexualität als eine natürliche Gegebenheit des Menschen betrachtet, die nichts anderes als ihr Recht fordert. Die Natur hat immer Recht, dies ist eine in diesem Land weit verbreitete Ansicht. So ist es nicht verwunderlich, daß eine Mischung von Romantik und Demut gegenüber den Gesetzen der Natur die sowjetische Einstellung zur Sexualität prägt.

»Wenn die Zeit der Liebe kommt, ist aller Widerspruch der Eltern sinnlos«, schrieb eine Fünfzigjährige.[29] Ein junger Mann der nachfolgenden Generation formulierte es auf seine Weise, als er über sein erstes Abenteuer am Vorabend seines 16. Geburtstags sprach: »Ich war schon lange so weit.«

Außereheliche Liebesabenteuer werden unter demselben fatalistischen Blickwinkel betrachtet, zumal »die Psychologen bewiesen haben, daß sich ein Mensch in seinem

Leben sehr oft verlieben kann«.[30] Eine vorübergehende Leidenschaft ist nicht dazu angetan, eine wahre Liebe zwischen zwei Menschen, »die sich ein für allemal aneinander gebunden haben«,[31] wirklich zu gefährden. Untreue gehört auch nicht, wie schon ausgeführt, zu den vorrangigen Scheidungsursachen.

Die ›Sitten‹ der sowjetischen Gesellschaft sind demnach alles andere als prüde. Man muß wohl eher von Scham sprechen, wenn nicht jeder die Details seines Privatlebens vor anderen ausbreiten will. Die Jugendlichen zeigen ganz offen ihren Widerwillen, wenn sich die Organisationen, sprich Schule und Komsomol, in ihre Intimsphäre einmischen wollen.

Dieses ›Recht auf Einblick‹ in das Privatleben eines jeden ist der Widerschein einer Gesellschaft, in der sich jeder für seinen Nächsten verantwortlich fühlt. Aber, so meint die Verbandszeitung *Komsomolskaja Prawda,* »sollte man dies doch bitte mit Takt und Verständnisbereitschaft tun«.[32]

ZWÖLFTES KAPITEL

Der Generationsunterschied

Veränderte Situation der Elterngeneration – Altersrentner – Mangelnder Respekt gegenüber älteren Menschen – Vergangenheitsbewältigung – Neo-Stalinismus – Moralische und sittliche Werte – Heldenkult – Die verlorene Generation – Jugendliche und politische Verantwortung.

Eine alte russische Geschichte erzählt von einem Bauern, der einen Laib Brot zerteilt und die einzelnen Stücke weit von sich wirft. Als ihn ein Vorbeikommender fragt, was er denn mache, antwortet er: »Das erste Stück habe ich in den Wind geworfen, das zweite ins Wasser, das dritte habe ich gegessen, mit dem vierten habe ich meine Schulden bezahlt, und das fünfte ist ein Darlehen.« Wovon ist in diesem Gleichnis die Rede? Das Brot in den Wind werfen bedeutet: seine Steuern bezahlen; es ins Wasser werfen: eine Tochter großziehen und sie eines Tages weggehen lassen; seine Schulden bezahlt man, indem man für seine Eltern sorgt und das Darlehen geht an den Sohn, den man ernährt, auf daß er seinerseits eines Tages, wenn er groß ist, seinen Vater ernährt.

Doch schon seit vielen Jahren ist dies nicht mehr als eben eine schöne Geschichte. Im Durchschnitt ist jeder Sowjetbürger bis zu seinem zwanzigsten Lebensjahr von seinen Eltern abhängig, wohingegen in früheren Zeiten ein Jungbauer bereits mit fünfzehn für sich selbst gesorgt hat. Parallel zu dieser Entwicklung ist eine Abnahme der Geburten zu verzeichnen, die den Überalterungsprozeß der Bevölkerung und den Trend zur Familie mit nur einem Kind beschleunigt. Somit geraten ältere Menschen mehr und mehr in die Abhängigkeit nicht nur ihrer Kinder, sondern auch des Staates.

Obgleich man im täglichen Leben respektvolles Verhalten gegenüber älteren Menschen beobachten kann, hat sich in der UdSSR in den letzten Jahren eine ungewöhnliche Situation ergeben: alte Eltern werden von ihren Kindern alleingelassen und vernachlässigt.

»25 % der Rentner in Moskau, 31 % in Tallinn und 37 % in Leningrad haben keine Verwandten in der Stadt. Mit anderen Worten, ungefähr ein Drittel – mehr als 15 Millionen Rentner – leben allein«, berichtet der Experte Prof. Boris Gruschin. »Die Mehrzahl der 50 Millionen Rentner ist nicht nur außerstande, die ihr zur Verfügung stehende freie Zeit zum Wohle der Gesellschaft zu nützen, sie fühlt sich darüber hinaus sogar von dieser bedrängt und in eine Sackgasse abgeschoben.«

Um die zukünftige Situation der Rentner zu verbessern, schlägt Prof. Gruschin neben einkommensabhängigen Ersparnissen, die später als Pension zurückerstattet werden, die Gründung einer staatlichen Institution vor, die sich um die Wohn- und Lebensbedingungen sowie um die Freizeitgestaltung der Pensionäre kümmert. »Wir müssen gewährleisten, daß sich diese 50 Millionen Menschen von der Gesellschaft nicht ausgestoßen fühlen, sondern daß sie sich lebenslänglich als aktive Mitglieder derselben betätigen können.«

Wie wir im fünften Kapitel aufgezeigt haben, sind die Pensionäre durchaus bereit, wenigstens zu bestimmten Zeiten einer Arbeit nachzugehen. Ein Viertel von ihnen praktiziert dies auch schon. In verschiedenen Wohnhäusern wurden ›Rentnerkomitees‹ gegründet, wo man sich trifft, um miteinander zu plaudern, aber auch, um kleine Aufträge, wie zum Beispiel Kinderhüten, entgegenzunehmen. Das Gesetz über individuelle Arbeitstätigkeit aus dem Jahre 1987 bezieht sich auch auf die Aushilfstätigkeiten der Rentner in Handwerks- und Gastronomiebetrieben.

Für die Weiterbeschäftigung der Rentner sprechen mehrere Gründe:

Der erste ist sozialer Natur. Neben der Tatsache, daß eine Gruppe nicht außerhalb der Gesellschaft angesiedelt werden sollte, ist es auch wünschenswert, daß die ›Alten‹ ihre »beruflichen Erfahrungen an die jüngere Generation weitergeben«. Das kann individuell geschehen, oder aber innerhalb der neugegründeten Vereinigung aller Rentner, einschließlich der Kriegsinvaliden. Der zweite ist ökonomischer Natur. Man wird aber bis zum Jahr 2000 warten müssen, um ein Gleichgewicht von Rentnern und Jungarbeitern verzeichnen zu können.

Der dritte Grund ist finanzieller Art. Als das Politbüro eine Änderung der Rentenversicherung ankündigte, war das alte Rentengesetz dreißig Jahre alt. Die Gehälter waren in der Zwischenzeit auf das Zweieinhalbfache angestiegen, während die Renten unverändert geblieben waren. »Ältere Leute müssen dieselben Preise zahlen wie wir und verfügen bloß über ein Drittel dessen, was wir verdienen«, schrieb Wjatscheslaw Baskow in der *Literaturnaja Gaseta*.[1] In den zahlreichen Kommentaren zum Juniplenum 1987, das die Frage ›reellere Preise‹ diskutiert hatte, betonten Volkswirtschaftler wie Abel Aganbegjan, daß für Rentner und kinderreiche Familien in jedem Fall ein angemessener Ausgleich geschaffen werden müsse, um dem sozialistischen Charakter der sowjetischen Gesellschaft gerecht zu werden.

Die Lebensbedingungen älterer Menschen rufen in der Sowjetunion vor allem moralische Bedenken hervor.

Im Dezember 1986 erinnerte die Wochenzeitschrift *Sobessednik* daran, daß »alte Menschen in Rußland zu allen Zeiten gehört, geachtet und sogar gefürchtet wurden. Doch diese Zeiten sind überholt, und die alte hierarchische Ordnung existiert nicht mehr. Heutzutage versuchen die Behörden, alte Leute in Altersheimen und junge Leute in Wohnblocks mit anderen jungen unterzubringen. Zweifellos war man ursprünglich mit guten Vorsätzen ans Werk gegangen, aber die Trennung der Generationen war ein schwerwiegendes Vergehen an den natürlichen Gesetzmäßigkeiten des Lebens, wie sich herausstellte.«

Sobessednik erwähnt in diesem Zusammenhang die wachsende Zahl alleinstehender älterer Menschen (5 % der Bevölkerung) und parallel dazu die Abnahme derer, die bei ihren Kindern wohnen (13,3 % der Gesamtbevölkerung im Jahre 1980). Obgleich, so hieß es weiter, eine *Babuschka* (Großmutter), die im Haushalt ihrer Kinder lebt, nicht zwangsläufig in das Familienleben miteinbezogen wird. Der Verfasser des betreffenden Artikels berichtete, wie er im Laufe eines Abends, den er als Gast bei einer Familie erlebte, die Großmutter allein in der Küche bei einer Tasse Tee angetroffen hatte. »Mein Sohn befürchtet, daß ich beim Essen etwas falsch machen könnte«, erklärte sie ihre Situation. »Normalerweise gehe ich auf mein Zimmer und sehe fern. Viele ältere Leute machen das genauso.«

In dem Artikel hieß es weiter: »Frauen verkaufen im Alter ihr Haus auf dem Land und kommen in die Stadt, um bei ihren Kindern zu leben. Häufig geben sie ihnen für Möbel oder für ein Auto den Erlös des Hauses. Sie selbst verbringen ihre Tage mit Einkaufen, Kochen und Saubermachen. Niemand der Kinder geht mit ihnen einmal spazieren oder führt sie ins Kino aus. So fühlen sie sich selbst in ihrer eigenen Familie alleingelassen.«[2]

In der Sowjetunion gibt es, wie in anderen Gesellschaften auch, Tendenzen, soziale und politische Erscheinungen vergangener Zeiten wieder aufleben zu lassen. Obwohl man davon ausgehen kann, daß dies vor allem ältere Menschen tun, so muß man doch feststellen, daß es durchaus auch junge Menschen gibt, die in spezifischer Weise an der Vergangenheit Gefallen finden.

Nicht neu ist die Sehnsucht nach der Großfamilie, in der

Enkel und Großeltern, Brüder und Schwestern, Onkel und Tanten, Cousins und Cousinen[3] einträchtig zusammenleben, und die Erziehung der Kinder im wesentlichen gewährleistet ist. Die Ursache dieser Nostalgie liegt sicherlich in der Furcht der Elterngeneration – aber auch der Jugendlichen – angesichts einer sich ständig verändernden Gesellschaft.

Manche trauern sogar den Zeiten der Kommunalwohnungen nach. Nicht etwa, daß ihnen der Komfort der neuen Wohnblocks nicht gefiele, aber es fehlt offenbar an menschlicher Wärme und einem Gefühl der Zusammengehörigkeit. In den Zeitungen werden immer wieder Leserbriefe abgedruckt, in denen die Bewohner moderner Häuser die allgemeine Anonymität beklagen. Der damit verbundene Verlust sozialer Kontrolle wird oft zur Begründung von zunehmender Alkohol- und Drogenabhängigkeit sowie als Ursache für Jugendkriminalität angeführt.[4]

Die Sehnsüchte von Erwachsenen beziehen sich auf frühere Zeiten, wo die Mädchen noch nicht rauchten, die Menschen noch höflich und *kulturnyje* waren und soziale Rituale für Frieden und Ordnung sorgten. Junge Menschen dagegen drücken ihre nostalgischen Wünsche in dem aus, was ›man‹ trägt, wie ›man‹ aussieht, wie ›man‹ sich beschäftigt. Mitte der siebziger Jahre waren dies das Kreuz, das man deutlich sichtbar auf der Brust trug, oder danach der Vollbart à la Tolstoi. Nicht zu vergessen die verschiedenen Ausführungen der Bewegung ›Zurück zur Natur‹ (am liebsten in einer Datscha mit Zentralheizung) und das Sammlerfieber (Geschirr, Bücher, alte Stiche), das sogar das Gesetz von der Unehrenhaftigkeit eines adeligen Vorfahren außer Kraft setzte.

All diese Erscheinungen haben eher etwas Modisch-Aufgesetztes als Gefährliches an sich. Bedenklich hingegen stimmt eine Strömung, die in Unkenntnis der tatsächlichen Geschichtsabläufe jene Zeit herbeisehnt, wo noch, abgesehen von einigen ›Übertreibungen‹, ›Ordnung herrschte‹. »Das hat's zu Stalins Zeiten nicht gegeben!« hört man erwachsene Menschen angesichts der schmutzigen Straßen in Moskau äußern. Junge Lastwagenfahrer haben das Photo des Diktators an die Fensterscheibe ihres Führerhauses geklebt.

»Die Sowjets müssen die ganze Wahrheit über Stalin erfahren, anderenfalls werden sie in sozialer Passivität versinken«, fordert Professor Jurij Afanassjew, Rektor des Instituts für historische Archive. »Es ist höchste Zeit, sich anhand konkreter Tatbestände mit dem Personenkult auseinanderzusetzen. Es gibt zu diesem Thema nicht einen einzigen wissenschaftlichen Artikel. Im Fernsehen wird zum Teil das erhabene Bild eines mächtigen, aber weisen Herrschers vermittelt. Wir sollten unserer jungen Generation die Chance bieten, sich eine eigene Meinung zu bilden.«[5]

Die ältere Generation, die die Grausamkeiten der Stalin-Ära miterlebt hat, zeigt sich weniger geneigt mitzuhelfen und die Diskussion zu beleben. Jüngere dagegen, die damals noch Kinder waren, stehen dem häufig sehr zwiespältig gegenüber.

In diesem Zusammenhang ist der Brief des 37jährigen Schriftstellers Iwan Karassew repräsentativ, der im Mai 1987 in der *Sozialistitscheskaja Industrija* schrieb: »Obwohl ich ein glühender Anhänger der *Perestrojka* bin, glaube ich, daß der Name Stalins zu Unrecht beschmutzt wird. Richtiger wäre es, ihn in Granit einzugravieren ... und zwar mit Goldbuchstaben. Man kann es Stalin nicht anlasten, wenn das Volk an seinen Kult glaubte. Stalin hat sehr viel für sein Volk getan, und das Volk hat sehr viel für das Land und für Stalin getan. Sie lebten und arbeiteten wie eine große Familie für das Wohl des Vaterlandes.«[6]

Die Zeitung veröffentlichte daraufhin die angriffslustige Antwort des Historikers Alexander Samsonow, der die von Karassew in die Welt gesetzte Legende vom Stalinergebenen Soldaten zu entlarven suchte. »Die Wahrheit ist«, schrieb Samsonow, »daß man den Angehörigen getöteter Soldaten einen Brief schickte mit der klassischen Formulierung: ›Er starb wie ein wahrer Patriot, auf den Lippen die Worte *Für das Vaterland. Für Stalin.*‹« Auch die

Witwe eines Freundes Samsonows hatte einen solchen Brief erhalten, obwohl ihr Gatte zeitlebens antistalinistischer Gesinnung war.[7]

Eines der größten Verdienste der *Perestrojka* ist die Publizierung von Theaterstücken, Romanen sowie Zeitungsartikeln, die sich mit der Stalin-Ära beschäftigen. Doch um sich wirklich ein Bild von dem tiefen Bedürfnis der Bevölkerung nach Vergangenheitsbewältigung zu machen, sollte man an einem Samstag oder Sonntag den Moskauer Friedhof Nowodewitschi besuchen, der seit 1987 der Öffentlichkeit wieder zugänglich gemacht wurde.

Alle russischen Friedhöfe werden als Gedenkstätten oder einfach nur zum Spaziergang gern aufgesucht, sogar im strengsten Winter. Aber Nowodewitschi ist nicht einer von vielen. Hier liegen alle namhaften vor- und nachrevolutionären Größen der Sowjetunion begraben, des weiteren Schriftsteller, Musiker, Erfinder, Piloten, Wissenschaftler und Generäle.

1970, als man einen kleinen Führer zu diesem Friedhof herausgab, waren die 10 000 Exemplare der Auflage in wenigen Tagen vergriffen. Eine zweite Auflage wurde vom Exekutivkomitee der Stadt Moskau mit der Begründung abgelehnt, daß dieser Ort öffentlich nicht zugänglich sei und »insofern kein allgemeines Bedürfnis nach historisch-informativer Literatur bestehe«.

Heutzutage richtet sich das Interesse der Besucher in erster Linie auf politische Persönlichkeiten, oftmals aber auch auf deren weniger im Rampenlicht stehende Lebensgefährten: Stets von vielen Menschen umringt sind die Gräber der Gattinnen Stalins und Nikita Chruschtschows.

Die Aufarbeitung der Vergangenheit und das daraus resultierende Gegenwarts- beziehungsweise Zukunftsverständnis sind der entscheidende Punkt, an dem sich Alt und Jung trennen. Weniger aufgrund des Generationsunterschiedes als vielmehr dadurch, daß die einen vorwärts und die anderen rückwärts schauen. Ein bürokratischer Komsomolze gehört deshalb ebenso dazu wie ein schon betagter Anhänger Gorbatschows.

Auch die Flut der Leserbriefe, die die Zeitungen zu dem Thema ›Menschliche Werte‹ erhalten, lassen sich in groben Zügen in zwei verschiedene Gruppen einteilen. Zur einen gehören Personen, die paradoxerweise den westlichen Lebensstil aus der Angst nachahmen, es könne sich etwas verändern und so Klischeevorstellungen von guten Manieren und guten Sitten nachjagen. Die andere Gruppe setzt sich mit der Vergangenheit auseinander, um aus der Erkenntnis, daß die Gesellschaft zu einer bestimmten Zeit eine falsche Richtung eingeschlagen hat, neue Einsichten zu gewinnen und neue Perspektiven zu ermöglichen. Für die Reformanhänger der Partei sind dies die zwanziger Jahre.

Die Diskussion um das Wertsystem menschlicher Verhaltensweisen ist in ihren Ausmaßen (auch oftmals in ihrem Mangel an adäquater Behandlung des Themas) und ihrem Gemisch aus emotionsgeladenen und rationalen Argumenten typisch sowjetisch. Der sowjetischen Gesellschaft liegt ein Menschenbild zugrunde, das sich seit den Zeiten der Revolution nur geringfügig geändert hat und heute immer noch Gültigkeit besitzt. Es ist dies ein Kollektivwesen (dessen Werte sich aus einem gesamtgesellschaftlichen Interesse ableiten), diszipliniert (fähig, seine egoistischen Bedürfnisse dem Allgemeinwohl unterzuordnen), arbeitssam (mit dem Ziel, die Natur umzugestalten), patriotisch (Volk und Vaterland liebend), internationalistisch (sich in erster Linie als sowjetischen Staatsbürger betrachten und seine Nationalität dem unterordnen) und atheistisch (das Leben aus naturwissenschaftlicher Sicht begreifen).

Wenn man der Presse und den sowjetischen Forschern glauben darf, ist die Realität von diesem Vorbild weit entfernt. Erste Anzeichen für einen Niedergang der Werte sehen die Sowjets im Abklingen rein menschlicher Verhaltensweisen zugunsten profitorientierter Denkweisen.

1986 berichtete Professor Wladimir P. aus Moskau von seinen Sommerferien am Asowschen Meer. »Früher vermieteten die Einheimischen bereitwillig unbenützten

Wohnraum. Heutzutage vermieten sie aus purer Profitgier zu demselben Preis den Balkon oder eine Hütte. Außerdem ist Gas, Wasser und Strom zu zahlen sowie das Obst, das sie früher hergeschenkt haben. 20 bis 50 Personen in einem Haus sind keine Seltenheit, und man kommt sich wie in einer Jugendherberge vor.«

»Die einzigen Feriengäste, mit denen die Einheimischen sprechen, sind solche, deren Beruf auf Zugang zu defizitären Waren schließen läßt. Sie stellen ihr eigenes Stück Land den Fremden zur Verfügung, nur um mehr Geld zu verdienen. Die jungen Leute tragen ausländische Kleidung und bevorzugen Arbeitsstellen, die ihnen schnelles Geld garantieren.«

Ein anderer Leser schrieb, daß sich mehrere Familien nach dem Unglück von Tschernobyl in den Süden begeben hatten und feststellen mußten, daß man die Mietpreise erhöht hatte.

»Es ist beschämend mitanzusehen, wie der Egoismus in den Dörfern überhandgenommen hat«, beklagte W. Fedorow, ein Bewohner der Region Pskow. »Langsam aber sicher verlieren sich die guten, alten Sitten der gegenseitigen Hilfe bei der Aussaat, bei der Kartoffelernte, beim Hausbau, bei anfallenden Reparaturen oder auch beim Aushub eines Brunnens.«

Die 65jährige Anna Wassiljewna resümiert, daß »die Menschen gewissenlos sind. Wann immer ich meine Nachbarn um etwas bitte, fordern sie sofort: ›Eine Flasche, Oma!‹ Sie wollen kein Geld, nur Alkohol. Wieviele Flaschen ich wohl in einem Sommer verteilt habe?«[8]

»Ich bin sehr beunruhigt über das mangelnde kulturelle Interesse«, schrieb Wenjamin Kawerin, ein Mitarbeiter der *Literaturnaja Gaseta,* wobei er das Wort *kultura* in seinem umfassenden Sinn verstanden wissen wollte. »Wo liegen die Ursachen für dieses erschreckende Phänomen?« fährt er fort und meint damit den um sich greifenden Verfall von Anstand und Sitte, Heuchelei, Rücksichtslosigkeit im Berufsleben und Vertrauensschwund. »Die Eltern arbeiten den ganzen Tag außer Haus, und die Kinder kennen keine richtige Familienatmosphäre. Die Schulen sollten dem Rechnung tragen, tun es aber nicht.«

Seiner Meinung nach haben sich die Schulen der vorrevolutionären Zeit besser bewährt: »Trotz ihrer Fehler haben die alten Gymnasien eine bessere Erziehung vermittelt ... Die Jugendlichen von heute sollten einmal die Vergangenheit mit unserem technischen Zeitalter vergleichen. Aber statt dessen sind die Kinder kultivierter Familien abgestumpft und verschwenden ihre Zeit mit der Jagd nach ausländischen Musikkassetten usw.«

»Das Schlimmste der gegenwärtigen Entwicklung ist der zerstörerische Charakter von Oberflächlichkeit und kultureller Überfremdung. Wir verlieren nach und nach alle geistigen Werte, die unsere Vergangenheit und vor allem den Großen Vaterländischen Krieg beherrscht haben. Niemals, weder vor dem Krieg noch danach, hat es zwischen den Menschen dieses enge Band der Freundschaft und Kameradschaft gegeben.«[9]

»Was ist schamloser als der fehlende Respekt vor den Verdiensten der Väter?« fragte ein Leser der *Sowjetskaja Rossija,* der für weniger ›Formalismus‹ in der patriotischen Erziehung plädierte, dafür aber um so mehr Respekt vor den älteren Familienmitgliedern verlangte. »Eltern äußern sich manchmal vor ihren Kindern sehr abfällig über ältere Verwandte oder Bekannte, die sich im Krieg verdient gemacht haben, und versäumen es nicht, die verliehenen Orden im Verruf zu bringen.«[10]

Trotz alledem haben ›Helden‹ in der sowjetischen Erziehung ihren Vorbildcharakter nicht eingebüßt. Obgleich man verschiedene Helden für die jeweiligen Altersstufen bereithält, sind ihre grundlegenden Eigenschaften doch stets dieselben. Ein Held respektiert das Alter, hilft jüngeren, steht denjenigen bei, die den ›rechten Weg‹ verfehlt haben, ist im Kindesalter ein guter Sohn, später ein guter Ehemann, erfüllt seine Arbeit selbstverständlich gewissenhaft und ist jederzeit zu Späßen und Frohsinn aufgelegt. Ist Gefahr in Verzug oder ruft sogar das Vaterland, steht er zu Diensten.

Im Kindergarten werden bereits die Grundlagen geschaffen. Der kleine Wolodja, beileibe noch kein Lenin oder Wladimir Iljitsch, zeigt sich freundlich, höflich, hilfsbereit und fleißig und respektiert vor allem seine Eltern.

Verehrt werden Helden der Literatur, seien es nun erdachte Figuren oder die Dichter selbst, wie zum Beispiel Puschkin, dessen Geburtstag sich Anfang 1987 zum 150. Male jährte und als ein Tag zu Ehren der Freiheit begangen wurde.

Helden der Revolution und des Großen Vaterländischen Krieges werden heutzutage wieder zunehmend zitiert, um diejenigen wachzurütteln, deren Leben auf Abwege geraten ist.

Beliebt sind auch die Helden des täglichen Lebens, die in Fabriken und Kolchosen ihre Arbeit gewissenhaft verrichten und dennoch sagen: »Schreiben Sie nicht, daß ich ein Held bin – ich tue nichts Außergewöhnliches.«[11]

Der Held par excellence, der für die Jugendlichen tatsächlich ein Idol darstellt und zweifellos eine wirkliche Großtat vollbracht hat, ist und bleibt Gagarin. Als einfacher Mann, der im bäuerlichen Milieu aufgewachsen ist, hat er unter Beweis gestellt, wie man es kraft seiner Arbeit und seines Mutes zu etwas bringen kann. Er hat zwei Generationen in einen Begeisterungstaumel für die Raumfahrt versetzt. Der 25. Jahrestag seiner Weltraumreise am 12. April 1961 bot der sowjetischen Presse die Gelegenheit, an die Lehre zu erinnern, von der er und alle anderen Kosmonauten Zeugnis geben: der wahre Held, wo immer sein Platz auch sein mag, ist bereit, die ihm von der Gesellschaft übertragene Verantwortung zu übernehmen. »Wenn der Mensch das Risiko nicht fürchtet, ist es gleichgültig, ob er ein guter Pilot oder ein qualifizierter Drechsler ist«, erklärt der Kosmonaut Pawel Popowitsch.[12]

Selbst so tragische Ereignisse wie das Unglück von Tschernobyl bringen eine Reihe neuer Helden hervor: ein junger Feuerwehrhauptmann, der sein Leben lassen mußte; ein Hubschrauberpilot, der den brennenden Reaktor mit Sand zu ersticken versuchte; ein Bergmann, der unter dem Reaktor einen Tunnel zu graben hatte; Ärzte, Wissenschaftler, Lastwagenfahrer, junge Soldaten und viele Freiwillige, die »nicht mit verschränkten Armen zusehen konnten«.

Doch die jungen Leute sind der Helden müde. Abgesehen davon, daß sie sich andere Idole schaffen, die ihren Eltern vielleicht weniger gefallen, betrachten sie das herkömmliche Heldentum als überholt. »Heutzutage träumt man von einem schönen Auto ... Wenn man jung ist und *Krieg und Frieden* gelesen hat, so erinnert man sich nicht an Bolkonskij und seine Suche nach dem Sinn des Lebens, sondern an die Geschichte von Natascha und Anatol Kuragin«, schreibt Nikolaj Lapin, ein junger Moskauer Student.[13]

Die unterschiedlichen Gesinnungen in der UdSSR entsprechen nicht gemeinhin dem, was man sich unter Generationsdifferenzen vorstellt. Um dies zu erläutern, muß man sich die letzten drei Generationen etwas genauer ansehen.

Die Nachkriegsgeneration unter Chruschtschow war politisch stark beeinflußt und glaubte an den technischen, politischen und kulturellen Fortschritt des Landes. Sie hatte den Krieg erlebt, manche sogar hautnah, danach eine sehr harte Zeit durchgemacht, die allerdings von enormem Enthusiasmus und nur geringem Interesse an materiellen Gütern geprägt war, und betrachtete den kleinsten zusätzlichen Komfort als Beweis des angestrebten Fortschritts. In jedem Fall ging es ihnen besser als zuvor.

Sie hatten freilich auch den Prozeß der Entstalinisierung zu ertragen. Für einige war dies der Beweis, daß es ab jetzt nur noch aufwärts gehen konnte, für andere hingegen war es ein entsetzlicher Schock, der Abscheu und Ekel erzeugte und teilweise zum Bruch mit der Partei führte.

Die Generation unter Breschnew war unpolitisch, zynisch und vor allem dem Konsum verfallen. Erstaunlich nur, daß in den Schulen jener Zeit eine Menge ›Sozialwissenschaftliches‹ auf dem Programm stand. Die Schüler hatten die Reden Breschnews und anderer Funktionäre zu studieren, worauf sie sich aber verstärkt von der Politik abwandten. Auch die Jugendorganisationen erfreuten nicht gerade großer Beliebtheit. Man trat erst in der zehnten Klasse dem Komsomol bei, weil man schließlich problemlos in ein Universitätsinstitut überwechseln wollte.

Je länger das Breschnew-Regime andauerte, desto mehr griff diese Haltung um sich. Die vergreisten Führungskräfte bremsten jeden nur möglichen jugendlichen Elan, und die Korruption vergiftete den Umgang ohnehin. Ein einziges Beispiel sei angeführt, um die Situation zu verdeutlichen: Während der Chruschtschow-Ära hatten Schüler- und Studentengruppen die Möglichkeit, Schriftsteller, Dichter oder Angehörige der Intelligenzija zu einer gemeinsamen Diskussionsrunde einzuladen. So hatte es Zusammenkünfte mit Jewtuschenko, Trifonow, Wosnessenskij und anderen gegeben. Als Breschnew an der Macht war, hat man diese Gepflogenheit zwar nicht eingestellt, dafür aber eine äußerst komplizierte Genehmigungsprozedur vorgeschrieben, so daß diese Veranstaltungen sehr rasch unterblieben.

Diese ›verlorene Generation‹ ist leider auch jene, die die gegenwärtige erzogen hat. Weil sie weder Vorbilder noch Ideale hatte, die es wert waren, weitergegeben zu werden, lebten sie ihren Kindern Falschheit und Scheinheiligkeit vor, was dazu führte, daß eine, wie manche meinen, ›hyper-verlorene Generation‹ heranwuchs. Die Eltern hatten ihren Glauben an die Welt verloren, aber ihre Sprößlinge hatten niemals einen besessen.

Die Verfechter dieser Auffassung setzen sehr viel Hoffnung in die Vergangenheitsbewältigung, weil sie davon ausgehen, daß die Jugendlichen dadurch die Gegenwart besser verstehen lernen und diese insofern besser in den Griff bekommen können. Daß Persönlichkeiten wie Ligatschow, der nicht gerade ein Anhänger der geschichtlichen und literarischen ›Reanimation‹ ist, einer solchen Entwicklung Vorschub leisten, spricht für diese Erwartung.

Gewiß ist die heutige Situation, bedingt durch die vergangenen fünfzehn Jahre, von Erstarrung und Verhärtung gekennzeichnet, so daß es für die sowjetische Jugend wenig Anlässe gibt, sich für etwas zu begeistern oder gar einzusetzen. Doch Gorbatschow ist gezwungenermaßen auf diese Teenager-Generation angewiesen, will er die proklamierten technischen Veränderungen, die Verjüngung des Kaders sowie seine Reformpläne insgesamt verwirklichen. Er setzt dabei auf seine Ausstrahlung und Überzeugungskraft.

Die Zusammenarbeit dürfte sich als schwierig erweisen, da ein gravierender Mangel an jugendlichen Führungspersönlichkeiten zu verzeichnen ist. Während der Chruschtschowzeit besaß die Jugend Leitfiguren (meist aus dem Umfeld der Literatur), die etwa gleichen Alters waren. Sie initiierten sogenannte ›Zirkel für jugendliche Führungskräfte‹, denen damals Männer wie Jakowlew, Bowin, Smirnow und andere Gefolgsleute Gorbatschows angehörten, die dann unter Breschnew aber in den Hintergrund gedrängt wurden.

Der Eintritt von Mitgliedern der jüngeren Generation in die Politik spaltet freilich die Gemüter in zwei Lager. Doch Pessimisten als auch Optimisten können gleichermaßen recht haben. Es wird solche geben, die sich voller Begeisterung in den Dienst der Reform stellen, weil sie auf diese Weise kraft der neuen Führung die Glaubwürdigkeit der sowjetischen Politik sowie die Bekämpfung der Korruption gewährleistet sehen. Aber natürlich wird es auch schwarze Schafe unter den Jungpolitikern geben, die eine politische Laufbahn aus purem persönlichen Interesse einschlagen. Der Grad ihrer sozialen Aktivität wird zumindest für eine gewisse Zeit von privatem Ehrgeiz und finanziellen Erwägungen, jedoch kaum von der ›Idee‹ an sich, getragen sein.

DREIZEHNTES KAPITEL

Die Kinder Gorbatschows

Ausblick in das Jahr 2000 – Hindernisse – Positive Auswirkungen der Perestrojka – Optimismus und Pessimismus in der sowjetischen Gesellschaft – NEP – Gemäßigter Pessimismus – Glasnost – Beitrag des Westens.

Man wird wohl noch einige Jahre brauchen, um die Zukunft der Sowjetunion voraussagen zu können. Im Jahre 1987 stand jedenfalls fest, daß man zwei Extreme ausklammern konnte. Auf der einen Seite den Rückfall in die düsteren Zeiten der Repression, auf der anderen Seite, und dafür gibt es nicht das geringste Anzeichen, selbst wenn einige Leute es wahrgenommen haben wollen, eine Annäherung an den Kapitalismus, wie wir es im post-maoistischen China erlebt haben. Zwischen diesen beiden Extremen erstreckt sich eine breite Skala von Möglichkeiten, die man angesichts der Ziele sowjetischer Politik und unter Berücksichtigung der moralischen und materiellen Ressourcen des Landes überprüfen müßte.

Die interessanteste Zukunftsvision stammt von einem der größten Werbefachleute des Landes: Wladimir Posner. Er ist 54 Jahre alt, schlank, unbefangen, gelöst und verfügt über einen sicheren Instinkt für soziale Zusammenhänge. Er ist häufig Gast des amerikanischen Fernsehens, um über sowjetische Verhältnisse Auskunft zu geben.

Sein Vater, ein jüdischer Buchhalter, verließ 1920 das chaotische, nachrevolutionäre Rußland und ließ sich in Frankreich nieder. 1940 beeilte er sich, Hitlers Schergen zu entkommen und floh mit seinem Sohn Wladimir in die Vereinigten Staaten. Dort fand er Arbeit in Hollywood.

Nach dem Krieg überquerten Vater und Sohn erneut den Atlantik, um zunächst in Ost-Berlin zu bleiben, wo Wladimir bei einer ostdeutschen Fluggesellschaft eine Tätigkeit aufnahm. Später zog es ihn wieder nach Moskau, wo er beim Fernsehen eine Anstellung fand.

1986 beschrieb Posner in *Argumenty i Fakty* die Unterschiede zwischen dem amerikanischen und sowjetischen *Way of life*.

Seine Darstellung der Einkaufssituation in den Vereinigten Staaten – zweierlei Geschäfte für Arme und Reiche – bewirkte eine prompte Reaktion der Zeitung. »Einige Leser glauben, daß die USA im Überfluß schwimmt, während wir in unserem Land nur Knappheit kennen.«

»Das stimmt«, gab Posner zu, »die Sowjetunion hat unter der Knappheit zu leiden. Und das hat zwei Gründe: unsere Inkompetenz und unser Wille, jedem das gleiche von der gleichen Qualität zukommen zu lassen.«

Er wiederholte, was er einmal im amerikanischen Fernsehen gesagt hatte: »Sie, die Amerikaner, sie haben absolut alles. Ihre Schaufenster quellen über vor Waren, die die Menschen gern kaufen würden, aber nicht können, weil ihnen das nötige Geld fehlt. Ein gewisser psychologischer Druck ist die Folge daraus. Bei uns fehlt es leider an dem nötigen Angebot. Entweder ist die Qualität nicht zufriedenstellend, oder es gibt nicht genug für alle. Wir haben zwar genügend Geld, aber keine Gelegenheit, es auszugeben. Das ist eine andere Form von Streß. Wenn ich mich entscheiden sollte, müßte ich sagen, daß ersterer der schlimmere ist.«

Doch damit nicht genug. Die Leser wollten mehr wissen: »Wie leben die Amerikaner? Was haben sie für Häuser? Wer repariert ihre Leitungen? Waschen sie ihre Wäsche zuhause? Im Fernsehen wirken sie immer sorglos und ungezwungen. Man sieht sie niemals große Pakete schleppen, wie wir es alle Tage tun.«

Posner erklärte, daß die meisten Amerikaner einen Kredit aufnehmen, wenn sie ein Haus kaufen wollen. »Es gibt zahlreiche Geschäfte, wo man alle notwendigen Bau- und Reparaturmaterialien für das Do-it-yourself-Verfahren kaufen kann. Andere kaufen sich eine Eigentumswohnung innerhalb eines großen Wohnkomplexes. Wieder andere mieten eine Wohnung, wo der Besitzer für anfallende Reparaturen aufkommt. Aber die Ärmsten der Armen hausen in Elendsquartieren, wo sich kein Mensch um Reparaturen oder gar Dienstleistungen kümmert.«

Die Sowjetunion »kann von den Amerikanern eine Menge lernen«, meinte er. Zum Beispiel, wie man die öffentlichen Dienstleistungen besser organisiert. Die Tatsache, daß man Amerikaner niemals schwer bepackt nach Hause kommen sieht, liegt daran, »daß die meisten Amerikaner ein Auto besitzen und einmal in der Woche zum Einkaufen fahren«.

So amerikafreundlich sich Posner auch geben mag, letztendlich vertritt er doch die altbekannte These, daß es einfach sei, einer kleinen Gruppe von Menschen einen hohen Lebensstandard zu gewährleisten und nur wenigen ein angenehmes Leben zu ermöglichen, aber daß es schlichtweg ausgeschlossen sei, und zwar für jede Gesellschaftsordnung, alle Menschen gleichermaßen glücklich zu machen.

»Ich glaube allerdings, daß unsere Gesellschaft sich die größte Mühe gibt, diesen Zustand wenigstens annähernd zu erreichen, während die Amerikaner es gar nicht erst versuchen. Ich liebe Amerika, denn es ist ein Teil meiner Jugend. Aber dem heutigen Amerika fehlt etwas ganz Wesentliches: eine Zukunft. Ich glaube an den Kommunismus, auch wenn ich nicht weiß, wann wir so weit sein werden, ihn verwirklicht zu haben.«[1]

Angesichts der Begeisterung für amerikanische beziehungsweise westliche Produkte – seien es nun ausländische

Etiketten, Motorräder oder ›Hamburger‹ von MacDonald – könnte man meinen, daß in jedem jungen Russen ein Amerikaner schlummert. Doch die gegenwärtige Gesellschaft hat sich mit ganz anderen Problemen auseinanderzusetzen.

Radikale Veränderungen in allen Bereichen, zuallererst aber auf wirtschaftlichem Sektor, so lautet die Forderung der *Perestrojka* seit 1985/86.

Die Neuerungen stießen in den Betrieben und Kolchosen allerdings auf erhebliche Schwierigkeiten. Fast überall mußten die Werktätigen, bedingt durch Produktionsausfälle wegen schlechter Qualität sowie wegen verzögerter Rohstoffanlieferung, mehr arbeiten und verdienten weniger Geld. Doch hinter dem Bestreben, die Produktion quantitativ und qualitativ zu steigern sowie die Automatisierung möglichst flächendeckend einzuführen, verbirgt sich das Schreckgespenst kapitalistischer Wirtschaftsformen: Konkurrenzkampf und Arbeitslosigkeit.

Der Volksökonom Abel Aganbegjan ist der festen Überzeugung, daß es bis zum Jahre 1992 keine Arbeitslosigkeit geben wird. Andere sowjetische Wirtschaftsexperten meinen dagegen, die von Aganbegjan vorgeschlagenen Maßnahmen zur Behebung der enormen Schwierigkeiten in der UdSSR seien nicht effektiv genug und würden, wenn Gorbatschow nicht zusätzliche Anordnungen trifft, die gesamte Entwicklung zum Scheitern verurteilen.

Es ist klar, daß sich die UdSSR, will sie mit dem Westen wirtschaftlich Schritt halten, von einem Heer unproduktiver Arbeitskräfte trennen muß. Davon werden in erster Linie Frauen und Beamte betroffen sein, die man, wie Gorbatschow im November 1987 ankündigte, im erweiterten Dienstleistungssektor unterzubringen gedenkt. Es ist bis jetzt noch nicht abzusehen, in welche Richtung sich die Dinge entwickeln werden, zumal auch die Bevölkerung keine große Einsatzbereitschaft zeigt.

Seit 1985 spricht Gorbatschow von einer technischen Revolution und dem Einsatz neuer Methoden der Wirtschaftsführung. Die junge Generation hingegen zeigt nur wenig Interesse für produktionsbezogene Berufe. Trotz mannigfacher Bemühungen von seiten der Staatsführung, das Prestige des Ingenieurberufs wieder anzuheben, ist es bis heute nicht gelungen, die Jugendlichen für diese Tätigkeiten zu begeistern. Hinzu kommt, daß Gorbatschow den technischen Fortschritt proklamiert, gleichzeitig aber weiß, daß die Mehrzahl aller Werkzeuge und Maschinen hoffnungslos überholt ist. Noch in den siebziger Jahren waren mehr als 40 % der Werktätigen mit reiner Handarbeit beschäftigt (mittlerweile ist man dazu übergegangen, solche Statistiken nicht mehr zu veröffentlichen). Die meisten Arbeiter kennen zur Genüge die Arbeitsbedingungen des zurückliegenden ›technischen Fortschritts‹, und von daher ist es unmöglich, Jugendliche, die über eine bessere Schulbildung als ihre Eltern verfügen und dem Leben gegenüber sehr viel mehr Erwartungen mitbringen, für diesen Berufszweig zu gewinnen.

Gorbatschow weiß ebenso, daß es in der Vergangenheit zahlreiche Reformen gegeben hat, die erfolglos verlaufen sind, und daß die erwachsene Bevölkerung heute eher skeptisch und abwartend reagiert.

Dies alles hat dazu geführt, daß zur Unterstützung der Reformbestrebungen weitere Maßnahmen beschlossen worden sind: *Glasnost,* damit die Bevölkerung sich nicht länger hintergangen fühlt; die Reform des unzeitgemäßen Bildungssystems; eine Gehaltsreform zugunsten qualitativ wertvoller Arbeit und die Abschaffung eines leistungsunabhängigen Einkommens; die Bekämpfung der auf Eigeninteressen gerichteten Bürokratie; Kampf der Korruption, die das soziale Gewebe sowie das Wertsystem untergräbt und aushöhlt.

Wenn Gorbatschows Reformprogramm gelingen soll, wird ihm keine andere Wahl bleiben, als sich auf die zahlenmäßig recht stattliche Gruppe der Werktätigen unter 30 Jahren zu verlassen. Sie ist der Teil der sowjetischen Bevölkerung, der neben der ›werktätigen Intelligenzija‹, die nur 8,7 % der arbeitenden Bevölkerung ausmacht, die höchste Bildungsstufe vorzuweisen hat.

Allein, Ausbildung und Schulabschlüsse sind noch kein Garant für effizientes Arbeitsverhalten. Wie Untersuchungen belegen, ist es mit der Arbeitsmoral der Jungarbeiter ›bis hin zum Jahre 2025‹ nicht allzu weit her. Die Mehrzahl zeigt sich innerhalb des Betriebes nur wenig engagiert und will in erster Linie für möglichst viel Geld möglichst wenig arbeiten.[2] Man bedenke, daß dies in einem Land geschieht, wo Arbeit als sozial-nützliche Tätigkeit eingestuft wird und nicht, wie in kapitalistisch regierten Gesellschaften, als ein Mittel des Geldverdienens!

Freilich sind auch schon Verbesserungen zu verzeichnen. Neben den Veränderungen im Pressewesen sind vor allem die aufsehenerregenden Neuerungen in der Kunst anzuführen. Über den Film *Die Reue* von Abuladse, der sich mit Stalin und Berija auseinandersetzt, haben wir bereits berichtet. Aber es sind durchaus noch andere, vielleicht weniger kunstvolle, dafür um so deutlichere Filme außer *Die Reue* zu nennen. Zum Beispiel der Film *Morgen war Krieg,* in dem es um ein junges Mädchen geht, das sich das Leben nimmt, weil sein Vater, ein Ingenieur, von der Polizei Stalins festgenommen wurde und es selbst von seiten des Komsomol aufgefordert wurde, seinen Vater als ›Volksfeind‹ zu denunzieren.

Im Bereich der Literatur, wo die Veränderungen wegen komplizierterer Produktionsvorgänge für die Öffentlichkeit nicht so rasch spürbar waren, hat die Herausgabe verschiedener Romane eine Grundsatzdiskussion über die Diktatur in Gang gebracht. Die vor zwanzig Jahren von Anatolij Ribakow geschriebenen *Kinder vom Arbat* erschienen im *Nowyj Mir,* der auch die Rechte für *Doktor Schiwago* von Boris Pasternak besitzt. Ein Roman, der in der UdSSR heute noch zurückgehalten wird. *Oktjabr,* eine andere Zeitschrift, veröffentlichte die entsetzliche Anklage gegen den Stalinismus der Kriegsjahre: *Leben und Schicksal* von Wassilij Grossman. Ende 1987 bemühte sich fast jeder um ein Abonnement einer ›dicken Zeitung‹, wie man im Russischen die Monatszeitschriften nennt.

Michail Gorbatschow machte seinen persönlichen Einfluß geltend und spendete 50 000 Rubel (die ausländischen Rechte für sein Buch) für ein Denkmal zu Ehren des ehemaligen Chefredakteurs des *Nowyj Mir,* Twardowskij. Dessen Lebensaufgabe war es gewesen, den Lesern wirkliche Literatur zu präsentieren, bevor Chruschtschow gestürzt wurde (so zum Beispiel *Ein Tag im Leben des Iwan Denissowitsch*).

Nicht selten hat die Jugend dieses Landes in den vergangenen Monaten wirksame Unterstützung von seiten der Wissenschaftler und der Schriftsteller erhalten, die sich an die Spitze zahlreicher Protestaktionen gesetzt haben.

Gigantische Objekte, für die in diesem Land eine besondere Vorliebe besteht, wurden aus sozial-ökonomischer Sicht angegriffen, weil sie weder die Produktionsart noch die örtlichen Gegebenheiten genügend berücksichtigen. So beispielsweise ›das leistungsstärkste Stauwerk der Erde‹, für dessen Einrichtung in der unmittelbaren Umgebung keinerlei Bedürfnis bestand, oder ›das größte Lastwagenwerk der Erde‹, das mangels Personal seine volle Tätigkeit gar nicht aufnehmen konnte.

Die angesehene Soziologin Tatjana Saslawskaja betont im Rückblick auf viele Umweltverbrechen, die gerade in diesem Lande geschehen, wo der Mensch aufgerufen ist, ›sich die Natur untertan zu machen‹, daß der Ökologie im 21. Jahrhundert ein vorrangiger Stellenwert gebühren sollte. »Die Gefährdung der Natur beunruhigt uns alle, doch vornehmlich die jungen Leute«, begründet die *Komsomolskaja Prawda* ihre Forderung nach mehr Wissenschaftlichkeit und weniger Emotionalität im Umgang mit dieser Thematik. In den Jahren 1985–1987 konnten eine Reihe historisch zu nennender Siege verzeichnet werden: Naturschutz für den Ladoga-See in der Nähe Leningrads; Stop zweier Staudammprojekte, eines im Baltikum, das andere in der Leningrader Gegend; Stillegung einer Papierfabrik nach fünfzehnjährigen Protestaktionen wegen hochgradiger Verschmutzung des Baikal-Sees und die Absage an das Vorhaben der Umleitung sibirischer

Flüsse zugunsten eines Bewässerungsprogramms südlicher Wüstengebiete.

In zunehmendem Maße wird auch von der Partei der Gedanke der Dezentralisation und die damit verbundene Anpassung an örtliche Verhältnisse befürwortet. Man rückt mehr und mehr von den riesigen ›Kombinaten‹, vor allem in Zentralasien, wo die Familienstruktur patriarchalischen Gesetzmäßigkeiten folgt, ab und geht wieder dazu über, den ›dörflichen Betrieb‹ zu begünstigen.

Qualität, von der lange Zeit kaum die Rede war und die ihr Dasein eher im Schatten der Quantität zu fristen hatte, erfährt jetzt eine allgemeine Aufwertung. Die sowjetische Führung hat jeder Familie für die nächsten zehn Jahre eine wie auch immer geartete Wohnung versprochen, um ein Beispiel zu nennen. Die jüngeren Architekten hingegen haben 1987 den Präsidenten ihres Berufsverbandes wegen fehlenden Durchsetzungswillens abgesetzt und eine grundlegende Änderung städtebaulicher Konzepte verlangt.

Wir haben in diesem Buch die familiäre Problematik samt ihrer sozialen Ursachen aufgeworfen, die Lücken des Erziehungssystems dargelegt, über die psychologischen Schwierigkeiten jugendlicher Afghanistan-Heimkehrer sowie über die Enttäuschungen zahlreicher Jungarbeiter in der Industrie gesprochen. Wir haben aufgezeigt, wie die sozialistische Gesellschaft mit den auch im Westen bekannten Problemen der Kriminalität und der Korruption umzugehen pflegt, welch ein immenser Hemmschuh die Bürokratie, siehe Beispiel Komsomol, innerhalb dieses Veränderungsprozesses darstellt, schließlich versuchten wir zu beschreiben, mit welchen Schwierigkeiten, und dazu zählt auch das Generationsgefälle, sich ein systemkonformer Normalbürger auseinanderzusetzen hat.

All diese Probleme sind augenfällig und bedürfen einer dringlichen Lösung, denn solange auf diesen Gebieten nichts geschieht, wird es auch keinen wahren Fortschritt geben. Allerdings sollte man charakteristische Merkmale des täglichen Lebens, die das System in Gang halten, nicht aus dem Auge verlieren.

Im Sachbereich muß man in diesem Zusammenhang gerechterweise den unvergleichlichen sowjetischen Erfindungsgeist hervorheben, der schlichtweg alles, was nicht funktioniert – und davon gibt es mehr als genug – ›in Gang bringt‹. So und nicht anders wäre das sowjetische Übergewicht auf manchen Gebieten, wie zum Beispiel der Verteidigung, überhaupt nicht zu erklären. Erstaunlich auch das Moskauer U-Bahn-System, wo die Züge in Zwei- bis Dreiminutenabständen verkehren. Diese Zuverlässigkeit gilt ebenso für die Fernverbindungen der Eisenbahn (allerdings nicht für den Güterverkehr) und den Flugverkehr der staatlichen Luftfahrtgesellschaft Aeroflot, wobei man hier freilich nur einen minimalen Komfort erwarten darf.

Was die Menschen angeht, so sei noch einmal auf die Komplexität des russischen Charakters hingewiesen, der die widersprüchlichsten Eigenschaften, oft in einer einzigen Person vereint, aufweist: Herzlichkeit und Autoritarismus, Gleichgültigkeit und Engagement, Selbstkritik und Nationalstolz. Über allem liegt eine eigenartige Gelassenheit und Duldsamkeit gegenüber Dingen, die andere Völker zum Widerstand treiben würden.

Die sowjetische Gesellschaft ist im Grunde genommen eine optimistische, die sowohl an den Menschen als auch an eine bessere Zukunft glaubt. Konflikte entstehen nur dann, wenn man den Dialog verweigert. Es genügt ihrer Meinung nach schon die Verständnisbereitschaft, und die Lösung des Problems ergibt sich ganz von allein.

Gefühle spielen im sowjetischen Leben eine ungewöhnlich große Rolle. Selbst politische Reden enthalten unter Umständen ganze Passagen von überquellender Emotionalität. Eine für uns unvorstellbare Tatsache, die die Glaubwürdigkeit jedes Politikers herabsetzen würde.

Das, was gesagt und geschrieben wird, sollte man nicht immer ganz wörtlich nehmen. Die Presse ist beispielsweise durchaus nicht abgeneigt, ihren moralischen Lektionen durch gewisse Übertreibungen Nachdruck zu verleihen, was gewisse Abstriche unbedingt erforderlich macht.

Um Mißverständnisse zu vermeiden, sollte man die Auseinandersetzungen um den Wertverlust, die zunehmende Gewalttätigkeit sowie die schlechte Erziehung der Jugendlichen unter diesem Aspekt sehen. Denn Werte, denen sich die Sowjets wirklich verpflichtet fühlen (wie der Kultur oder dem Respekt vor sich und anderen), werden in viel stärkerem Maße als bei uns anerkannt und gelebt. Sowjetische Jugendliche wurden beispielsweise von ihren westlichen Altersgenossen, mit denen sie außerhalb einer organisierten Reise zusammengetroffen waren, als ›zu höflich‹, ›zu gut erzogen‹ und ›Muttersöhnchen‹ empfunden. Die sowjetische Gesellschaft ist in sich eine sehr solidarische Gemeinschaft. Man kann einwenden, daß dies angesichts der Zustände notwendig sei, doch dieselben hätten genauso gut zu einer gegenteiligen Entwicklung führen können, wo jeder nur noch an sich selbst und seine Bedürfnisse denkt. Eben dies ist nicht der Fall. Um einem Freund, der in Not ist, zu helfen, oder ein Medikament, das nicht zu bekommen ist, irgendwo (unter Umständen in einem entfernten Teil des Landes mit Hilfe von Mittelsmännern) zu besorgen, werden Urlaubspläne verschoben und Wochenenden geopfert.

In schwerwiegenden Fällen (Scheidung, Verschwinden des Sohnes, berufliche Schwierigkeiten ...) ist immer jemand zu einem Gespräch bereit, auch wenn es die ganze Nacht dauert. Ein Freund wird immer, wenn es nötig ist, seine Wohnung dem anderen zu einer Aussprache o. ä. überlassen und sich woanders einquartieren.

Eine Studentin erzählte einmal, wie sie nach Jugoslawien fahren konnte, um einen Künstler zu sehen, den sie immer schon bewundert hatte. Da sie das Geld für diese Reise niemals allein aufgebracht hätte, haben ihre Kommilitonen, die von ihrem Wunschtraum wußten, zusammengelegt und ihr die Reise auf diese Art ermöglicht. »Wann und wie ich das Geld zurückgeben sollte, darüber hat niemand gesprochen.«

Es mangelt selbstverständlich nicht an westlicher Kritik des von der Sowjetunion 1917 eingeschlagenen Weges. Durchaus seriöse Kritiker meinen, daß ein Land wie die UdSSR, welches vor dem ersten Weltkrieg zu den größten Getreideexporteuren gehörte, eine wesentlich bessere wirtschaftlich-technische Entwicklung hätte durchmachen können, wenn es den sozialdemokratischen Vorschlägen gefolgt wäre.

Doch jedes geschichtliche ›Wenn‹ und ›Aber‹ ist müßig. Die Diskussionen über die sowjetische Gesellschaft und ihre volkswirtschaftliche Situation haben nur dann konstruktiven Charakter, wenn man vom Ist-Zustand ausgeht und überlegt, was sich daraus für die Zukunft ableiten läßt.

Die heutige Fragestellung dreht sich im wesentlichen um das Problem, ob die von Lenin Anfang der zwanziger Jahre konzipierte Neue Ökonomische Politik (NEP) mehr als definitive oder temporäre Maßnahme gedacht war. Naheliegend wäre letztere Annahme, doch es sprechen durchaus auch Gründe für das Gegenteil. In jedem Fall aber ist es gerechtfertigt, sich hinsichtlich der Entwicklung eines wirtschaftlichen Mischsystems im Zuge der *Perestrojka* auf Lenin zu beziehen (der seine Sicht der Dinge nicht selten geändert hat, dessen Aussagen aber von manchen sowjetischen Führungskräften nur allzu sklavisch befolgt werden).

Der Optimismus sieht die Grundlagen einer solchen Entwicklung in den Maßnahmen verwirklicht, die im Anschluß an das Juni-Plenum 1987 erlassen wurden: das Gesetz zur individuellen Erwerbstätigkeit, die Genehmigung privater Dienstleistungsunternehmen, Aufforderung an die Kolchosen, ihre Überplanproduktion auf den Märkten abzusetzen, die Einführung von *Joint Ventures* usw.

Ein zusätzlicher Schritt in diese Richtung stellt der Versuch dar, ›demokratische‹ Prinzipien im wirtschaftlichen und im politischen Bereich zu verankern: geheime Wahlen, Kandidatenwettbewerb für bestimmte Positionen, verstärkter Appell an Parteilose, bei kommunalen und regionalen Wahlen zu kandidieren sowie sich für wichtige Positionen in der Wirtschaft zur Verfügung zu stellen.

Demokratisierung und Offenheit werden dafür sorgen, so hofft der Optimist, daß Gorbatschow seine ›Revolution‹ nicht nur in den Spitzen der Partei, sondern ebenso auf den unteren Ebenen des Systems durchsetzen kann.

Ein Pessimist dagegen wird etliche Einwände geltend machen. Sein Hauptargument gegen die *Perestrojka* wäre der bürokratische Apparat, der nicht nur als solcher schon schwer genug behindert, sondern ferner noch, durch das Vorhandensein engster Verflechtungen der verschiedenen bürokratischen Bereiche, die Reformierung eines Sektors fast unmöglich macht, ohne auch Umstrukturierungen in einem anderen Sektor vorzunehmen. Des weiteren führt der Pessimismus die Trägheit im Bereich der Arbeit ins Feld sowie die Schwierigkeit, Menschen in einem System, wo die Möglichkeit des Geldausgebens sehr gering ist, dahingehend zu motivieren, daß sie mehr arbeiten.

Insbesondere aber verweist er auf die skeptische beziehungsweise interesselose Haltung der jungen Sowjetbürger, die, beeinträchtigt durch die autoritäre Erziehung ihrer Eltern, nur eines im Sinn haben: möglichst viel Profit aus dem System schlagen und bloß keine Verantwortung übernehmen.

Der goldene Mittelweg wäre unserer Meinung nach der eines ›gemäßigten Pessimismus‹. Um der *Perestrojka* den großen Durchbruch zu verschaffen, sollte Gorbatschow sich für eine härtere Gangart entscheiden, als er es bisher getan hat oder gezwungen war zu tun. Es drängt sich der Vergleich mit Peter dem Großen auf, der kraft seiner unumschränkten Selbstherrschaft die Öffnung Rußlands hin zu westlicher Technologie und westlicher Kultur herbeigeführt und sein Land auf diese Weise mit dem Herzen Europas in Verbindung gebracht hat.

»Keine Demokratie ohne *Glasnost.* Keine *Glasnost* ohne Information.« 1986/87 markiert die Wende in der sowjetischen Pressearbeit. Seitenlang wurden so tabuisierte Themen wie Rauschgift, Prostitution, Korruption, Unfälle oder Naturkatastrophen abgehandelt. Die Presse entwikkelte sich mehr und mehr zu »einer Ambulanz der sowjetischen Gesellschaft«, wie es ein Student ausdrückte. Sie spendete Trost, wenn Menschen verzweifelte Briefe an sie richteten, sie klärte Sachverhalte und Umstände auf, wenn sich einer ungerecht behandelt fühlte.

Zeitungen sind täglich ab dem Moment, wo sie erscheinen, Mangelware. Die Leser beklagen sich, daß man morgens um sieben Uhr an keinem Kiosk mehr eine Zeitung bekommt. Dort, wo Zeitungen ausgehängt sind, vor allem solche, die man nur schlecht bekommen kann, wie zum Beispiel die *Moscow News,* stehen die Leute Schlange, um sich zu informieren. Einer Umfrage unter Schülern zufolge gilt der Beruf des Journalisten neben dem des Schauspielers als besonders erstrebenswert.

Zahlreiche Journalisten haben in der Tat mutige, vorbildliche Arbeit geleistet, die jedem Vertreter der ›freien Presse‹ Hochachtung abgewinnen würde. Trotz anonymer Anrufe und Androhungen, die den Arbeitsplatz und die Familie gefährdeten, haben sie ihre Untersuchungen unbeirrt zu Ende geführt. Was für die Journalisten großer Städte gilt, trifft um so mehr für jene zu, die in kleineren Gemeinden tätig sind, denn hier ist es um ein Vielfaches schwerer, sich Erpressungsversuchen zu entziehen.

Selbstverständlich haben wir es keineswegs mit einer Meinungspresse zu tun, die die Regierung oder die Partei kritisiert, aber sie macht sich zumindest Gedanken über Abläufe und Zustände, die ihren Berufsstand und die Gesellschaft im allgemeinen betreffen.

1987 und 1988 wurde öffentlich und in aller Ausführlichkeit darüber diskutiert, ob es richtig sei, die Wahrheit zu sagen oder lieber zu schweigen. Die Presse mußte sich den Vorwurf gefallen lassen, sie ruiniere systematisch zahlreiche Organisationen, sie untergrabe die sozialen und moralischen Grundfesten der Gesellschaft und vermittle den Eindruck, als sei das Land ein einziger sozialer Sumpf, in dem nichts normal funktioniert.

Daß jemand ehemalige führende Politiker, Polizei und Justiz beschmutzt sowie in den Irrtümern der Vergangenheit herumwühlt, das stößt selbstverständlich nicht auf die Zustimmung breiter Kreise. Es waren nicht nur diejenigen schockiert, die etwas zu verbergen hatten, sondern auch ganz normale Bürger, die sich entsetzt fragten: »Wo soll das noch hinführen?«

Im asiatischen Teil des Landes wie auch in bestimmten Gebieten des Kaukasus hört man ebenso ungern das Wörtchen *Glasnost.* Die zahlreichen Artikel in der sowjetischen Presse über Vetternwirtschaft und Korruption in Armenien und Georgien, über die volkswirtschaftlichen Machenschaften in Baku oder Kasachstan, die Schmiergelder, die in Usbekistan so überreichlich geflossen sind, all das wurde von den betroffenen Ländern als eine Attacke gegen die nationale Ehre empfunden. Man fühlte sich zum Buhmann der Nation abgestempelt. Objektiv gesehen ist das falsch, denn es wurden durchaus auch andere Regionen zitiert, in denen Unrechtmäßigkeiten vorgekommen sind. Im übrigen kann man kaum leugnen, daß die Führungskräfte dieser Regionen keine ganz reine Weste tragen und der Mohn nun einmal in Zentralasien besser wächst als in Riga. Die Tatsache, daß die Mehrzahl der angeschuldigten Journalisten Europäer sind, spricht nicht gerade für eine baldige Beilegung des Streits.

Es gibt bislang keine Gewißheiten, ob sich die *Perestrojka* durchsetzen wird. Eins aber steht fest: Gorbatschow hat recht daran getan, *Glasnost* zum Angelpunkt seiner Reform zu machen.

Die Problematik der meisten politischen Träume ergibt sich aus dem Faktor ›Zeit‹. Gorbatschow visiert für sein heroisches und idealisiertes Vorhaben das Jahr 2000 an. Ein Risiko, sicherlich! Doch seine Bestrebungen werden sich nahtlos in die großen nachrevolutionären Kampagnen des Landes einreihen: Behebung des Analphabetismus, Elektrifizierung des ganzen Landes, Vorherrschaft der Natur, Erschließung neuer Gebiete.

Ein Blick auf die aktuellen Schwierigkeiten (wie sie von Journalisten und Experten gesehen werden) genügt, um zu wissen, daß der Reformprozeß Gorbatschows weit in das 21. Jahrhundert hineinreichen wird. Nicht nur Technik und Wirtschaftsführung sind aufgerufen, sich zu verändern, sondern das ganze Volk. Dies bedeutet: Ablegen des Gedankenguts und der Verhaltensmuster aus der Breschnew- und der Stalin-Ära sowie aus der Zeit vor 1917!

Wenn es gelänge, die Sowjetunion auf das soziale und wirtschaftliche Niveau der westlichen Welt zu Beginn der fünfziger Jahre zu führen, ohne die sozialistischen Prinzipien und das russische Kulturgut zu verleugnen und die westlichen Auswüchse zu übernehmen, dann könnte man in der Tat von einem beträchtlichen Erfolg sprechen.

Die Frage ist nur, wie verhält sich der Westen dazu, oder einfacher formuliert: Will er die *Perestrojka* oder nicht? Wenn ja, welches wäre dann der von ihm zu leistende Beitrag? Die Antwort ist rasch bei der Hand, bedenkt man das beiderseitige Interesse für Entspannung und Abrüstung, welches die Sowjets bereits gehörig vorangetrieben haben. Ein wesentlicher Schritt wurde im Dezember 1987 getan, als Ronald Reagan und Michail Gorbatschow einen etwas voreilig als historisch bezeichneten Vertrag unterzeichneten. Das im Sommer 1988 vorgesehene Treffen der beiden in Moskau macht deutlich, wie sehr sich die Maßstäbe verändert haben.

Eine andere, sehr viel allgemeinere, weitreichendere Antwort bezöge sich auf eine Bereitschaftserklärung des Westens zu einem besseren Verständnis der sowjetischen Gesellschaft, deren Fehler und Mißstände ganz besondere geschichtliche Ursachen haben und die sich gegenwärtig in einem Prozeß der Umwandlung befindet. Sie leidet nicht an einer unheilbaren Krankheit und der Wille zur Gesundung ist stark und lebendig.

Wir wollen, ebenso wie die Sowjets, eine Lehre aus den Worten Tschechows ziehen, der uns seine Diagnose von Gegenwart und Zukunft durch den Arzt Koroljow mitteilt.

Doktor Koroljow, Hausarzt einer reichen Fabrikbesitzersfamilie, behandelt die junge Erbin wegen Schlafstörungen. Im elterlichen Unternehmen herrschen verheerende Arbeitsbedingungen, die selbst die Eigentümerin und Mutter des jungen Mädchens schwer belasten.

»Ihre Schlaflosigkeit ist ehrenhaft; wie dem auch sei, sie ist ein gutes Zeichen. In der Tat, unseren Eltern wäre ein solches Gespräch, wie wir es jetzt führen, unsinnig vorgekommen; sie haben nachts nicht diskutiert, sondern fest geschlafen, wir aber, unsere Generation, wir schlafen schlecht, wir leiden seelisch, reden viel und versuchen immer zu entscheiden, ob wir recht haben oder nicht. Für unsere Kinder und unsere Enkel aber wird die Frage, ob sie recht haben oder unrecht, bereits entschieden sein. Sie werden klarer sehen als wir. Schön wird das Leben in fünfzig Jahren sein, nur schade, daß wir es nicht mehr erleben. Es wäre interessant, das mit anzusehen.«

Quellennachweis

1. Kapitel

Die Angaben über die Zusammensetzung der Partei sind folgendem Werk entnommen: *1917–1987. Gody truda i pobed,* Politisdat, Moskau, 1987, S. 312–354. Die Angaben über die Bevölkerung stammen aus demselben Werk S. 272–284.

1. *Moskowskaja Prawda,* 12. 12. 1986
2. *Literaturnaja Gaseta,* 24. 6. 1987 (deutsches Zitat aus: Friedrich Hitzer: Zeitzeichen aus der Ferne, Hamburg, 1987, S. 420 f.)
3. *Iswestija,* 10. 6. 1987

2. Kapitel

1. A. G. Chartschew, *Brak i semja w SSSR,* Moskau, 1979, S. 6–7
2. L. A. Subenko und W. S. Jasikowa, *Rol semji w sisteme kommunistitscheskowo wospitanija,* Moskowskij rabotschij, Moskau, 1984, S. 12
3. *Literaturnaja Gaseta,* 1. 10. 1986
4. *Sozialistitscheskaja Industrija,* 24. 5. 1987
5. *Nedelja,* Nr. 50, Dezember 1984
6. *Komsomolskaja Prawda,* 3. 12. 1986
7. *Smena,* Nr. 22, November 1987
8. *Prawda,* 8. 6. 1986
9. *Sobessednik,* Nr. 41, Oktober 1986
10. *Prawda Wostoka,* 12. 1. 1988
11. *Smena,* Nr. 22, November 1987

12. *Ogonjok,* Nr. 52, Dezember 1986
13. *Nedelja,* Nr. 36, September 1984
14. *Iswestija,* 6. 2. 1985
15. *Nedelja,* Nr. 36, September 1984
16. *Prawda,* 18. 2. 1987
17. *Iswestija,* 27. 1. 1985
18. *Sobessednik,* Nr. 52, Dezember 1986
19. *Literaturnaja Gaseta,* 10. 10. 1984
20. *Prawda,* 26. 1. 1987
21. *Kommunist,* Nr. 8, Mai 1987
22. *Komsomolskaja Prawda,* 21. 1. 1987
23. Ib., 5. 2. 1987
24. Ib., 22. 1. 1987
25. *Moskowskij Komsomolez,* 22. 10. 1986
26. *Smena,* 12. 6. 1986
27. *Literaturnaja Gaseta,* 7. 10. 1987
28. *Sobessednik,* Nr. 49, Dezember 1986
29. *Sowjetskaja Rossija,* 9. 12. 1986
30. Ib.

3. Kapitel

1. A. Fedulowa, ›Le Développement des enfants sous tous les aspects‹, in: *Sciences sociales,* Nr. 4, Moskau, 1979, S. 243–250
2. *Prawda,* 17. 11. 1984
3. Ib., 20. 11. 1984
4. *Moskowskaja Prawda,* 21. 9. 1986
5. *Prawda,* 6. 2. 1985
6. *Komsomolskaja Prawda,* 26. 12. 1984
7. *Sobessednik,* Nr. 14, 1986
8. *Trud,* 13. 2. 1987
9. *Prawda,* 24. 6. 1986
10. *Moskowskij Komsomolez,* 5. 11. 1987
11. *Prawda,* 10. 1. 1987
12. Ib., 24. 6. 1986
13. *Komsomolskaja Prawda,* 24. 6. 1986
14. *Smena,* Nr. 15, August 1986
15. *Komsomolskaja Prawda,* 22. 11. 1984
16. W. I. Schurawljow, *Trudowoje wospitanije schkolnikow,* Krasnodar, 1981, S. 34

17. *Smena,* Nr. 15, August 1986
18. *Prawda,* 5. 2. 1985
19. *Ogonjok,* Nr. 15, April 1986
20. *Komsomolskaja Prawda,* 14. 5. 1986
21. *Moskowskaja Prawda,* 18. 2. 1987
22. *Sowjetskaja Rossija,* 22. 2. 1987
23. Ib., 1. 3. 1987
24. Ib., 14. 3. 1987
25. Ib., 18. 2. 1987

4. Kapitel

1. *Nedelja,* Nr. 44, 1985
2. R. A. Gabriel, *The New Red Legions,* Newport, Conn., 1980, Bd. 1, S. 88
3. *Literaturnaja Gaseta,* 25. 2. 1987
4. G. T. Rittersporn, *Detente,* Februar 1985
5. *Iswestija,* 10. 1. 1985
6. W. F. Utkin, ›Wospitatelnaja rol sowetskich wooruschonnych sil w uslowijach raswitowo sozialisma‹, *Woprossy Filosofii,* 1984, 1, S. 26
7. B. Kerblay, *La Société soviétique contemporaine,* A. Colin Collection U, Paris, 1977, S. 50
8. I. Tikhodumoff, *Annuaire de l'U. R. S. S.,* C. N R. S., Académie des sciences de l'U. R. S. S., 1969, S. 288
9. *Sobessednik,* Nr. 48, November 1985
10. *Prawda,* 9. 9. 1986
11. *Krasnaja Swesda,* 30. 1. 1985
12. *Komsomolskaja Prawda,* 27. 1. 1985
13. W. Saslawskij, *The Neo-Stalinist State,* M. E. Sharpe Inc., Armonk, 1982, S. 27–31
14. *Komsomolskaja Prawda,* 21. 5. 1986
15. Ib., 27. 4. 1986
16. Ib., 17. 10. 1986
17. *Prawda,* 27. 5. 1986
18. *Iswestija,* 15. 4. 1987
19. *Komsomolskaja Prawda,* 12. 12. 1986
20. *Sobessednik,* Nr. 2, Januar 1986
21. *Prawda,* 27. 5. 1986
22. *Sobessednik,* Nr. 45, November 1986
23. Ib., Nr. 6, Februar 1987

24. *Komsomolskaja Prawda,* 1. 1986
25. *Molodaja Gwardija,* August 1987
26. *Prawda,* 4. 4. 1987
27. *Kommunist Tadschikistina,* 29. 8. 1987
28. *Moskowskaja Prawda,* 15. 11. 1984
29. *Prawda,* 20. 4. 1987
30. S. Pawlow, ›La culture physique et le sport dans la société socialiste‹, in: *Sciences sociales,* Académie des sciences de l'U. S. S. R., 1982, Nr. 2, S. 15
31. Ib.
32. *Soziologitscheskij Issledowanija,* Nr. 1, 1987
33. *Komsomolskaja Prawda,* 6. 1. 1987
34. *Iswestija,* zitiert von Reuter, 21. 9. 1987.

5. Kapitel

1. M. N. Rutkewitsch, *Towards Social Homogeneity,* Progress, Moskau, 1984, S. 172
2. *Prawda,* 7. 2. 1987
3. M. N. Rutkewitsch, *Tendenzii raswitija sozialnoj struktury sowetskowo obschtschestwa,* Mysl, Moskau, 1975, S. 4
4. Ib., S. 8
5. *Sobessednik,* Nr. 48, Dezember 1987
6. A. F. Polis, ›Emozionalnoje i norma powednija litschnosti‹, in: *Woprossy Filosofii,* Nr. 5, 1984, S. 111–112
7. G. W. Ossipow und M. N. Rutkewitsch, ›Sociology in the U. S. S. R. 1965–1975, in: *Current Sociology,* Band 26, Nr. 2, Sommer 1978, S. 10
8. I. P. Trufanow und A. F. Siwak, *Molodoj rabotschij w trudowom kollektiwe,* Lenisdat, Leningrad, 1981, S. 24
9. I. Balaondin, ›Formation chez les jeunes d'une position de vie active‹, in: *Partinaja Schisn,* Nr. 22, November 1984, S. 55
10. P. B. Dschamanowa, *Molodoj rabotschij i kollektiw; problemy wsaimootnoschenija,* Kyrgistan, Frunse, 1981, S. 71
11. A. Antipow, *Sozialnyi portret komsomolskowo molodjoschnowo kollektiwa,* Einführung, Permskoje knischnoje isdatelstwo, Perm, 1983
12. K. A. Nasirow, ›Rol sozialistitscheskowo truda w stanowlenii i raswitiilitschnosti‹, in: *Nautschnyj Kommunist,* Nr. 1, 1985, S. 35 ff.
13. G. I. Sintschenko und A. N. Popow, *Sozialistitscheskij trud i katschestwo raboty,* Mysl, Moskau, 1980, S. 15

14. L. Bljachnan und O. Schkaratan, *Man at work,* Mysl, Moskau, 1977, S. 62 f.
15. W. A. Jadow und W. I. Dobrynina, *Molodjosch i trud,* Molodaja Gwardija, Moskau, 1970, S. 11
16. M. N. Rutkewitsch, *XXVI sjesd KPSS i woprossy sozialnowo raswitija sowetskowo obschtschestwa,* Snanije, Moskau, 1981, S. 28–32
17. *Literaturnaja Gaseta,* 17. 10. 1984
18. *Komsomolskaja Prawda,* 22. 1. 1985
19. *Sowjetskaja Rossija,* 22. 9. 1985
20. *Sobessednik,* Nr. 42, Oktober 1985
21. *Sowjetskaja Rossija,* 13. 4. 1984
22. Ib., 5. 2. 1986
23. *Sobessednik,* Nr. 48, November 1986
24. Ib., Nr. 30, 1986
25. *Komsomolskaja Prawda,* 5. 6. 1985
26. W. I. Bondarenk, *Formirowanije i raswitije trudowych kollektiwow na udarnych komsomolskich strojkach,* Awtoreferat, Moskau, 1983, S. 4 ff.
27. *Sowjetskaja Rossija,* 20. 10. 1984
28. *Komsomolskaja Prawda,* 13. 2. 1987
29. Ib., 10. 11. 1987
30. *Literaturnaja Gaseta,* 4. 6. 1986

6. Kapitel

1. *Komsomolskaja Prawda,* 2. 11. 1986
2. *Sozialistitscheskaja Industrija,* 2. 8. 1986
3. *Moskowskij Komsomolez,* 19. 11. 1986
4. Ib.
5. Ib.
6. *Krokodil,* Nr. 17, 1986
7. Ib.
8. *Sowjetskaja Rossija,* 31. 7. 1986
9. Ib., 2. 8. 1986
10. *Trud,* 21. 10. 1986
11. Ib.
12. *Iswestija,* 3. 11. 1986
13. Ib.
14. Eine Tatsache aus dem Bekanntenkreis der Autoren.
15. *Iswestija,* 29. 5. 1986

16. *Sowjetskaja Kultura,* 24. 12. 1986
17. *Trud,* 19. 11. 1986
18. *Nedelja,* Nr. 47, 1986
19. *Prawda Wostoka,* 30. 8. 1986

7. Kapitel

1. A. Woschstroschenko, ›Otbor w partiju i wospitanije molodych kommunistow‹, in: *Partijnaja schisn,* Nr. 4, Februar 1985
2. ›Obschtschestwenno-polititscheskaja i utschebnoposnawatelnaja aktiwnost rabotschej molodjoschy‹, in: *Informazionnyj bjulleten,* Tscheljabinsk, 1978, S. 12
3. *Prawda,* 23. 1. 1985
4. Ib., 27. 4. 1987
5. *Sobessednik,* Nr. 38, September 1986
6. Ib., Nr. 45, November 1986
7. Ib., Nr. 38, 1986
8. Ib.
9. Ib.
10. *Sobessednik,* Nr. 50, Dezember 1986
11. *Komsomolskaja Prawda,* 13. 2. 1987
12. Ib., 28. 2. 1985
13. Ib., 29. 1. 1985
14. *Prawda,* 3. 5. 1987
15. *Komsomolskaja Prawda,* 10. 1. 1987
16. *Sobessednik,* Nr. 50, Dezember 1985
17. *Komsomolskaja Prawda,* 1. 2. 1987
18. Ib., 28. 12. 1984
19. Ib., 29. 1. 1985
20. *Moskowskij Komsomolez,* 27. 12. 1984
21. *Komsomolskaja Prawda,* 11. 1. 1987

8. Kapitel

1. *Bulletin du BIT,* Oktober 1979, S. 73–80
2. A. A. Wasilewski, *Snanije roditelej utschaschtschichsj waschnoje uslowije effektiwnosti wospitatelnoj raboty wo wneutschebnoje wremja,* Moskau, *Express-Informazija,* 1977, Publikation 11, S. 16–19
3. *Sowjetskaja Kultura,* 1. 7. 1986

4. *Knischnoje Obosrenije,* Nr. 37, 11. 9. 1987
5. *Iswestija,* 3. 1. 1987
6. *Sowjetskaja Rossija,* 19. 2. 1986
7. *Iswestija,* 6. 12. 1986
8. *Moskowskaja Prawda,* 28. 12. 1986
9. *Moskowskij Komsomolez,* 28. 12. 1986
10. *Sowjetskaja Rossija,* 30. 10. 1986
11. *Komsomolskaja Prawda,* 5. 12. 1986
12. *Sowjetskaja Kultura,* 6. 12. 1986
13. Ib., 5. 2. 1985
14. *Nedelja,* Nr. 33, 1987
15. *Komsomolskaja Prawda,* 15. 11. 1987
16. *Wetschernaja Kasan,* 11. 8. 1987
17. *Komsomolskaja Prawda,* 12. 1. 1985
18. Ib., 12. 1. 1985
19. *Sobessednik,* Nr. 35, August 1985
20. *Sowjetskaja Kultura,* 24. 1. 1987
21. *Knischnoje Obosrenije,* Nr. 14, 4. 4. 1986
22. *Sowjetskaja Kultura,* 18. 12. 1984
23. Ib., 18. 12. 1984
24. *Sowjetskaja Kultura,* 10. 6. 1986
25. *Moskowskij Komsomolez,* 22. 2. 1987
26. *Komsomolez Usbekistana,* 16. 10. 1987

9. Kapitel

1. *Moskowskij Komsomolez,* 31. 5. 1986
2. *Prawda,* 31. 10. 1987
3. *Iswestija,* 5. 12. 1986
4. *Sowjetskaja Kultura,* 10. 8. 1986
5. *Selskaja Schisn,* 3. 9. 1986
6. *Literaturnaja Gaseta,* 3. 12. 1986
7. *Argumenty i Fakty,* Nr. 38, 1986
8. *Wetschernjaja Moskwa,* 5. 9. 1986
9. *Utschitelskaja Gaseta,* 27. 11. 1986
10. Ib.
11. *Iswestija,* 12. 5. 1987
12. *Sobessednik,* Nr. 49, Dezember 1987
13. W. Connor, *Deviance in Soviet Society,* Columbia University Press, 1972, S. 86–88

14. A. Kassof, *The Soviet Youth Programme. Regimentation and Rebellion,* Cambridge Mass. Harvard University Press, 1965, S. 35
15. L. D. Gledow, W. S. Ustinow, *Otwetstwennost sa chuliganstwo,* Moskau, Snanije, 12. 1973, S.3–4
16. *Prawda,* 26. 11. 1973
17. *Komsomolskaja Prawda,* 15. 1. 1985
18. *Iswestija,* 11. 2. 1985
19. *Sobessednik,* Nr. 42, Dezember 1984
20. *Ogonjok,* Nr. 5, 1987

10. Kapitel

1. G. W. Osipow, M. N. Rutkewitsch, ›Sociology in the U. S. S. R. 1965–1975‹, *in Current Sociology,* Band 26, Nr. 2, London, Sommer 1978, S. 90
2. M. N. Rutkewitsch, *XXVI sjesd KPSS i woprossy sozialnowo raswitija sowetskowo obschtschestwa,* Moskau, Snanije, 1981, S. 3–4
3. I. W. Bestuschew-Lada, *Molodost i srelost,* Moskau, Politisdat, 1984, S. 108
4. I. A. Donzow, *Samowospitanije litschnosti,* Moskau, Politisdat, 1984, S. 283
5. M. N. Rutkewitsch, ›Enseignement comme facteur de la mobilité sociale en U. R. S. S.‹, in: *Association sociologique de l'U. S. S. R. Rapport du VI*[e] *congrès de sociologie internationale,* Moskau, 1966, S. 3–8
6. L. A. Asa, *Zennostnyje orientazii molodjoschy,* Kiew, 1978, S. 17
7. W. W. Kossow, R. W. Tatewossow, ›La Mobilité géographique de la main-d'œuvre en U. R. S. S.‹, in: *Revue Internationale du Travail,* Bd. 123, Nr. 1, Januar–Februar 1984, S. 95–105
8. B. Kerblay, *La Société soviétique contemporaine,* Colin, Paris, 1977, S. 75
9. W. W. Kossow, R. W. Tatewossow, *a. a. O.*
10. *Komsomolskaja Prawda,* 18. 12. 1984
11. Ib., 5. 1. 1985
12. *Sobessednik,* Nr. 42, Dezember 1984
13. *Komsomolskaja Prawda,* 24. 1. 1985
14. Ib., 27. 12. 1984
15. *Sobessednik,* Nr. 41, November 1984
16. *Komsomolskaja Prawda,* 17. 1. 1985
17. *Iswestija,* 10. 2. 1987

18. *Komsomolskaja Prawda,* 11. 6. 1986
19. Ib., 7. 5. 1986
20. Ib.
21. *Komsomolskaja Prawda,* 11. 6. 1986
22. *Sobessednik,* Nr. 41, November 1984
23. *Komsomolskoje Snamja,* 20. 9. 1987
24. *Argumenty i Fakty,* Nr. 13, 1987
25. *Komsomolskaja Prawda,* 27. 10. 1986
26. Ib., 8. 8. 1987
27. *Iswestija,* 13. 12. 1986
28. *Prawda,* 23. 2. 1987
29. *Komsomolskaja Prawda,* 3. 2. 1985
30. Ib., 17. 1. 1985
31. *Sobessednik,* Nr. 38, September 1986
32. Ib., Nr. 2, Januar 1987
33. *Komsomolskaja Prawda,* 5. 4. 1986
34. Ib., 6. 9. 1986
35. Ib., 18. 1. 1985
36. Ib.
37. Ib., 15. 1. 1985
38. *Sowjetskaja Kultura,* 23. 10. 1984
39. *Moskowskij Komsomolez,* 28. 12. 1984
40. Ib.
41. *Sobessednik,* Nr. 42, Oktober 1985
42. Ib.
43. Ib., Nr. 2, Januar 1986
44. *Literaturnaja Gaseta,* 2. 9. 1987
45. *Sobessednik,* Nr. 5, Januar 1984
46. *Moskowskij Komsomolez,* 28. 12. 1984
47. *Komsomolskaja Prawda,* 6. 12. 1986
48. *Moskowskij Komsomolez,* 24. 10. 1986
49. *Sowjetskaja Kultura,* 11. 10. 1986
50. *Komsomolskaja Prawda,* 30. 7. 1986
51. *Moskowskaja Prawda,* 12. 6. 1986
52. *Rabotniza,* Nr. 11, 1986
53. *Ogonjok,* Nr. 8, Februar 1987
54. *Moskowskij Komsomolez,* 27. 3. 1987

11. Kapitel

1. B. Kerblay, *La société soviétique contemporaine,* Colin, Paris, 1977, S. 120
2. Ib., S. 119
3. *Sowjetskaja Rossija,* 19. 2. 1986
4. *Sowjetskaja Kultura,* 10. 2. 1987
5. Ib.
6. *Smena,* Nr. 22, November 1987
7. *Komsomolskaja Prawda,* 31. 6. 1987
8. Ib.
9. I. W. Bestuschew-Lada, *Molodost i srelost,* Politisdat, Moskau, 1984, S. 199
10. Ib., S. 197–199
11. *Genießt Eure Jugend,* Verfasserkollektiv, Lenisdat, Leningrad, 1986, zitiert von W. Bojka in: *Komsomolskaja Prawda,* (Vier Fragen in Sachen ›Liebe‹)
12. *Komsomolskaja Prawda,* 1986, Ib.
13. W. L. Ruschjo, I. I. Jelissejewa, T. S. Kadibur, ›Struktury i funkzii semejnych grupp‹, in: *Finansy i statistika,* Moskau, 1983
14. A. W. Baranow, ›Potrebnosti w schilischtsche kakije oni sewodnja?‹ in: *Stroitelstwo i architektura,* Leningrad, 1969, S. 18
15. A. W. Baranow, *Soziologitscheskije problemy schitelstwa,* L. G. U., Leningrad, 1969, S.17
16. *Komsomolskaja Prawda,* 23. 5. 1986
17. *Prawda,* 3. 5. 1986
18. *Iswestija,* 10. 5. 1986
19. *Wladimirskaja Nedelja,* 18.–24. 8. 1986
20. A. G. Chartschew, *Brak i semja S. S. S. R.,* Moskau, 1979, S. 243
21. *Sowjetskaja Kultura,* 5. 12. 1985
22. *Journalist,* Nr. 9, 1986
23. *Medinzinskaja Gaseta,* Juli 1986
24. *Komsomolskaja Prawda,* Juli 1986
25. *Moskowskij Komsomolez,* 24. 2. 1987
26. *Argumenty i Fakty,* Nr. 5, 1987
27. Ib., Nr. 7, 1987
28. *Nedelja,* 25. 9. 1987
29. *Komsomolskaja Prawda,* 23. 1. 1985
30. Ib.
31. *Sobessednik,* Nr. 38, November 1984
32. *Komsomolskaja Prawda,* 23. 1. 1987

12. Kapitel

1. *Literaturnaja Gaseta,* 24. 6. 1986
2. *Sobessednik,* Nr. 49, Dezember 1986
3. *Sowjetskaja Rossija,* 23. 12. 1984
4. *Komsomolskaja Prawda,* 3. 6. 1986
5. *Sowjetskaja Kultura,* 21. 3. 1987
6. *Sozialistitscheskaja Industrija,* 24. 5. 1987
7. Ib.
8. *Selskaja Schisn,* 7. 12. 1986
9. *Literaturnaja Gaseta,* 18. 6. 1986
10. *Sowjetskaja Rossija,* 3. 8. 1986
11. *Komsomolskaja Prawda,* 2. 5. 1986
12. Ib., 13. 4. 1986
13. *Sobessednik,* Nr. 50, Dezember 1986

13. Kapitel

1. *Argumenty i Fakty,* Nr. 38, 1986
2. I. Illinskij, ›Raswitije sozialisma i molodjosch‹, *Kommunist,* Nr. 6, April 1986
3. *Komsomolskaja Prawda,* 15. 5. 1987

Glossar

Blat	Protektion, Vetternwirtschaft; enthält jedoch keinerlei aktive Bestechungsversuche; freundschaftliche Hilfestellungen nach dem Motto ›Die eine Hand wäscht die andere‹; beteiligt sind Eltern, Freunde, Eltern von Freunden und Freunde von Freunden, die sich untereinander ›das Leben erleichtern‹.
BAM	Abkürzung von Baikal-Amur-Magistrale; eine parallel zur Transsibirischen Eisenbahn verlaufende Bahnlinie, die die Verbindung nach Ostsibiren verbessern soll.
Charakteristika	Persönlichkeitsbeurteilung, die bei jedem Antrag auf Ausreise und bei jedem Arbeitswechsel vorzulegen ist; ist jedem Sowjetbürger ein Dorn im Auge, enthält nicht nur berufsbezogene, sondern auch politische und private Beurteilungskriterien; wird von einem Gremium abgefaßt, das aus Mitgliedern der Partei, der Gewerkschaft und des Arbeitskollektivs besteht; nicht zu verwechseln mit der *Anketa,* einem vom Betroffenen selbst auszufüllenden, lebenslaufähnlichen Fragebogen.
DOSAAF	Gesellschaft zur Unterstützung der Land-, Luft- und Seestreitkräfte; betreibt paramilitärische Ausbildung.

Druschinniki	Freiwillige Helfer der Miliz; treten in Zivilkleidung auf, erkennbar an einer roten Armbinde; meist vertreten durch junge Leute (Komsomolmitglieder) oder Damen gesetzteren Alters.
GTO	Russische Anfangsbuchstaben der Organisation ›Für Arbeit und Vaterland‹; bietet breitangelegte Sportmöglichkeiten für alle.
Institut	Einrichtungen des Hochschulwesens; spezialisiert auf eine bestimmte Fachrichtung; betreibt auch wissenschaftliche Forschung.
Internat	Kinderheime für Voll- und Sozialwaisen.
Kolchose	Staatliches landwirtschaftliches Kollektiv, dessen Mitglieder genossenschaftlich organisiert sind (was sie von Sowchosen unterscheidet); Arbeitsentgelt und soziale Leistungen richten sich nach dem jeweiligen Stand der Kolchose; die Führung liegt in den Händen des Kolchosevorstandes und des gewählten Vorsitzenden; Grund und Boden werden vom Staat zugewiesen.
Kollektiv	Erklärung in der *Großen Sowjetischen Enzyklopädie* (Bd. 21, S. 612): »eine Gruppe von Menschen, die gegen Lohn eine gemeinsame Tätigkeit ausführt, welche allgemeinen Zielen dient.«
Kommunalwohnung	Gemeinschaftswohnung; ein im Aussterben begriffenes Wohnsystem; entstand als Folge der Aufteilung herrschaftlicher Häuser aus der Zeit vor der Revolution oder war der Ausdruck postrevolutionären Strebens nach gemeinsamem Leben; man teilte sich Küche und sanitäre Einrichtungen.
Komsomol	Kommunistischer Jugendverband; Mitglieder sind 14 bis 28 Jahre alt; K meint den Verband, k bezieht sich auf ein Mitglied.
KPdSU	Kommunistische Partei der Sowjetunion.

Kulturhaus	Kulturzentrum eines Stadtviertels, eines Dorfes oder eines Unternehmens; dient Veranstaltungen, Freizeitbeschäftigungen, Versammlungen.
Miliz	Untersteht dem Innenministerium und erfüllt die traditionellen Aufgaben der Polizei; diese Bezeichnung, die an die ›finstere zaristische Polizei‹ erinnert, wurde unter Kerenskij gegen ›Miliz‹ eingetauscht.
National	Der in diesem Buch verwendete Begriff ›national‹ bezieht sich auf das russische Wort *wsesojusnyj* und meint die Gesamtheit der UdSSR.
Nationalität	Paßangabe; alle Bürger der UdSSR sind sowjetische Staatsbürger, besitzen aber daneben eine von den Eltern übernommene Nationalität, die sie bei Erreichen des Paßalters selbst bestimmen können, wenn die Eltern zwei verschiedenen Nationalitäten angehören; die beiden Begriffe, vor allem ›russisch‹ und ›sowjetisch‹, werden häufig verwechselt.
OBKhSS	Abteilung für Maßnahmen gegen den Diebstahl von Staatseigentum; untersteht dem Innenministerium.
Plenum	Vollversammlung des Zentralkomitees; zuständig für die Ausführung und Überwachung der auf dem Parteitag gefällten Entscheidungen; tritt ca. alle sechs Monate zusammen.
Rajon	(vergleiche ›Republik‹) administrative Gebietseinheit.
Rasrjad	Klassifikation der Arbeiterberufe; Stufe 1 (ungelernter Arbeiter) bis Stufe 6 (hochqualifizierter Arbeiter); in Anbetracht der Schulpflicht und der damit verbundenen Schulbildung fallen die Stufen 1 und 2 in zunehmendem Maße weg.
Region	oder *Oblast* (vergleiche ›Republik‹); administrative Gebietseinheit.

Republik	UdSSR gliedert sich in 15 Republiken; diese jeweils in *Oblaste* (hier durch Region oder Provinz übersetzt); nächstkleinere Einheit ist der *Rajon* (übersetzt mit Distrikt für ländliche Gebiete und Stadtteil für große Städte).
Samogon	Wortstämme *sam* (selbst, eigen) und *gon* (volkstümlich für die bei der Destillation entweichenden Dämpfe); gemeint ist selbstgebrannter Schnaps aus Obst, Kartoffeln, Zucker usw., je nach örtlichen Gegebenheiten.
SSO	Russische Initialien für Studentenbrigade.
Volksrichter	Gewählte Laien; je zwei assistieren dem Gerichtspräsidenten, der seinerseits ein ausgebildeter Jurist ist; das System wird seit 1987 zugunsten einer Geschworenenjury ernsthaft in Frage gestellt; auch ansonsten umstritten, weil in der Stalin-Ära eingeführt.
Zentralkomitee	Zählt insgesamt 400 Mitglieder; eins der höchsten Parteigremien; tritt zweimal im Jahr zum Plenum zusammen, um die Vorschläge und Entscheidungen des Politbüros zu beraten und zu billigen; verantwortlich für die Durchführung der Beschlüsse des Parteitages.